재미에 관한 일반이론 **재미의 경계**

국립중앙도서관 출판시도서목록(CIP)

재미의 경계 / 이현비 지음. – 서울 : 지성사, 2004
  p. ;   cm
부제 : 재미에 관한 일반이론
ISBN 89-7889-109-8 03170 : \13000
817-KDC4
895.775-DDC21   CIP2004001877

재미에 관한 일반이론 **재미의 경계**

이현비 지음

 지성사

재미에 관한 일반이론 **재미의 경계**

2004년 10월 25일 초판 1쇄 발행

지 은 이   이현비
펴 낸 이   이원중
편   집   여미숙, 박형록, 임소영, 조현경
마 케 팅   권장규
펴 낸 곳   지성사
출판등록일   1993년 12월 9일
등록번호   제10 – 916호
주   소   (121 – 854) 서울시 마포구 신수동 88-131호
전   화   (02) 716 – 4858
팩   스   (02) 716 – 4859
홈 페 이 지   www.jisungsa.co.kr
이 메 일   jisungsa@hanmail.net

ISBN 89-7889-109-8(03170)

| 머리말

문화산업의 중심에 재미가 있다

　이 책, 『재미의 경계』가 어떤 의미를 가질 수 있을지는 아직 모르겠지만, 이 책을 쓰게 된 계기는 우연한 데서 시작되었다. 그것은 필자가 재미로 웃음의 원리에 대해서 생각해 본 것이었다. 그러고는 한 10년 정도 생각을 정리한 후에 마침내 책을 하나 썼는데, 이 책의 전신이라고 할 수 있는 『원리를 알면 공자도 웃길 수 있다』이다.

　전작에 이어서 이 책을 다시 쓰게 된 까닭은, 사람들이 『원리를 알면 공자도 웃길 수 있다』라는 책의 이론적인 가치를 별로 잘 인식하지 못했기 때문이다. 적어도 필자는 그렇게 생각했다. 사실 그 책은 필자의 저작 중에서 그나마 많이 팔린 책인데, 그 까닭은 그 책을 전문성을 띠지 않은 대중적인 취미 실용서처럼 썼기 때문이었다. 그래서 그 책은 가볍게 읽을 수 있는 책으로 만들어졌다. 덕분에 많이 팔렸다면 가볍게 읽을 수 있는 것이 장점이겠지만, 한편으론 필자가 의도한 가치가 잘 드러나지 못하도록 막는 장애물이기도 했다. 필자는 그 책에서 웃음에 대한 이론을 말하고자 했던 것이다.

　시간이 지나고 필자는 이 책을 본격적인 이론서적으로 새롭게 써야 할 여러 계기들을 발견하게 되었다. 그것은, 관련이 있는 여러 자료들을 추가적으로 읽게 되었다는 것과 그동안 재미에 대한 이론을 웃음에 대한 이론으로 착각했었다는 점 등이다. 하지만 이 책을 본격적으로 쓰게 된 가장 중요한 계기는 우리 사회에서 재미에 대한 탐구가 점점 더 필요해지고 있다는 생각을 했기 때문이다. 그것은 요 근래 몇 년간 우리들의 뉴스를 즐겁게 장식하는 한류 열풍에서 분명하게 드러난다. 그 이전부터도 문화산업이 황금알을 낳는 산업으로 부상했다는 점을 많은 전문가들이 지적했다. 그런 문화산업의 중심에 재미의 추구가 있다고 필자는 생각한다. 그러면서 필자는 재미에 대한 이론들이 연극영화학과, 만화학과, 혹은 멀티미디어학과, 혹은 방송국의 PD 연수과정에 꼭 들어갈 만한 과목으로 발전하는 날이 올 것이라고 믿는다. 거기에 필자의 소원을 하나 덧붙이자면, 단지 유명한 사람의 이름에 기댄, 외국 이론들만으로 채우지 말고 우리가 직접 만든 한국산 이론도 포함되었으면 하고 바랄 뿐이다. 희망적으로 바라볼 수 있는 것 하나는, 그 분야는 적어도 당분간 이론을 만든 학자의 유명세보다는 그 이론 자체의 가치에 의해서 선택될 가능성이 크다는 사실이다. 왜냐하면 그 이론을 배워서 작품에 적용했을 때 그 작품이 대중들로부터 얻는 반응에 따라서 이론 역시 세상으로부터 평가받을 수 있을 것이기 때문이다.

 이 책의 원고는 생각하는 데에 많은 시간을 투자한 후에 썼지만 막상 쓸 때에는 많은 시간이 걸리지 않았다. 구체적으로 말하자면 전작 이후 7년 동안 생각하고 조사했으며, 1주일 동안 썼다. 그리고 그 후 하룻밤을 새워서 수정을 해야 했다. 짧은 기간 동안 집중적으로 썼기 때문에 이론서적임에도 불구하고 글이 어렵지 않을 것이라고 기대했고 출판사에서는 긍정적인 답변을 내놓았다. 하지만 7년 동안 생각한 내용이기 때문에, 그리고 그 이전의 10년을 합치자면 17년 정도 생각한 내용이므로 가벼운 문체에 비해서 좀더 깊은 내용이 있다고 인정받았으면 좋겠다. 맨 마지막으로 다시 수정을 해야 했는데, 그것은 처음에 이 책의 구성이 다소 통일적이지 않았기 때문이다. 웃음에 대한 설명에서 재미에 대한 이론으로 넘어가는 구조였다. 그래서 출판사의 요구에 따라서 통일성을 기하며 재미에 대한 설명으로 일관되게 진술하고 그 속에 웃음에 대한 탐구를 포함시켰다. 그때는 귀찮았는데, 역시나 지금은 더 만족한다. 재미있는 사실 하나는, 이 원고를 밤새며 수정하던 날 새벽, 새로이 탈고를 마친 순간부터 아내가 산통을 시작해서는 1시간 후에 아들을 낳았다는 것이다. 그래서 이 책은 필자 아들놈의 탄생을 기념하는, 아주 사적인 의미도 필자 자신에게 던져주고 있다.

이 책의 전체 원고에서 뺄까말까 끝까지 고민하다가 결국에는 뺀 부분이 있다. 그것은 웃음에 대한 신경생리학적 토대에 대한 논의이다. 그 논의는 분명한 답을 제시한 논의도 아니고 다소 산만하기는 하지만 필자 나름대로는 많은 공을 들인 부분이었다. 하지만 출판사와 오랜 상의 끝에 필자 역시 이 부분을 빼는 것이 낫겠다는 생각을 했다. 대신에 이론적인 연구를 하는 사람들이 언제든지 참고할 수 있도록 인터넷의 필자 홈페이지에 그 원래 내용을 모두 실어 놓았다. 주소는 www.hyunbi.net인데, 기억하기 어려운 분은 주소창에 그냥 "이현비"라고만 쳐도 필자의 홈페이지를 방문할 수 있을 것이다.

끝으로 필자를 키워 주셨고 언제나 걱정해 주시는 부모님께, 그리고 아기 낳느라고 수고한 아내에게 감사의 뜻을 전하고, 이 원고를 출판하는 데에 갖가지 아이디어와 수고를 해 주신 지성사 가족 여러분에게도 감사드린다.

2004년 추석에 즈음해서

이현비

차 례

| 머리말 | 문화산업의 중심에 재미가 있다 5

제1장. 여러분이 좋아할 만한 것에 대한 이야기 11

1. 무엇에 대해서 말하려고 하나? 12
2. 왜 재미를 이해해야 하는가? 16
3. 여러분은 무엇을 기대할 수 있는가? 24

제2장. 재미는 어떻게 이루어지는가? 31

1. 재미에는 세 요소가 필요하다 32
긴장의 축적과 해소가 있어야 한다 33
여러 구조가 중첩된 틀이 필요하다 39
말하는 이와 듣는 이의 공유경험이 필요하다 50

2. 재미에 대한 종합적인 이해, 뫼비우스 띠 구조 57
재미의 세 요소에 대한 종합모형 57
드러난 이야기와 숨은 이야기의 만남 67
재미란 어떤 것인가? 78
뫼비우스 띠와 인간심리의 관계 82

제3장. 재미의 대표적인 형식 '웃음' 91

1. 웃음과 재미의 차이 92
웃음의 논리적 토대, 2중구조 95
긴장의 생성과 반전을 위한 2중구조 97
말하지 않아도 알고 있는 공유경험 103
웃음을 위한 긍정적 감정방향 105

2. 웃음의 통합모형 110

   3. 중심 개념들에 대한 확실한 이해 114

      재미없는 이야기는 왜 그런가? 116

      재미있는 이야기는 왜 그런가? 125

      표현 방식에 따라 재미도 달라진다 130

      중심 개념을 백 퍼센트 활용하는 방법 138

   4. 다른 종류의 재미, 공포와 슬픔 144

제4장. 재미에 관한 다른 이론들 157

   1. 왜 다른 이론들을 비판해야 하는가? 158

   2. 재미에 대한 파국이론적 모형 161

      파울로스의 파국이론적 모형 162

      파국이론적 모형의 문제점 167

      파국이론 모형과 뫼비우스 띠 모형의 비교 173

   3. 부실한 코언의 이론 176

   4. 웃음과 해학에 대한 이론 몇 가지 185

      웃음의 종류를 어떻게 나눌 것인가 185

      해학 형성의 열두 가지 조건 190

      해학 형성의 기법 203

   5. 그 밖의 유머에 대한 입장 210

   6. '부조리' 개념에 대한 비판 220

제5장. 뫼비우스 띠 모형과 그 외의 측면에서 살펴본 재미 227

1. 뫼비우스 띠 모형의 여러 측면들 228

　'거짓말쟁이 역설'의 모순 229

　재미를 즐기기는 쉽지만 만들기는 어렵다 236

2. 묘한 일치, 반복의 형식 그리고 현실 239

　'묘한 일치'와 그 형식화 240

　반복에 의한 긴장 축적 248

　재미에 대한 현실의 의미 255

제6장. 전체적으로 살펴본 재미의 구조 265

1. 장편에도 적용되는 뫼비우스 띠 구조 266

2. 작품의 복합 구조에 대한 세 가지 분석 279

　3요소를 갖추기 위한 정교한 짜임새 279

　정교한 짜임새는 어떻게 짜여져야 하는가? 287

　작품 구조에는 어떠한 유형이 있나? 309

　세 개 국면 이상에 대한 불가능성 계산 323

제7장. 재미와 작가 사이에 있는 것 327

1. 재미와 관련된 그 밖의 주제들 328

2. 재미는 소재의 구체성에 의존한다 330

3. 세계상은 구체성의 토대가 된다 336

4. 뚜렷한 세계상을 위해 전문지식이 필요하다 341

정리하며 349

제1장
여러분이 좋아할 만한 것에 대한 이야기

1. 무엇에 대해서 말하려고 하나?

표어[1]

담배인삼공사에서는 최근 국민건강 및 영업이익 증대를 목표로 다음과 같은 엽기적인 표어를 내걸었다.

흡연으로 망친 건강, 인삼으로 되찾자.

노승의 한 마디

만강이란 아이가 절에 갔다. 법당에선 어느 노승이 절을 하고 있었다. 그 자세를 본 만강은 장난기가 발동했다. 그래서 살살 뒤로 다가가 '똥침'을

---

[1] 여기에서 인용되는 대부분의 훌륭한 얘기들은 인터넷이나 기타의 통신망에서 수집한 '작가 미상'의 이야기들이다. 특히 인터넷에는 여러 게시판과 블로그를 통해서 여러 글들이 복제를 통해 중복적으로 확산되기 때문에 각 자료들의 원작자를 추적하기가 매우 힘들다. 혹시 이 책에 인용한 어떤 것이 특정인의 독창적인 창작물임이 입증되면 그에 따른 적절한 보상을 하겠다.

놓았다.

그러나 그 노승은 대단한 내공을 가졌는지 계속 절하는 데만 몰두…….
만강이는 더 세게 똥침을…! 그러나 노승은 그 자세 그대로……. 그리고는 노승이 절을 끝내고 일어섰다.

깜짝 놀란 만강이 두 손을 가지런히 합장했다. 이때 노승이 조용히 한 말씀 하셨다.

뭐라고 했을까?

…….

"대시지요……."

필자가 이 책에서 말하려는 것은 여러분들이 틀림없이 좋아할 만한 것에 대한 이야기이다. 방금 본 것과 같은 우스운 이야기와도 관련된다. 하지만 우스운 이야기만이 전부는 아니다. 사람들은 웃기는 농담만 좋아하는 것이 아니기 때문이다. 예를 들어, 요즘은 많은 사람들이 영화를 즐긴다. 여러분들도 영화를 아주 싫어하지는 않는다면 다음 쪽의 영화들 중에서 어느 것이 싫고 어느 것이 좋은지 한번 골라보자.

여러분은 다음 쪽의 영화들 중에 어떤 영화를 좋아하고 어떤 영화를 싫어하는가? 왜 그 영화를 좋아하고 혹은 싫어하는가? 이유야 여러 가지겠지만 그 이유들의 중심에 '재미'가 있을 것이라고 필자는 확신한다.

당연한 이야기이지만, 누구나 어떤 영화를 좋아한다면 주로 그것이 재미있기 때문일 것이다. 물론 작품성 있는 영화를 좋아하는 사람들도 있는

사람들이 어떤 영화를 좋아하는 이유들의 중심엔 '재미'가 있다. (위쪽부터 세계 방향으로)영화 「태극기 휘날리며」, 「성냥팔이 소녀의 재림」, 「매트릭스」의 한 장면.

데, 그 작품성이란 것이 아주 지루하고 재미라고는 눈곱만큼도 없는 작품성이라면, 정말로 좋아하는 작품성은 아닐 것이다. 그렇다면 그것이 왜 재미있거나 혹은 왜 재미없는지를 여러분은 정확히 알고 있는가? 필자는 여기서 바로 이 문제를 이야기하려고 한다. 즉 재미에 대한 이론적인 고찰이다. 더 정확히 말하자면 '작품 속의 재미'에 대한 이론적인 고찰 말이다.[2]

재미에 대한 이론적인 연구는 아주 어렵지는 않지만 조금은 복잡하고, 또 조금은 어려울지도 모른다. 필자는 재미의 요소들을 세 가지로 분석하고 그것을 뫼비우스 띠라는 위상수학적 모형으로 통합할 것이다. 그 밖에 추가적인 요인들을 여러 사례들을 통해서 분석하고 설명할 것이다. 이 모든 내용들은, 흥미로운 작품을 감상하는 것만큼 재미있지는 않고 오히려 다소 따분하거나 어려울지 모르지만 독자들에 따라서는 재미있을 수도 있을 것이다.

---

2) 뒤에서 일반적인 재미와 작품 속의 재미와의 차이에 대해서 언급할 것이다. 하지만 일단은 이 차이를 무시하자.

2 왜 재미를 이해해야 하는가?

필자는 재미에 대해서 조금 어렵고 복잡할지 모르는 이론을 제시할 거라고 앞서 말했다. 그럼 어떤 사람들은 이렇게 물을지 모른다. "뭐든 재미있으면 그만이지, 거기에 대해서 복잡하고 어려운 이론 같은 것을 따질 필요가 뭐냐?"라고 말이다. 어떤 점에서는 이 말이 옳을지도 모른다. 확실히 사람들이 어떤 것에 대해서 재미있다고 느끼는 과정은 매우 단순하다. 하지만 그것이 전부는 아니다. 어떤 영화나 소설(그뿐만 아니라 연극, 오페라 등 모든 장르를 통틀어서 '작품'이라고 부르겠다)을 보고 재미있다고 느끼는 것은 단순하지만, 그것을 재미있게 만드는 것은 결코 단순하지도 않고 쉽지도 않다.

구체적으로 말하기 위해서 앞에서 제시된 영화들에 대해서 간단히 살펴보겠다. 영화 「태극기 휘날리며」는 한국영화 사상 최고 흥행기록을 갈아치운 주인공이다. 그렇지만 처음에 많은 사람들은 걱정을 했었다. 다음은 그와 관련된 어떤 기사의 일부분이다.

상식 뒤엎은 거액 투자·꽃미남 캐스팅 / 준비기간 장기화 등 충무로 한때 비관론[3]

시나리오 준비부터 완성까지 5년. 20여 개의 세트, 전국 18개 지역에서 140여 회 순회 촬영, 연인원 2만 5,000명의 엑스트라 동원, 전투를 위해 구축된 2킬로미터의 진지, 6톤의 폭약, 50년대 의상 4,000벌 등의 화제와 함께 대한민국 영화사를 연일 새로 쓰고 있는 영화 「태극기 휘날리며」가 지난 3일에는 전국 관객 1,100만여 명을 돌파, 한국영화 사상 최고 흥행기록까지 갈아치웠다.(중략)

하지만 이런 경이적인 결과 뒤에는 「대장금」보다 더 드라마틱한 '비하인드 스토리'가 숨겨져 있다. 먼저 영화 기획 당시 충무로 상황은 최악이었다. 110억 원짜리 초대형 블록버스터 「성냥팔이 소녀의 재림」 등의 참패로 "50억짜리 이상은 다 망한다"는 편견에 사로잡혀 있었다. 강제규 감독의 평은 또 어떠했는가? "영화 배급에 재미 들려 메가폰에 관심이 없다" "「단적비연수」와 「베사메무쵸」의 흥행 불발로 감독뿐만 아니라 제작자로서도 한물간 거 아니냐?"며 비판적이었던 것이 대세였다. 그런 감독이 그 당시 순제작비 130억 원짜리 초대형 블록버스터를 만든다고 하니 다들 "잘못하단 영화계를 두 번 죽이는 일"이라며 걱정이었다. (후략)

---

3) <조선일보> 2004년 4월 6일 기사에서.

이 기사 내용에서 두 영화가 대비된다. 성공한 블록버스터 「태극기 휘날리며」와 실패한 블록버스터 「성냥팔이 소녀의 재림」이다. 실패한 영화는 왜 실패했을까? 필자의 생각에는 많은 사람들이 그 영화를 보고 재미가 없다고 느꼈기 때문일 것이다. 그럼 그 영화를 만든 사람들은 재미없는 영화를 만들려고 했을까? 그렇지는 않을 것이다. 재미있는 영화를 만들려고 했다가 실패했을 것이다. 왜 실패했을까? 재미있는 영화를 만드는 것은 재미있는 영화를 보는 것만큼 단순하지 않기 때문이다. 쉽기는커녕 오히려 굉장히 어려운 일에 속할 것이다.

이렇게 본다면 우리는 재미에 대한 이론이 필요하다는 것을 이해할 수 있다. 그런데 현재로서는 재미에 대한 이론이 충분히 정립되어 있지 않다. 그래서 사람들은 재미있는 작품을 만들고자 할 때 성공적으로 재미있었던 작품을 단순한 방식으로 따라 만든다. 어떤 것을 따라 만드냐 하면, 단순하게 눈에 보이는 부분들만을 따라 만드는 것이다. 할리우드영화가 성공한 경우에는 할리우드영화의 화려한 그래픽을 따라한다. 그래서 엄청난 돈을 들여 화려한 그래픽으로 영화를 중무장한다. 그러고도 실패한다. 「성냥팔이 소녀의 재림」의 실패 원인에 대해서도 유사한 방식으로 평가해 볼 수 있다. 많은 사람들의 관심을 모았던 「용가리」도 비슷한 점이 있다.

창조는 모방에서 시작한다고도 하는데, 성공한 작품들을 모방하는 것이 무조건 나쁜가? 그렇지는 않다. 필자가 말하고자 하는 바는, 단순히 눈에 보이는 부분들만 따라 만드는 것은 좋은 방식이 아니라는 것이다. 훌륭한 작품을 모방하더라도 그 본질적인 부분을 모방해야만 한다. 그럼 왜 사람들은 단순하게 눈에 보이는 요소들만 따라 만드는가? 필자는 그것이 '본질적인 것'에 대한 이론이 없기 때문이라고 생각한다. 이론이 없다는 것은 곧 이해할 수 있는 체계적인 방법이 없다는 것을 의미한다. 작품들, 특히 대중적인 문화상품으로서 영향력이 큰 작품들의 중요한 본질은 재미있다는 점이다. 그러므로 우리는 재미에 대한 이론을 통해서 그 재미를 체계적으로 이해해야 한다.

많은 기대를 모았지만 어떤 점에서 실망도 안겨 준 영화 「용가리」.

재미에 대한 이해가 필요한 또 다른 이유는, 문화산업이 오늘날 고부가가치 산업으로 성장하여 매우 중요해졌다는 점에서도 찾을 수 있다. 「쥐라기 공원」 영화 한 편이 벌어들인 수익은 한국이 1년 동안 자동차를 수출해서 벌어들인 수익보다 컸다는 사실은 이미 사람들의 기억 속에서 사라져 버렸을지도 모를 만큼 먼 옛일이 되어 버렸다. 그러나 그것은 잊혀진 사실이 아니라 오히려 너무나 당연한 사실로서 모든 사회생산구조를 지배하는 전제가 되어 버렸다. 오늘날 한류 열풍에 우리가 가치를 부여하는 까닭도 이와 같은 맥락에서일 것이다. 그리고 그와 같은 문화산업의 중심에 바로 '재미'가 있다.

많은 문화상품들은 재미를 추구하거나, 재미를 중심으로 더 많은 것을 포함한다. 오늘날 문화상품의 중심에 있는 영화는 가장 대표적인 예이다. 재미없는 영화가 훌륭한 문화상품이 될 수 있는가? 별로 재미없지만 예술

영화로 가치평가를 받는 작품들이 없지는 않다. 하지만 그러한 예술영화조차도 재미를 추구하지는 않을 뿐, 재미를 배제하지는 않는다. 그래서 예술영화는 오락영화와 다르고 강도가 약한 종류의 재미를 포함한다고 말할 수 있다.

고전적인 문화상품으로는 소설과 같은 문학작품을 들 수 있을 것이다. 소설은 오늘날에도 엄청난 부가가치를 창출하는 출발점이다. 단칸방에서 딸 하나와 가난하게 살던 한 여성을 순식간에 영국에서 손꼽히는 부자로 만든 것은 복권이 아니라 그녀가 쓴 『해리 포터』라는 소설이었다. 그리고 여러 가지 이유가 있겠지만 그 소설은 무엇보다도 재미있기 때문에 성공을 거두었다. 하지만 그러한 성공적인 사례보다는 실패 사례를 살펴볼 때 우리는 재미를 올바르고 정확하게 이해할 수 있다. 그리고 그럼으로써 무엇을 얻을 수 있을지를 더 잘 이해할 수 있다. 한국소설에 대해서는 어떤가? 신문의 기사를 한번 살펴보자.

"따분한 한국소설" 독자들 안 찾는다[4]

"안 읽히고 있는가? 그렇다. 아주 죽어라고 안 읽히고 있다고 답하는 것이 객관적일 것이다. 한국에서 제일 크다는 교보문고의 2003년 매출액을 보니, '소설' 분야의 점유율은 6.7퍼센트이다. 이는 외견상 가장 돈 안 되게 생겨 먹은 '인문' 분야의 점유율 7.4퍼센트보다 낮다." 문학평론가 천정환 씨가 최근 계간 문예지 <파라 21>에 발표한 '2000년대의 한국소설 독자'

---

4) <조선일보> 2004년 5월 21일자 기사에서.

의 도입부입니다. 이런 지적이 나올 정도로 한국소설이 출판계에서 차지하는 비중이 실제로 낮아지고 있습니다. 요즘 서점가에서 그나마 팔리는 한국소설은 동인문학상 수상작인 『칼의 노래』뿐이라고 해도 과언이 아닙니다.

베르베르라든지 무라카미 하루키와 같은 해외 인기 작가들은 신작을 낼 때마다 베스트셀러를 터뜨리면서 한국 작가들을 밀어내고 있습니다. 한 출판인은 "요즘 한국 작가들의 창작집은 평균 2,000~3,000부 정도 찍는 수준"이라며 "소설이 출판계의 견인차 역할을 했던 시대는 지나간 듯하다"고 말했습니다. 한 작가는 "소설만 써서 먹고사는 전업작가라고 한다면, 1년에 3,000만 원 정도의 고료·인세 수입은 돼야 한다"며 "그 이하라면 전업작가가 아니라 실업작가"라고 자조적으로 말한 적이 있습니다.

최근 몇 년 전까지만 해도 여성 작가들이 소설 독자를 확보하는 데 크게 기여했지만, 그나마 요즘에는 읽히지 않는다고 합니다. 높은 이혼율과 낮은 출산율로 대변되는 여성의 인식 변화라든지, 특히 고학력 중산층 여성들이 '정상 가족' 이데올로기에 더 이상 묶이지 않는다고 합니다. 이런 상황에서 불륜을 주요 소재로 애용했던 여성 작가들이 정작 여성 독자들로부터도 외면당하고 있다는 겁니다. 천정환 씨가 인용한 교보문고의 '2003년 도서 판매 동향 및 연간 베스트셀러 분석'이라는 글은 독자를 사로잡지 못하는 한국 작가들의 문학적 무기력증의 원인으로 "독자들의 요구를 따라잡지 못한 구태의연한 장르와 서사구조, 인간을 바라보는 작가들의 권위적 태도"를 꼽기도 했습니다.(후략)

이러한 기사를 예를 들었다고 해서, 필자가 한국소설은 무조건 재미없고 해외 소설은 무조건 재미있다고 말하는 것은 아니다. 부디 그런 식으로 필자를 매도하지 않기 바란다. 필자가 지적하고 싶은 바는, 한국소설 중에 독자들이 외면하는 소설들이 많이 있고 그것이 기사화되었다는 것이다. 물론 외국에도 독자들로부터 외면당하는 자국의 소설들이 많을 것이다. 번역 출간되는 외국 소설들은 이미 자국에서 인기있는 작품들일 것이기 때문이다. 필자가 이 기사를 인용한 것은 단지 한국소설들이건 해외 소설들이건 많은 소설들이 독자들로부터 외면당한다는 현실을 반영하기 위한 것이다.

결국 요점은 많은 소설들이 독자들로부터 외면당한다는 것이다. 왜 그런가? '작품성'이 하나의 대답일 수 있을 것이다. 하지만 최근에 논란이 되었던 인터넷 소설에 대한 논의는 이에 대한 반대 근거가 될 수 있다. 인터넷 소설이 출간되어 베스트셀러가 됨에 따라서 제기된 문제는 그 소설들의 작품성이 떨어진다는 것, 단지 말초적인 재미만으로 독자들을 끌어들인다는 것이었다. 독자들은 재미가 있어야 소설을 본다. "따분한 한국소설"의 문제는 결국 그 안에 재미가 없다는 것이다.

왜 재미가 없을까? 그 중요한 이유 중의 하나는, 작품을 재미있게 만들기 위해서 어떻게 해야 할지 정확히 모르기 때문이다. 필자가 재미에 대해서 분석하고자 하는 주된 이유는 여기에 있다. 재미의 개념을 정확히 분석해서 이해한다면 작품을 만들 때마다 그 작품 속에 재미의 구조를 구현함으로써 재미있는 작품을 만들 수 있을 것이다. 만일 그것이 어렵다면, 재미있을 작품, 그래서 성공할 작품과 그렇지 못할 작품을 미리 예견해서 실패할 가능성이 큰 작품에 많은 제작비를 투자하는 시행착오를 줄일 수 있을 것이다. 이렇듯 정확한 개념의 이해는 훌륭한 능력이 될 수 있다.

3 여러분은 무엇을 기대할 수 있는가?

재미에 대한 예를 들면서 영화 이야기를 했지만 이 책은 영화에 대한 책이 아니다. 재미에 대한 이론을 설명하려는 것이 이 책의 주제이고, 그것은 재미있는 모든 것에 대해서 말하는 것이기도 하다. 그 중의 하나가 웃기는 이야기들이다. 책을 시작하면서 웃기는 이야기 두 개를 예로 든 것도 그런 이유다.

그럼 웃기는 이야기와 재미는 어떤 관계가 있을까? 정확히 말하자면, 사람들이 좋아하는 것은 '재미있게 우스운 이야기'들이다. 나중에 다른 이론들에 대한 고찰을 하면서 언급하겠지만 웃음에는 재미있는 웃음만이 있는 것이 아니다. 냉소도 있고 비웃음도 있다. 냉소나 비웃음은 대체로 좋지 않은 감정을 기반으로 한다. 사람들은 그런 웃음을 별로 좋아하지 않는다. 그렇다면 재미있는 웃음과 재미의 관계는 이해하기 쉬울 것이다. 즉 재미있는 웃음은 재미의 한 종류다. 그리고 이것은 일상적으로 매우 쉽게 접할 수 있고, 우리 가까이에 있으며 때로는 매우 매혹적이다. 따라서 다른 재미와 달리 필자는 이 재미있게 우스운 이야기에 대해서 좀더 많이 논의할 것이다.

웃음에 대해서 이 책에서 많이 다루는 또 다른 이유는 그 예들이 짧기 때문이고, 그래서 요약되거나 생략된 작품이 아니라 완벽한 작품들을 감상하면서 재미에 대해서 논의할 수 있기 때문이다. 하지만 우스운 농담만이 재미있는 것의 전부도 아니고 영화만이 재미있는 것의 전부도 아니다. 우스운 재미는 재미의 종류에 대한 것이고 영화는 재미가 구현되는 작품의 종류 가운데 하나다. 따라서 재미와 재미있는 모든 것에 대해서 말하려고 하는 필자는, 다른 종류의 재미와 다른 종류의 작품에 대해서도 말할 것이다. 하지만 모든 것에 대해서 시시콜콜하게 언급하다 보면 많은 부분에서 같은 이야기를 반복하게 될 것이고, 여러분은 재미에 대한 이론을 별로 재미없게 읽게 될지도 모른다.

그래서 어느 정도 한정을 둘 것이다. 이런 이유로, 필자는 우스운 재미에 대한 논의의 끝에서 슬픈 재미나 무서운 재미에 대한 분석을 덧붙임으로써 재미에 대한 이론이 여러 종류의 재미에 훌륭하게 적용된다는 것을 보여 줄 것이다. 또한 재미가 구현되는 작품에 있어서는 영화뿐만 아니라 소설 등을 논의하면서 역시 재미에 대한 필자의 이론이 다양한 종류의 작품에 적용될 수 있다는 예시를 할 것이다. 정확히 다양한 예를 들자면 필자는 장편소설, 단편소설, 오페라, 미술 작품, 음악 작품 등을 다 열거해야 할 것이다. 하지만 그것은 책에서 설명하는 데에 큰 어려움이 따른다. 책에서는 문자와 그림밖에 제시할 수 없기 때문이다. 게다가 장편소설을 이 책에서 늘어놓는다면 여러분들은 지루하거나 헷갈릴 수 있다. 그래서 선택한 것이 영화이다. 영화는 많은 사람들에게 친숙하고 그래서 많은 사람들을 대상으로 하는 설명에서 편리할 것이다. 그리고 참고적으로, 짧고 재미있는 농담들도 분명히 재미가 구현되는 일종의 작품 종류라는 것은 틀림없는 사실이다.

이론적인 논의를 할 때, 필연적으로 따라오는 것이 있다. 그것은 첫째는 추상적인 개념을 언급한다는 것이고, 둘째는 그 이론을 객관적으로 검증해야 한다는 것이다.

먼저 왜 추상적인 개념을 언급해야 하는지를 생각해 보자.

사람들이 흔히 알고 있는 '재미'라는 것은 매우 구체적인 것에서 출발한다. 어떤 이야기는 매우 재미있지만 그것이 조금, 아주 조금 달라져도 별로 재미없게 되는 경우가 많다. 그런데 그런 '재미' 자체는 어떤 것인가에 대한 필자의 설명은 그와 반대의 성격을 가진 것처럼 보일 것이다. 우리는 웃음을 설명하는 과정에서 뫼비우스 띠에 도달할 것이고, 그 뫼비우스 띠에도 만족하지 못하고 그것의 수학적 형식에까지 나아갈 것이다. 그래서 뫼비우스 띠의 위상수학적 성질, 즉 한 세계(공간, 혹은 면) 안에서 방향이 정의될 수 없다는 성질, 곧 한 세계 안에서 일정의 방향을 유지하다 보면 어느 한쪽 끝에서 반대의 방향을 만난다는 성질을 지적할 것이다. 그런데 왜 이렇게 어렵게 말해야 하는가? 재미는 구체적인 것 같은데 왜 이렇게 추상적으로 말해야 하는가? 그것은 재미있는 모든 것을 이해하고 활용할 수 있기 위해서이다.

　한번 생각해 보자. 앞에서 우리는 영화의 예를 가지고 영화의 가치에서 중요한 부분은 재미라는 점을 논의했다. 그런데 영화만 그러한가? 소설도 상품 가치에 있어서는 재미가 매우 중요하고 만화도 그러하다. 요즘 그 영향력과 문화상품 가치의 비중이 커지고 있는 게임도 그러하고 연극도 그러하며 오페라도 그러하다. 웃기는 이야기도 재미있어야 좋고, 또 어떤 이벤트 기획에 있어서도 재미는 중요한 요소이다. 이렇게 재미가 필요한 많은 분야들을 살펴보면 이들은 모두 어떤 면에서 매우 이질적이라는 것을 알 수 있다.

　영화는 스크린을 통해서 영상과 음향을 사용해서 전달되지만 소설은 단순한 글자의 배열만을 위주로 한다. 만화는 그림과 글자를 사용하고 오페라는 노래를 사용한다. 연극은 좁은 무대 위라는 제약된 조건 속에서 대사와 행위를 가지고 표현해야 할 것이다. 물론 이들은 대체로 서사적 구조, 즉 시간적으로 전개되는 이야기라는 공통점을 가지고 있다. 그리고 잠시 후에 재미에 대해서 자세히 분석할 때 설명하겠지만 이 점, 즉 시간적으로 전개되는 이야기라는 점은 매우 중요하거나 유리한 조건이라는 것을 지적할 것이다. 하지만 꼭 거기에 제한될 필요는 없다. 공간적으로 어떤 이야기가 전개되는 일련의 회화 작품들 속에서도 재미는 구현될 수 있다. 웃기는 이야기, 즉 우스갯소리들은 딱히 '이야기'라고 말하기 어려운 짧은 긴장 구조를 가지기도 한다.

　어쨌든 결론은 이렇다. 재미를 필요로 하는 많은 작품들과 상품들이 있는데, 그 모든 분야에서 동일하게 활용될 수 있는 개념으로서의 '재미'는 추상적이고 형식적일 수밖에 없으며, 한편으로는 그래야만 한다는 것이다. 만약 예를 들어, 우스운 이야기의 재미, 즉 그 구체적인 차원에서의 재미만을 이해한다면 그렇게 이해된 개념은 영화나 소설에는 활용될 수 없을 것이다.

마찬가지로 소설의 재미를 소설의 구체적인 차원에서 이해한다면 그것은 영화에 활용될 수 없을 것이다. 실제로 우리는 재미있는 소설을 영화화했더니 그 영화는 별로 재미가 없더라는 경험을 하는 경우가 있다. 이러한 예를 곧 제시할 것이며 왜 그러한지에 대해서도 설명할 것이다.

둘째로, 왜 이론을 검정해야 하는지를 생각해 보자.

만약 어떤 이론에 의하면 포탄의 사정거리가 100미터인데 반해 다른 이론에 의하면 그 사정거리가 200미터라면, 그 두 이론 중의 최소한 하나는 틀린 것이다. 만약 우리가 어떤 이론이 필요해서 그 이론을 연구하는데, 거기에 서로 다른 여러 가지 이론들이 있다면 우리는 어느 것이 가장 훌륭한지를 따져 볼 필요가 있다. 따라서 이런 작업도 이 책에서 일부 수행하게 될 것이다. 즉 다른 이론들에 대한 비판과 반박이 이 책의 내용에 포함될 것이다.

그럼 필자가 말하려는 재미에 대한 이론을 알면 재미있는 작품(영화나 혹은 소설과 같은)을 쉽게 만들 수 있을까? 그렇지는 않을 것이다. 작곡 이론을 안다고 해서 누구나 훌륭한 음악을 작곡할 수 있는 것은 아니다. 대신에 작곡 이론을 안다면 어떤 훌륭하지 못한 음악을 듣거나 그 악보를 보앉을 때, 어떤 점에서 문제가 있는지는 누구나 말할 수 있을 것이다. 그리고 오늘날 훌륭한 작곡가들 중에서 작곡 이론을 공부하지 않은 사람은 거의 없다.

마찬가지로 재미에 대한 이론도 그것이 제대로 된 이론이라면, 같은 방식으로 도움이 될 것이다. 즉 누구나 재미있는 작품을 만들 수는 없겠지만, 어떤 작품이 재미없을 때 그 작품이 왜 재미없는지에 대해서 누구나 분명하게 말할 수 있을 것이다. 그리고 작곡 이론을 아는 사람이 작곡 이론에서 너무나 틀린 곡을 작곡하고서는 그것이 훌륭하다고 평가받을 수 있을 거라고 별로 기대하지 않듯이, 재미에 대한 이론을 아는 사람도 그 지식의 도움으로 성공한 작품의 부분적인 특징 몇 가지를 모방하고서 그 작품이 재미있을 것이라고 쉽게 기대하지는 않을 것이다. 즉 영화를 예로 들자면, 할리우드영화의 그래픽이나 액션 몇 가지를 흉내 내고서 흥행에 성공할 것이라는 천진난만한 생각으로 거금을 투자해서는 그 자본을 모두 날리는 일을 조금이라도 줄일 수 있는 것이다.

그런데 여러분이 영화를 만들거나 소설을 쓰거나 하는 일에 전혀 관심이 없는 사람이라면 이 책의 '재미에 대한 이론'으로부터 어떤 도움을 기대할 수 있을까? 만약 여러분이 영화나 소설을 읽고 친구들과 이야기를 하면서 그것이 왜 재미있는지, 혹은 그 작품이 왜 수준이 낮다고 생각하는지를 논하는 경우가 있다면, 그리고 그런 논의에서 친구들에게 여러분 자신의 평가에 대해서 구체적인 이론을 끌어들여서 말할 수 있다면 그것도 나쁘지는 않을 것이다. 어떤 영화나 소설에 대해서 토론할 때, "난 이 작품이 싫어!"라는 단순한 말을 하는 것보다는 그 작품이 어떤 점에서 훌륭하고 어떤 점에서 수준이 낮은지를 분명하고 설득력 있게 말하는 것이 좋을 것이다. 바로 그런 능력을 이 책 한 권을 읽고서 얻을 수 있다면, 그것도 괜찮지 않을까……..

제 2 장

재미는 어떻게 이루어지는가?

1 재미에는 세 요소가 필요하다

이제 본론으로 들어가서 재미의 형식적 구조를 설명하겠다. 그리고 편의상 그 예들을 짧은 우스갯소리들 중에서 선택하여 설명할 것이다. 바로 '짧다'는 이점 때문이다.

다음 장에서는 그 재미의 대표적인 한 종류를 예로 들어 재미있는 웃음의 형식적 구조를 해명할 것이다.

재미의 형식적 구조는 세 개념으로 분석되고 그것은 다시 하나의 모형으로 종합된다. 하나의 훌륭한 생각은 분석적으로 상세하면서도 동시에 그것들이 서로 짜맞추어져서 하나로 체계화될 수 있어야 한다. 그래서 분석적 요소들과 그것이 종합된 모형을 같이 설명할 필요가 있는 것이다.

재미의 세 가지 분석 요소들은, 긴장의 축적·해소, 다중구조, 공유경험이다. 한편 이것들이 하나로 짜맞추어진 재미의 모형은 뫼비우스 띠 구조가 된다. 이것들을 순서대로 살펴보자.

긴장의 축적과 해소가 있어야 한다

어떤 재미가 만들어지기 위해서는 반드시 긴장의 축적과 해소가 있어야 한다. 이때 해소는 반전을 통해서 이루어지는 경우가 많다. 그런데 이 말이 다소 길기 때문에 필자는 오해의 여지가 없는 경우에 간단히 '긴장이론'이라는 말로 이 개념을 표현하겠다.

긴장이론을 이해하는 것은 어렵지 않을 것이다. 이야기가 시작되면 그 이야기 속에 관객이나 듣는 이의 감정을 이입시키는 장치가 있어야 한다. 이것이 긴장이론이 뜻하는 바다. 그래서 많은 작품들 속에, 그것이 서사적으로 전개되기 시작하면 곧 또렷한 갈등구조가 생겨난다. 우리가 학교에서 기초적으로 배우는 '기승전결'의 소설구조에서 말하는 것이 바로 그 갈등의 축적과 해소이다. 만약 이야기가 그 속에 갈등구조를 담고 있지 않다면 어떨까? 어떤 남자 주인공이 편안한 조건에서 훌륭하게 성장해서 아름다운 처녀를 만나서 어려움 없이 결혼하고 자녀들을 낳았는데 그 자녀들 역시 착하고 똑똑했다……. 이렇게 이야기가 진행된다면 정말 재미없을 것이다.

그렇기 때문에 재미있는 이야기는 우리가 일상생활 속에서 아무리 사소하게 느낄 만한 갈등이라도 작품 속에서 극적으로 형상화해 낸다. 안방극장용 드라마에서 보여 주는 갈등구조들이 그러하다. 즉 아들에게 훌륭한 여성을 짝 지워 주고 싶은 아빠와 가난한 여성과 결혼하려는 효성스러운 아들의 내면적 갈등은 일상생활 속에서 매우 사소할 수 있다. 이러한 갈등이 얼마나 사소할 수 있느냐 하면, 전쟁 영화에서 전면에 내세우는 전투

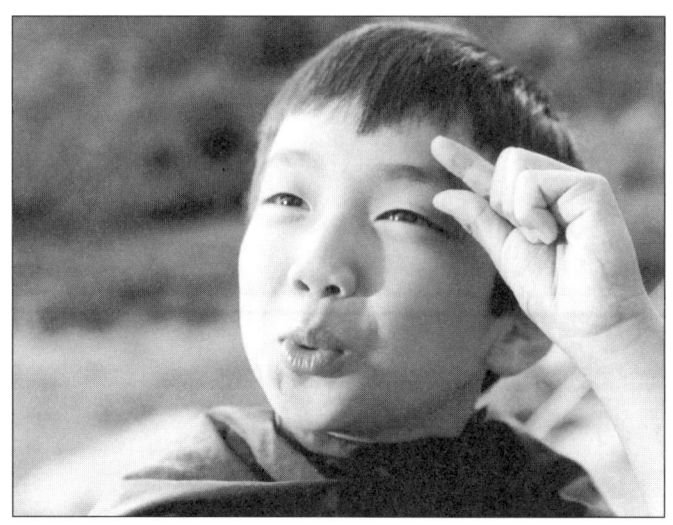

영화 「집으로」 속에서는 아이와 외할머니의 갈등이 매우 극적으로 나타난다.

속의 갈등, 혹은 암살자와 대결하는 주인공의 갈등, 더 나아가서 지구를 지키기 위해서 악의 무리와 대결하는 태권브이의 갈등과 비교하자면 엄청나게 사소하다고 할 수 있다. 그러나 작품 속에서는 그 갈등은 매우 극적으로 그려진다.

유명한 영화 「집으로」 속에서 아이와 외할머니의 갈등도 태권브이나 군인의 갈등에 비하자면 너무나 개인적이고 사소할 수 있다. 하지만 그 작품 속에서는 매우 극적으로 나타난다. 그리고 이렇게 극적으로 제시되지 않는 갈등이란 그것이 실제 생활에서는 아무리 크더라도 작품 속에서의 긴장이론의 요소가 될 수 없다.

긴장의 축적과 반전은 모든 작품에서 기본적으로 중요하지만 또한 생각보다 그렇게 쉽지만은 않다. 쉽지 않은 주된 까닭은 방금 간접적으로 말했듯이, 그것이 보여지는 방식에 크게 의존하기 때문이다. 긴장의 축적·해소가 보여지는 방식에 의존한다는 것은 작가의 역량에 의존한다는 말이기도 하다. 그렇기 때문에 작가의 역량이 크다면 사소한 요소에 담겨 있는 긴장도 작품 속에서 극적으로 부각시킬 수 있다.

영화 「집으로」와 함께 인기몰이를 했던 역사 드라마 「대장금」도 그 한 예이다. 일반적으로 사극은 왕권과 같은 막대한 정치권력의 쟁탈을 중심으로 갈등구조가 펼쳐지지만 「대장금」에서는 음식의 맛이나 궁녀 선발과 같은 문제를 중심으로도 갈등구조가 전개된다.

하지만 작가의 역량이 떨어지는 경우에는 관객이 쉽게 동감할 수 있는 갈등의 소재를 사용할 수밖에 없다. 그렇기 때문에, 질이 낮은 영화일수록 기본적으로 상업적인 재미를 창출하기 위해서 남녀의 성행위 장면이나 폭력적인 장면을 많이 삽입한다. 그것은 그러한 장면들에서 관객이 이야기 속의 갈등에 몰입하도록 하는 것이 다른 경우보다 비교적 쉽기 때문이다. 그러나 훌륭한 작가는 그러한 소재나 주제들 속에서도 독특하게 감성을 자극하고 그래서 또 다른 갈등의 구조를 부각시킬 수 있다. 그리고 동시에, 그러한 갈등구조를 잘 부각시키는 능력 없이는 어떤 소재도 갈등 속으로 관객을 몰입시키는 힘을 만들 수 없다.

그 가장 대표적인 예를 외설물에서 발견할 수 있다. 외설물은 적나라한 성행위나 그와 관련된 음란한 내용을 포함하지만 대부분의 외설물은 질이 낮다. 바로 독특한 갈등구조를 부각시켜서 긴장을 축적하고 해소하지 못한다는 점에서 질이 낮은 것이다. 그래서 질 낮은 외설물이 끊임없이 적나라한 성행위나 기타의 음란한 내용을 제시하지만, 오히려 관객이나 독자가 작품에 대해서 조금만 익숙해지고 나면 별로 성적으로 자극받지 못하는 경우가 흔하다. 사람들이 외설물에서 가장 분명하게 자극받는 경우는 처음 접할 때이다. 그것은 닫혀 있던 외설물에 대해서 새롭게 접한다는 사실 자체가 긴장을 생성하기 때문이다. 그 긴장이 희석되고 나면 외설물의 자극은 쉽게 사라진다. 폭력 장면 역시 마찬가지이다. 이야기 구조와 동떨어져 불필요하게 영화에 삽입된 폭력 장면들은 관객들에게 흥미를 주기보다는 오히려 내용을 이해하기 힘들게 할 뿐이다.

갈등을 통해서 긴장이 축적된다는 것은 긴장이론의 한 부분이다. 나머지 한 부분은 그 긴장이 해소되어야 한다는 것이다. 긴장이 축적되었다가 그것이 계속 축적되지 않고 해소되기 때문에 '반전'이라고 부를 수도 있다. 만약 이 해소가 없다면 아무리 긴장을 잘 축적시킨 이야기라도 역시 재미있을 수 없다. 이것도 당연한 이야기이기 때문에 조금만 예를 든다면 이해하기 쉬울 것이다.

예를 들어서 주인공이 암살자에게 쫓긴다고 하자. 그렇게 갈등이 고조되다가 끝난다면 어떨까? 이런 이야기를 소설이나 영화에서 보게 된다면 사람들은 "이게 도대체 뭐란 말인가?" 하고 불평을 터뜨릴 것이다. 혹은 주인공이 암살자에게 쫓기다가 끝내 암살자에게 살해당하는 것으로 이야기가 끝난다면 어떨까? 이 경우에도 이 이야기는 재미없을 것이다. 마찬가지로, 「집으로」에서 아이와 외할머니의 관계가 갈등관계에서 서로의 사랑을 이해하는 관계로 변하지 않는다면 그 영화가 재미있을 수 없을 것이다. 즉 긴장은 어떤 방식으로든 해소되어야 재미를 생산할 수 있다. 그런데 암살자에게 쫓기던 주인공이 암살자에게 살해당하는 것도 일종의 갈등해소라고 볼 수 있을 것이다. 하지만 이 경우에 갈등은 해소되더라도 재미는 약할 것이다. 거꾸로 주인공이 암살자를 잡아서 경찰에게 넘기는 쪽으로 긴장이 해소되어야 재미있을 수 있다. 즉 반전은 긴장해소의 극적인 형태이다.

이제 긴장이론에 대한 용어를 두 가지 점에서 조금 더 살펴보고 이 단락을 정리하자. 지금까지 필자는 긴장이론에 대해 논의하면서 '갈등'이라는 용어를 많이 썼다. 긴장의 축적은 주로 갈등에 의해서 이루어지는 것이다. 그런데 왜 '갈등이론'이라고 하지 않고 '긴장이론'이라고 하는가?

먼저 '갈등'이라는 용어에 대해서 설명하겠다. 긴장이 축적되는 많은 사례는 갈등이다. 하지만 모든 사례에서 갈등을 통해서만 긴장이 축적되는 것이 아니다. 다음의 예를 보자.

여대생 성실태 리포트

리포터 : 섹스를 할 때 남성과 여성의 오르가즘의 감도가 어떻게 다를 거라고 생각하십니까?

여대생 : 손가락으로 코를 후빌 때, 손이 시원하세요? 아니면 코가 시원하세요?

리포터 : 음~ 그렇다면 남성이 콘돔을 사용하는 데에 대해서는 섹스에

지장이 있다고 보시나요?

여대생: 장갑 끼고 코 후벼 보세요. 제대로 됩니까?

리포터: 으~ 만일 생리 중에 남성이 섹스를 원한다면?

여대생: 코피 날 때 코 후벼 보면 아시겠죠?

이런 이야기들은 흔히 재미있다고 생각한다. 이 이야기들이 조금이라도 재미있다면 이 속에 긴장이 있는가? 필자는 있다고 생각한다. 그것은 리포터와 여대생의 대화에서 생겨나는 긴장감이다. 즉 리포터의 질문에 대한 여대생의 답변 내용이 리포터의 예측을 벗어나면서 긴장감이 생성된다. 리포터의 대사 중 "으~"가 아주 부자연스럽지 않다면 이러한 긴장감을 예증해 준다고 할 것이다. 그런 표현은 심리적 긴장을 직접 표현하기 때문이다. 그렇다면 이것은 갈등인가? 만약 여기에 대해서도 '갈등'이란 말을 사용한다면 이는 너무 폭넓게 사용하는 것이다. '갈등'이라는 말을 일상적으로는 이렇게까지 확대해서 사용하지는 않는다. 이와 같이 '긴장'은 재미있는 모든 대상들을 분석하기에 적절한 포괄적인 용어지만 '갈등'은 그렇지 못하다.

그렇다면 긴장의 해소와 반전 간에는 어떤 관계가 있을까? 그리고 우리는 왜 긴장이론에서 '반전'이 아니라 '해소'라는 용어를 사용할까? 반전은 긴장해소 방식의 일종인데 극적인 해소 방식이다. 일반적으로 그 긴장의 해소가 극적으로 이루어질수록 재미가 더해진다. 그래서 단순한 해소보다는 반전이 재미를 가중시킨다. 살인자에게 쫓기다가 그 살인자에게 죽임을 당하면서 긴장이 해소되는 이야기와, 주인공이 그 살인자를 오히려 제압하고 위험에서 벗어나면서 긴장이 해소되는 이야기가 있다면 후자가 더 재미있을 것이다. 그것은 전자는 단순히 긴장을 해소하는 구조일 수 있는 반면에 후자는 이야기를 반전시키는 구조이기 때문이다.

일반적인 재미에 대해서 말하자면 반전이 아닌 약한 방식의 긴장해소도 많이 활용된다. 예컨대 영화 「실미도」의 끝 장면에서 실미도 부대원들이 자폭을 하는데, 이것은 결코 반전이라고 볼 수 없다. 하지만 그 영화는 흥행에 성공했고, 이것은 어떤 의미에서든 재미있다는 것을 어느 정도 입증한다. 또 다른 흥행 영화 「친구」는 어떤가? 거기에도 또렷한 반전이 있는가? 거기에도 역시 반전이 아닌 다른 종류의 해소가 있다고 보아야 한다. 조폭 두 사람의 갈등관계가 결국에는 한 사람이 다른 사람을 죽임으로써 끝났고, 살아남은 사람은 친구를 죽인 심적 갈등을 이기지 못하고 법정에서 사형을 선고받는다. 여기에 반전이 있다고 보기에는 무리가 있다. 일반적인 재미에는 더 폭넓은 개념인 '해소' 개념을 사용하는 것이 더 적당하겠다. 이러한 긴장의 축적과 해소는 재미의 인지적 토대이다.

여러 구조가 중첩된 틀이 필요하다

긴장이론에 이은 재미의 두 번째 요소는 다중구조론이다. 즉 여러 구조가 중첩된 틀로 이야기가 구성되어야 한다는 것이다. 2중구조는 다중구조의 한 형태로서 아마도 대표적인 형태일 것이다. 그래서 실질적으로는 대부분의 경우에 다중구조는 곧 2중구조를 의미한다고 볼 수 있다. 이 다중구조는 특히 이야기 속에서 긴장이 축적된 후 반전될 때 필요하게 된다. 왜 그런지 살펴보자.

어떤 경우에는 단지 긴장의 축적과 반전만을 가지고도 기본적인 재미를 생산해 낸다. 그 대표적인 것이 어린이들이 즐겨듣고 보는 동화나 만화영화의 줄거리이다.「마징가 제트」의 예를 생각해 보자. 대체로 이야기의 본격적인 시작은 악당 로봇이 출현하면서부터 시작된다. 즉 갈등으로 인해서 긴장이 축적되는 것이다. 악당 로봇은 도시로 가서 파괴를 일삼고 사람들을 해친다. 마침내 마징가 제트가 출동한다. 그래서 긴장은 고조되고 더욱 축적된다. 하지만 마징가 제트는 악당 로봇에게 공격만을 당하고 쉽게 제압하지 못한다. 그렇게 계속 당하다가 마침내 조종사인 쇠돌이가 화를 낸다. 그리고는 "이 나쁜 놈!" 하고 소리친 후에 용기를 더욱 내어서 악당 로봇을 공격한다. 그때부터 이야기는 반전되어 악당 로봇은 마징가 제트에게 제압당하고 파괴된다. 그리고 이야기는 끝이 난다.

이러한 이야기는 비판적으로 고찰하면 유치할 정도로 단순한데 그 유치할 정도의 단순성은 바로 특별한 이유가 없이 그냥 반전이 이루어지기 때문이다. 하지만 의외로 이러한 구도는 성인들이 즐기는 연속극에서도 때때로 사용된다. 한때 인기몰이를 했던「야인시대」라는 드라마를 보면 김두한이 일경에게 끌려갔다가 맨 마지막에 일본군에서 차출된 무도인 세 명과의 대결을 벌인 후 이겨서 풀려나는 장면이 있었다. 이때의 장면 구성도 바로 이러한, '충분한 이유가 없는 반전'이었다. 즉 김두한의 상대는 일본군에서 차출된 무도 고수였고 처음에 김두한은 이들과의 대결에서 당한다. 그러다가는 쓰러진 후 간신히 몸을 일으킨다. 그 순간! 상대를 보는 김두한의 눈동자에서는 불꽃이 일어나고 다시 일어선 김두한은 이들을 제압한다.

이제 다중구조가 왜 반전에 개입해야 하는지를 쉽게 이해할 수 있을 것이다. 반전의 이유를 이야기의 다중구조를 통해서 작품 스스로가 제시해야만 한다. 마징가 제트는 왜 처음에 악당 로봇에게 당하는가? 그러다가 갑자기 악당 로봇을 쳐부술 수 있는 까닭은 무엇인가? 「야인시대」에서의 김두한은 왜 일본의 무도 고수에게 처음에는 당하다가 잠시 뒤 분노한 후에는 상대를 제압할 수 있는가? 단지 분노하면 모든 사람들이 상대를 제압할 수 있는가? 그렇지는 않다. 그렇기 때문에 그러한 단순한 구도의 이야기가 부실해 보인다. 그리고 결국에는 재미가 떨어진다.

그러므로 잘 짜여진 이야기는 이 점에서 다르다. 다음의 경우를 보자.

머리카락 분신

손오공과 삼장법사가 길을 가다 저만치 앞에 수많은 요괴들이 있는 것을 발견했다. 손오공은 즉각 '머리카락 분신술'을 이용해 여러 명의 손오공을 만들어 내 요괴들과 싸우기 시작했다. 그런데 열심히 싸우다 얼핏 보니 웬 나이 드신 할아버지께서 열심히 싸우고 계신 것 아닌가.

눈물이 날 만큼 고마워진 손오공은 성함이라도 알아보려고 그 할아버지께 누구시냐고 여쭤 보았다. 그러자 그 할아버지 하시는 말씀,

"주인님, 저 새치(흰 머리카락)인데요……."

부인은 늘 호텔에

길모어는 달라스의 한 호텔에서 방을 계약하려다가 웬 매혹적인 붉은 머리의 아가씨가 미소를 보내오고 있는 것을 보았다.

길모어는 그 여자에게 다가가 함께 몇 분간 잡담을 나누었다. 잠시 후 그는 그 여자와 팔짱을 낀 채로 계산대에 돌아와서는 남편과 아내로 숙박계에 기입했다. 이틀 뒤 길모어가 방 값을 치르려고 하자 청구액이 무려 2,500달러나 됐다.

"이거 뭔가 잘못됐는데, 나는 이틀밖에 묵지 않았어요." 하고 그가 항의하자, 종업원이 설명했다.

"맞습니다. 그러나 부인께서는 두 달 동안 머물렀거든요."

<머리카락 분신>의 이야기에서는 예상치 못하게 손오공을 위해서 싸우고 있었던 할아버지를 발견하면서 긴장이 생성되고 그가 누구인지를 확인하는 과정에서 반전이 이루어진다. 그 반전은 어떻게 이루어지는가? 머리카락 분신술을 썼다는 점에서 시작된 설득력 있는 전후관계에 의해서 이루어진다.

두 번째 이야기에서는 호텔 숙박에 대한 청구액이 예상보다 매우 큰 금액이라는 점에서부터 긴장이 생성되고 그 이유를 확인하면서 반전이 이루어진다. 그리고 그 반전에는 적절한 이유가 주어진다. 남편과 아내로서 같이 숙박계에 기입한 여자는 길모어가 숙박하기 이전부터 호텔에 머물렀던 것이다. 길모어는 그 매혹적인 여자에게 속은 것이다. 그리고 이때 반전의

이유는 이야기의 전후관계에 근거해서 매우 설득력이 있다.

　이 다중구조에서 중요한 것은 이야기를 듣는 사람들이 드러난 이야기에만 관심을 기울이고 숨은 이야기에는 관심을 기울이지 못하도록 되어 있다는 점이다. 즉 드러난 이야기는 잘 드러나야 하며 그래서 독자나 듣는 이들의 관심을 드러난 이야기에 잘 묶어 두어야 한다. 반면에 숨은 이야기는 잘 숨겨져서 독자들이나 듣는 이들이 어느 시점까지 그 숨은 이야기에 주의를 돌릴 수 없어야 한다는 것이다. 이것을 필자는 다중구조의 이야기가 '병렬전시적'인 것이 아니라 '차별은닉적'인 것이라고 개념화하고자 한다. 이 두 가지 이야기 구조는 나중에 다시 자세히 논할 것이다. 일단은 재미있게 우스운 이야기는 일반적으로 차별은닉적인 구조에 따라 이야기가 짜여진다는 점을 지적하는 데서 그치기로 하자.

　정리하자면, 우스운 이야기 속에 들어 있는 다중구조는 차별은닉적 구도로 포함된 하나의 '드러난 이야기'와 또 하나의 '숨겨진 이야기'이다. 이것은 재미의 논리적 토대이다.

　이러한 다중구조를 위한 반전에 필요한 장치가 '복선'이다. 예를 들면 위의 이야기에서 길모어에게 웬 매혹적인 붉은 머리의 아가씨가 먼저 유혹의 눈길을 보냈다는 것, 그들은 쉽게 남편과 아내로 숙박계에 기입했다는 것이 최종적인 반전을 위한 복선이 된다. 한편 이렇게 복선을 충분히 남겨 놓지 않음으로써 엉성한 구성을 보여 주는 이야기들은 쉽게 찾을 수 있다.[5] 예를 들어서 영화 「쉬리」와 「동갑내기 과외하기」를 보자.

　영화 「쉬리」에서 주인공 유중원(한석규 분)은 자신과 동거하는 여자 이

영화「쉬리」에서는 이명현이 이방희라는 설정이 설득력 있도록 보강되어야 했다.

명현(김윤진 분)이 북한에서 남파된 첩보원 이방희라는 사실을 나중에 알게 된다. 그런데 이 설정이 설득력이 있는가? 유중원 역시 이방희를 추적하는 일을 하는 첩보원인데 말이다. 물론 이러한 설정 없이는 영화「쉬리」의 긴장감 있는 줄거리 설정 자체가 불가능할 것이다. 그렇다면 이러한 이야기가 설득력 있도록 하는 여러 장치들이 보강되어야 한다. 그리고 이것은 복선이 될 것이다. 예를 들어서 유중원과 동거녀 이명현이 누워서 담소를 나누는 장면을 설정한 후,

 "당신 같은 여자가 어려서부터 공사장에서 일해야만 했다는 사실이 믿기지 않아. 하지만 그렇지 않았더라면 당신의 몸에서 이 많은 근육은 없었

---

5) 물론 이것이 예로 들 작품들에 지나친 폄하는 아니다. 왜냐하면 아무리 훌륭한 작품이라도 거기에서 '옥의 티'를 찾아낼 수 있는 경우가 대부분이기 때문이다. 필자가 지적하는 것도 작품의 수준이 아니라 유명한 작품들의 '옥의 티'일 뿐이다.

을 테고 몸매도 훨씬 덜 예뻤겠지."

뭐, 이런 정도의 대사가 삽입될 수 있는 것이다. 왜냐하면 첩보원인 유중원이라면 자신과 동거하는 여자의 몸에 첩보원 교육을 받으면서 생겼을 특이한 신체적 조건들에 대해서 한번쯤 의심을 가지지 않을 수 없었을 테니까 말이다. 이방희는 유중원을 속이기 위해서 자신이 어려운 가정환경 때문에, 몸을 팔 수도 없고 해서, 공사장에서 일했다든지 하는 등의 변명을 해야만 했을 것이다. 이러한 장면 처리는 결국 복선이 되고, 관객이 미리 알 수 있든 모르든, 나중에 이방희와 이명현이 동일 인물로 드러나는 영화 속 반전에 대한 설득력 있는 이유를 제공할 것이다.

「동갑내기 과외하기」에서도 결정적인 장면에서 조금 억지스러운 구석이 있다. 그것은 한강변에서 주인공인 권상우가 폭력배 두목과 싸우는 장면에서 나타난다. 주인공은 주먹 실력이 뛰어난 폭력배 두목에게 계속 제압당한다. 그러다가 이야기의 반전은 엉뚱한 곳에서 이루어지는데, 그것은 화가 난 김하늘이 폭력배 두목의 가랑이를 뒤에서 걷어차는 것이다. 하지만 이러한 장면 설정은 좀 억지스럽다. 더군다나 이 영화에서는 이러한 억지스러운 장면 처리가 아닌 또 다른 선택의 여지를 이미 갖추고 있기 때문에 아쉽다. 즉, 권상우의 아빠는 주먹세계를 숭배하는 인물이고, 특히 권상우와 사무실에서 만나서 주먹 실력을 교환하면서 아들의 실력에 대해서 지도까지 했었기 때문이다. 즉,

"어깨에 힘을 빼라고 그렇게 일러도……."

뭐, 이런 식의 대사를 내뱉는 장면이 영화의 중간쯤에 나온다. 필자의 생

영화 「동갑내기 과외하기」에서는 김하늘이 폭력배 두목을 걷어차는 설정이 좀 억지스럽다.

각에는 그렇다면, 권상우가 이러한 아버지의 귀띔을 기억해 내고 이 덕분에 폭력배 두목과의 주먹 싸움에서 상대를 어렵게 제압하는 반전을 이룰 수도 있는 것이다.[6]

  이렇게 살펴보면 다중구조의 대부분은 2중구조라는 것을 이해하기가 쉬울 것이다. 그러면 왜 3중구조나 4중구조는 잘 없는가? 다중구조에 3중, 4중, 혹은 그 이상의 구조가 들어 있을 수 있겠지만 그렇게 복잡한 구조가 되면 이해하기가 매우 어렵게 될 것이다. 많은 경우에 지나치게 어렵다는 것은 사람들이 재미를 느끼는 데에 방해 조건이 된다. 그렇기 때문에 대부

---

6) 필자는 이 영화를 보면서 그렇게 기대했었다.

분의 사람들은 재미있다고 느끼기보다는 그 전후 맥락을 이해하는 데에 피로를 느낄 것이다. 때로는 중요한 반전의 이유와 구조를 파악하는 데에 실패할 가능성도 매우 크다.

그러나 가끔은 특이한 사람들이 있다. 예를 들어서 수학을 전공하는 많은 사람들은 수학과 같이 복잡하고 어려운 학문이 재미있다고 느낀다. 따라서 이런 사람들이 재미를 느끼는 3중구조 이상의 다중구조의 재미가 구성될 수도 있을 것이고, 혹은 거꾸로 이런 사람들에 의해서 생산되는, 정말 많은 사람들이 재미를 쉽게 느낄 수 있는 3중구조 이상의 다중구조의 재미가 있을 수도 있을 것이다.

다음의 이야기는 정확히 3중구조는 아니지만 단순한 2중구조보다는 복잡한 이야기이다. 이 이야기를 읽고 이야기의 복잡성이 재미를 산출하는 데에 어떻게 방해가 되는지를 느껴 보자.

귀신 이야기

어떤 택시기사로부터 다음과 같은 무서운 얘기를 들었다.

"아가씨, 무서운 얘기 해 드릴까요?"

"핫! 네, ㅋㅋㅋ"

"제가 한겨레신문사 앞을 지나갈 때 일인데요…… 어떤 남자가 뒷좌석에 타서 가고 있는데, 아니 그 남자가 자꾸 누구한테 말을 하듯이 계속 중얼거리는 거예요. 백미러로 보니까 분명히 그 남자는 혼자 탔거든요. 그래서 그 손님한테 물었죠.

'손님, 무슨 얘기를 그렇게 하세요?'

'같이 탄 사람이랑 얘기하고 있잖아요.'

분명히 그 남자는 혼자 탔거든요. 그래서 그냥 좀 미친 사람인가 생각하고 있었지요. 그런데 계속 중얼중얼 얘기를 하는 거예요. 자꾸 신경이 거슬려서,

'손님 아까부터 누구랑 그렇게 얘기 중이신데요?'

'아저씨 옆에 앉은 여자랑 얘기 중이잖아요.'

'옆에 누가 탔다고 그래요? 아저씨 혼자 탔어요.'

'옆에 있는데 안 보여요? 여자 한 명 있잖아요.'

그 순간에 머리부터 발끝까지 온몸에 털이 쭈뼛 서는 거예요. 그래서 내가 말했죠.

'손님은 뭐하는 사람인데요?'

'점 보는 사람이요.'

그래서 그런지 백미러로 본 그 사람은 보통 사람과는 눈매가 틀리더군요. 어찌나 무섭던지…….

그리고 그 사람이 한마디 덧붙이더군요.

'아저씨 여자 조심하세요.'

'왜요? 난 손님이랑 조심할 일 없는데요.'

'아니 그런 거 말고, 앞으로 손님 태울 때 줄무늬 옷을 입은 여자는 절대로 태우지 마세요.'

이러더군요. 혹시 무슨 일 당할까 봐 그 뒤로는 여자 손님 태울 때, 무슨

옷을 입었는지 유심히 살피게 되었죠."

"헛!ㅠㅅㅠ. 진짜 무섭네요."

"그런데…… 그 얘기를 전에 택시에 탄 아줌마한테 해 줬더니 그 아줌마는 한술 더 떠서 나한테 얘기해 준 게 있었어요."

"뭔데요??"

"그 아줌마가 어떤 택시를 탔을 때 그 택시기사한테 들은 얘기래요. 그 택시기사가 하루는 60대 노인을 태웠대요. 이런저런 얘기를 하다가 돈 얘기가 나와서 그 기사가 물어봤대요.

'할아버지 그럼 요금은요?'

그랬더니 그 할아버지가

'귀신이 무슨 요금을 내!'

이러더래요. 아무리 봐도 사람 같은데 자꾸 귀신인 척하는 거 같기도 하고, 그래서 계속 어리둥절하고 있다가 그 할아버지를 내려 줬는데 그 할아버지가,

'너, 나 내리고 나서 뒤돌아보면 올해 못 넘길 줄 알아!'

하더래요. 그 기사가 너무 무서워서 뒤돌아보지는 못하고 백미러로 살펴봤더니 분명히 사람이 내렸는데 아무도 안 보였대요.

그래서 그 기사는 바로 장사를 접고 다음 날 점을 보러 갔대요. 근데 그 점쟁이가 이렇게 말했대요.

'아저씨 올해 못 넘기실 뻔하셨네요!'

무섭죠?"

"네, ㅜㅅㅜ······."

"그런데 왜 해 달라고 했어요! ㅋㅋ ······. 그런데 무서운 얘기는 들으면 들을수록 재밌어요. 무서워도 하게 되잖아요 ㅋㅋ······."

"진짜 무서워요, 아저씨. ㅜㅅㅜ······"

"근데 있잖아요, 아가씨······. 아가씨 앉은 자리가 그때 그 귀신이 탔었던 자리예요."

뒤쪽에서 보게 될, '원두막'과 '원숭이'라는 말과 관련된 <할머니의 3행시>라는 이야기도 이러한 단순한 2중구조 이상의 다중구조를 가진 예다. 하지만 그건 훨씬 구조가 단순해서 그리 혼란스럽지는 않을 것이다.

말하는 이와 듣는 이의 공유경험이 필요하다

공유경험론은 재미를 생산하고 또 이를 이해하기 위해서는 말하는 이와 듣는 이가 함께 공유하는 경험영역을 이해해야 한다는 것이다. 별로 우습지 않지만 대부분의 재미있는 이야기들에서 공유경험은 매우 중요하게 작용한다.

심리 테스트
당신은 지금 사막을 걷고 있습니다. 그런데 동행을 하는 동물이 있습니다. 호랑이, 원숭이, 양, 소, 말 이렇게 다섯 가지 동물이 있습니다.
사막을 걷다가 하나씩 버린다면 어느 것부터 버릴 것인지 말해 보세요.

예를 들어서,

호랑이 — 1번

양 — 2번

원숭이 — 3번

말 — 4번

소 — 5번,

이렇게 말입니다.

……

뜻풀이입니다.

호랑이는 자존심이구요, 원숭이는 자식입니다. 양은 사랑이구요, 소는 재산을 뜻합니다. 말은 지식을 뜻하는 것입니다. 그냥 재미로 해 보는 것이었습니다.

이 사례에서 알 수 있듯 <심리 테스트>가 조금이라도 재미있기 위해서는 어떤 조건이 필수불가결해 보인다. 그것은 이 <심리 테스트>가 옳아야 한다는 것이다. 즉 <심리 테스트> 결과가 신빙성이 있어야 재미가 있을 것이다. 그렇지 않으면 이 <심리 테스트>는 재미가 없어진다.

다음의 예는 2중구조론이나 긴장이론도 적용되겠지만 여전히 공유경험이 가장 중요한 역할을 하는 예가 될 것이다. 역시 별로 우습지는 않지만 전제가 되는 경험을 공유하고 있으면 재미있을 수 있다.

MS와 GM

언젠가 빌게이츠는 컴퓨터 박람회에서, 컴퓨터 산업을 자동차 산업에 비유하면서 이렇게 말했다고 한다.

"만약 GM(General Motors)이 컴퓨터 산업의 기술 수준을 유지한다면, 우리는 아마도 3.8리터 정도로 1,600킬로미터를 갈 수 있는 3만 원짜리 차를 몰고 다닐 것이다."

이에 대해 GM사에서는 이렇게 공식적으로 답변했다.

"맞다. 그러나 여러분들은 하루에 두 번 멈춰 버리는 차를 타고 싶은가?"

그리고

1. 당신은 도로에 새로 선을 그릴 때마다 차를 새로 사야 할 것이다.

2. 때때로 당신의 차는 고속도로 한복판에서 이유 없이 시동이 꺼질 것이고, 당신은 그런 사태를 그냥 받아들이고, 재시동한 다음, 다시 몰고 가야 할 것이다.

3. 때때로 차를 몰고 가다가 차가 갑자기 멈춰 버릴 수도 있는데, 이럴 때 당신은 엔진을 재설치(re-install)해야 하고, 역시 이러한 사태를 그냥 받아들이기만 해야 한다.

4. 만약 'Car95'나 'CarNT'를 사지 않는다면, 당신은 한 번에 한 명밖에 태우지 못할 것이다. 그러나 그 자동차들을 샀더라도, 의자들을 따로 사서 추가해야 한다.

5. 매킨토시는 보통 차보다 다섯 배나 빠르고, 두 배나 운전이 편하고, 믿을 만한 태양열 자동차를 만들 텐데, 그것은 전체 도로의 5퍼센트에서

만 달릴 수 있을 것이다.
6. 그 '매킨토시 자동차'를 갖고 있는 사람들은 비싼 마이크로소프트의 업그레이드를 받을 텐데, 그 업그레이드는 자동차를 더욱 느리게 만들 것이다.
7. 오일 경고등, 연료 경고등, 발전기 경고등들은 단지 하나의 '일반적 자동차 문제' 경고등으로 대체될 것이다.
8. 새로운 좌석은 모두가 같은 크기의 엉덩이를 갖도록 할 것이다.
9. 에어백은 튀어나오기 전에, "튀어나올까요?" 하고 물어볼 것이다.

이렇게 긴장이론과 다중구조와의 약한 연관성을 무시하더라도 공유경험만으로 재미를 느낄 수 있다. 그러나 사실 공유경험은 이 두 요소와의 연관성 속에서 더 중요하다. 공유된 경험이 재미를 만들어 내는 정확한 관계는 두 가지 경로로 이루어진다.

첫째, 논리적인 차원에서는 공유경험이 2중구조 중의 숨은 이야기를 제공하기 때문이다.

둘째, 감정적인 차원에서 공유경험은 우리가 드러난 이야기 속의 긴장에만 몰입할 수 있도록 해 주면서 동시에 숨은 이야기가 드러난 이야기의 긴장을 해소하기 위해서 개입할 때, 그 개입을 쉽게 이해할 수 있도록 해 준다. 즉 친숙하게 공유되어 있으므로 잊어버릴 위험이 적고 그래서 긴장을 쉽게 해소시킨다.

공유경험론은 짧은 이야기에서 주로 실제로 작품에 앞서 공유되어야 하지만 조금이라도 긴 작품에서는 단지 먼저 주어지는 것이 아니라 산출될 수 있다. 앞에서는 <노승의 한 마디>를 예로 들면서, 맨 마지막의 긴장 해소의 단계에서 어떻게 해소시키는가 하는 반전의 맥락에서 전체 이야기의 2중구조가 만들어지는 형태를 보여 주었다. <노승의 한 마디>에서는 "대시지요."라고 조용하지만 진지하게 요구하는 노승의 말로 반전이 이루어진다. 이때 그 반전은 우리가 공유하고 있는 경험으로서의 공정한 게임(혹은 한 대 맞으면 한 대 대 줘야 한다는 규칙)에 대한 인식을 갑작스럽게 이야기 속에 끌어들이는 것이다. 이 경우에 공유경험은 이야기에 앞서 먼저 주어지는 것이다.

하지만 다음의 예에서는, 또 다른 방식으로 공유경험이 이야기에 의해서 만들어진다.

할머니의 3행시

어느 날 할머니와 원두막에서 참외를 먹다가 순희가 말했다.
"할머니, 제가 재미있는 얘기를 하나 해 드릴게요. 원두막으로 3행시를 짓는 거예요."
할머니는 심심하던 차에 순희에게 얘기를 해 보라고 하고선 운을 띄웠다.
"원!"
"원숭이 궁둥이는 빨~개."
"두!"
"두 쪽 다 빨~개."

"막!"

"막빡도 빨~개."

이 이야기를 들은 할머니, 아주 재미있게 웃고는 곧 동네 노인정으로 눈썹을 휘날리며 달려갔다. 그러고는 동네 노인들을 모두 모아 놓고 자기가 재미있는 얘기를 들려주겠다고 했다.

"무슨 얘기가 그렇게 재미있대?"

동네 노인들이 궁금해 하자 할머니가 말했다.

"내가 3행시를 지어 보겠소"

"뭘로 3행시를 짓겠다는 거요?"

그 순간, 할머니는 헷갈려서 그만 '원숭이'로 3행시를 짓겠다고 말했다. 그러자 노인들이 운을 띄웠다.

"원!"

"원숭이 궁둥이는 빨~개."

"숭!"

"숭하게 빨~개."

"이!"

"…… 이게 아닌디!!!" @.@

필자가 관찰해 본 바에 의하면 이 이야기를 듣고 많은 사람들이 재미있게 웃었다. 그 웃음은 분명하고 강한 재미를 의미하며, 재미가 강하게 발생하는 맨 마지막 부분에는 긴장이론과 2중구조론, 공유경험론, 감정방향론을 적용할 수 있다. 이 마지막에서 공유되는 경험이란 무엇인가? 그것은 원래 '원두막'으로 3행시를 지어야 한다는 사실이다. 그런데 그것은 어떻게 말하는 이와 듣는 이 사이에 공유되는가? 그것은 이야기에 앞서 먼저 주어지는 것이 아니라 이야기 속에서 만들어지는 것이다.

즉 '원두막' 부분에서의 재미는 '막'자에 대해서 '막빡'(아마도 '마빡'이 더 적절할 듯하지만)이라는 용어로 끌어 붙이는 2중구조와 공유경험을 기초로 생성된다. 이제 이 '원두막' 부분의 이야기 자체가 하나의 숨은 이야기가 되고 전체 이야기의 일부가 된다. 그리고 이 원두막 부분을 숨은 이야기로 해서 원숭이에 대한 3행시에서 긴장이 다시 해소되는 것이다.

이렇게 공유경험을 이야기 자체 속에서 만들어 내고 이것을 다시 이야기의 다른 부분에서 숨은 이야기로 활용하면 재미를 다양하게 하고 또 여러 겹으로 만들어 낼 수 있다. 이렇게 되면 재미 자체가 단순하지 않고 전체적으로는 작품이 흥미진진하게 될 수도 있다.[7] 이러한 공유경험은 재미의 경험적 토대이다.

---

7) 하지만 다중구조론에 대한 앞부분의 설명에서 언급했듯이, 지나치게 복잡하게 되어서 이야기가 이해하기 어려워질 수도 있다.

2 재미에 대한 종합적인 이해, 뫼비우스 띠 구조

앞에서도 간단히 언급한 바 있지만, 어떤 것을 잘 이해하기 위해서는 분석적이면서도 종합적으로 이해해야만 한다. 분석적으로 이해한다는 것은 그것의 각 부분을 분명하게 이해한다는 것이고, 종합적으로 이해한다는 것은 그러한 각 부분의 상세한 이해가 전체적으로 짜맞추어져야 한다는 것이다. 만약 이해가 분석적이지 못하면 그것은 상세하고 분명하지 못한 채 두루뭉실하게 된다. 반면에 그 이해가 종합적이지 못하면 각각의 지식들이 파편화되고 통일되지 못해 이해의 길을 잃는다. 그래서 이 부분은 저 부분과 어떤 관계가 있는지 이해하기가 어렵게 되는 것이다.

재미의 세 요소에 대한 종합모형

이러한 종합의 과정은 재미에 대한 이해에도 적용되어야 한다. 그것은 앞에서 설명한, 재미의 세 가지 분석적 요소들이 서로 어떻게 결합되는지,

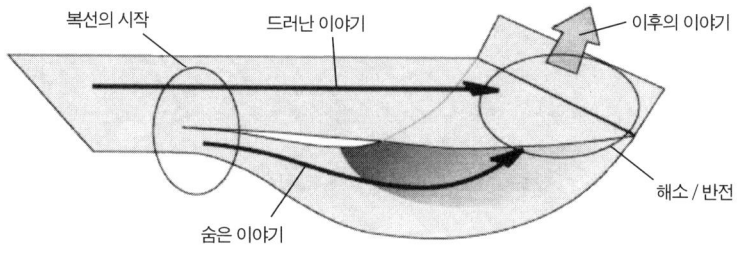

재미에 대한 위상수학적 모형.

그리고 그 결합된 전체는 어떻게 이해될 수 있는지를 설명하는 것이다. 그 내용은 결국 재미의 요소들을 은유적으로 형상화하여 위상수학적으로 결합하고 거기에서 뫼비우스 띠 구조를 밝혀내는 것이다.

여기서 필자가 제시하고자 하는 재미에 대한 위상수학적 모형은 이미 이전의 책에서도 제시된 바 있다.[8] 이것은 위 그림과 같은 입체도형으로 그릴 수 있다.

이 그림에서 위쪽은 드러난 이야기를 나타낸다. 이것은 이야기가 제시될 때 듣는 이가 관심을 갖는 측면이고 또한 이야기 속에서 긴장이 축적되어 가는 영역이다. 그런데 이 드러난 이야기가 시작되는 어느 지점에서 그 한 부분이 밑으로 숨는다. 그래서 그늘진 곡면이 된다. 이것이 숨은 이야기이다. 그리고 드러난 이야기에서 숨은 이야기가 갈라져 나오는 부분이 곧 복선이 된다. 드러난 이야기는 시간의 축을 따라서 그 면을 펼쳐 나가는데,

---

8) 이현비, 『원리를 알면 공자도 웃길 수 있다』, 지성사(1997), 128~134쪽.

이는 곧 이야기를 전개해 나가는 것과 같다. 그러다가 어느 한 지점에서 숨은 이야기와 만난다. 드러난 이야기와 숨은 이야기가 만나는 지점이 곧 반전으로 긴장이 해소되는 지점이다. 그리고 그때부터 이야기는 숨은 이야기가 진행되어 온 방향으로 전개된다.

이 모형에서는 드러난 이야기에서 긴장이 축적된다는 것이 분명하게 모형화되지 않았다고 지적할 사람이 있을지 모르겠다. 하지만 드러난 이야기를 하나의 평면으로 보고 그 면 위에서 시간의 축을 따라서 이야기가 전개되는 것을 하나의 가속 과정으로 본다면, 그 속도의 증가가 곧 긴장의 축적이라고 말할 수 있을 것이다. 한편 이야기의 넓은 폭, 즉 평면의 폭은 소재의 다양성을 나타낸다. 이제 다음의 예들을 통해서 재미의 구성 요소들이 종합된 이 모형이 적절한 설명을 제공하는지 살펴보도록 하자.

우리 회사 미스 박

180센티미터의 건장한 키, 몸무게 72킬로그램, 운동으로 잘 단련된 몸매, 세련된 말투와 남을 배려하는 마음, 풍부한 지식, 그리고 경제력……. 내가 생각해도 난 괜찮은 놈이다.

평소 회사에서 콧대가 높은 미스 박이라지만 나에게만큼은 퉁명스럽거나 쌀쌀맞지 않다. 내가 사장이라서 그런 거라고 생각하고 싶진 않다. 거의 모든 남자 직원들이 그렇듯이 나도 미스 박의 팬이다. 그도 그럴 것이 미스 박은 정말 퀸카다. 그런 미스 박이 나에게 접근해 온 것이다. 어느 날인가 미스 박이 날 자기 집에 초대했다. 아파트에서 혼자 사는 미스 박이 날 초대했을 때는 어떤 계산이 있었으리라.

거절할 이유가 없었다. 그녀가 준비할 시간을 주기 위해 일찍 퇴근시켰다. 사실 그녀가 날 좋아하는 줄은 느끼고 있었지만 이렇게까지 직접적으로 표현할 줄은 미처 예상치 못했다. 사우나탕에 가서 평소보다 신경 써서 때를 밀었다. 이런 기분은 정말 오랜만이다. 마치 소풍을 앞둔 아이처럼 흥분되어 있었다. 지금쯤 그녀는 뭘 할까? 손수 만든 저녁식사에 와인을 곁들이고 거기에 양초로 분위기를 잡고 있을까? 아니면 푹신한 침대에서 날 기다리고 있을까? 아무튼 상관없다. 그녀가 날 기다리고 있다는 사실이 중요할 뿐이다. 서둘러 그녀의 아파트로 향했고 한 시간쯤 지나서 그녀 집에 도착했다.

딩동——.

그녀를 닮아 벨소리도 예쁘군. -_-;;;

"문 열렸어요, 들어오세요."

암 들어가야지, 들어가구 말구!

드르륵——.

"많이 기다렸지?"

사실 내가 더 많이 기다렸어, 후후.

"문 좀 잠가 주시겠어요?"

그래, 잠가야겠지 소리가 밖으로 새 나가면 안 되니까. 나이트가운을 입고 있었으리라 생각했었는데, 반바지에 티셔츠 차림이라니…….

"여기서 5분만 기다려 주세요. 준비되면 제가 부를게요."

방으로 들어가는 그녀의 뒷모습과 그 섹시한 목소리는 정말 잊을 수가 없었다.

옷을 갈아입으려나? 그럴 필요까진 없는데, 후후! 하긴 여자들이란…….

난 넥타이를 풀어서 소파 위에 던져 놓고 와이셔츠 앞단추를 풀면서 마음의 준비를 했다.

"사장님 불 좀 꺼 주시겠어요?"

불? 그럼 꺼야지. 처음부터 불 켜고 할 수야 없지.

그녀가 이렇게까지 나오는데 더 이상 망설일 필요가 없었다. 난 불을 끄고 바지를 벗고 팬티까지 벗었다.

"사장님 불 끄셨으면 들어오세요."

"응, 그…… 그래."

기특한 것 같으니라구.

그녀가 알몸으로 있을까? 아니면 실오라기 같은 속옷만을 걸치고 있을까?

약간은 떨리는 맘으로 방문을 열었다.

그러자,

퍽, 퍽퍽, 뻥! 퍽퍽퍽, 뻥뻥, 퍽!

폭죽 터지는 소리와 함께,

"사장님 생일 축합니다! 해피 버스데이 투 유!"

생일 노래가 들려오면서 불이 켜졌다.

거기엔 회사 직원 모두가 와 있었다.

우선, <우리 회사 미스 박> 이야기에서 드러난 이야기는 무엇인가? 매력적인 여사원이 사장을 자기 집으로 초대했다. 이 점에서 갖가지 세속적인 상상을 하게 된다. 그리고 이것은 곧 긴장의 생성과 축적으로 이어진다. 이야기 전체에서 이러한 긴장은 점점 더 축적된다. 여사원은 사장을 초대해서는 문을 잠그고 불을 끄라고 주문한다. 대체로 그런 경우에 두 남녀는 사적인 성관계를 맺을 것이라고 기대할 수 있다.

그렇다면 여기에서 숨은 이야기는 무엇인가? 그것은 회사 사장의 생일이 되면 회사원들이 한 사원의 집으로 사장을 초대해서 축하해 줄 수 있다는 것이다. 그리고 그 축하의 방식이, 회사원들이 불을 끄고 기다렸다가 갑자기 나타나 폭죽을 터뜨리면서 사장을 깜짝 놀라게 한 후 생일 축하 노래를 부른다는 것이다. 이 숨은 이야기가 숨을 수 있는 이유는 그것이 서로에게 공유되어 있기 때문이다. 결국 드러난 이야기의 마지막에서 이 숨은 이야기가 갑자기 나타나면서 반전되며, 이 대목에서 사람들은 재미를 느끼게 된다.

방금 본 것은 비교적 짧은 농담 속에서 재미가 구현되는 방식이다. 그렇다면 장대한 규모의 작품, 예를 들어 장편영화에서는 어떨까? 영화 「매트릭스」를 예로 들어 설명해 보겠다. 여기서 「매트릭스」는 1탄을 의미한다.

「매트릭스」는 대중적으로도 흥행에 성공했지만 그 이야기의 전개에 있어서 많은 철학적 의미를 담았다고 해서 또 다른 관심의 대상이 되곤 했다. 필자는 이러한 철학적 의미가 어떻게 재미를 형성하는지를 설명할 것이다. 필자가 설명한 재미의 통합모형을 이용할 때 그 철학적 의미가 재미

영화 「매트릭스」 속의 네오는 왜 갑자기 엄청난 능력을 얻는가?

를 어떻게 형성하는가 하는 것을 잘 이해할 수 있다.

「매트릭스」는 장편영화의 특성상 여러 곳에서 반전을 활용하고 있다. 예를 들어서 이야기 시작 부분에서 스미스에게 쫓기는 해커들이 악당이라고 추측되다가 나중에는 모피어스 등을 중심으로 하는 해커들이 좋은 사람이라는 이야기로 전개되는 것도 일종의 반전이고, 중간에 저항군들 중의 한 명이 배신하는 것도 일종의 반전이다. 하지만 가장 중요한 이야기의 반전은 언제나 가장 중요한 갈등구조, 즉 가장 중요한 긴장의 축적과 관련이 있다. 「매트릭스」 속에서 가장 중요한 갈등과 반전은 맨 마지막에 지하철 역 안에서 주인공 네오(키아누 리브스 분)가 문지기 프로그램인 스미스와 싸워 이기는 장면일 것이다. 그런데 이 장면에서 거의 죽을 정도로 스미스에게 공격당한 네오가 갑자기 일어난 후에 엄청난 능력을 가진 사람으로 돌변한다. 그러고는 날아오는 총알이 공중에서 멈춰 섰다가 떨어지고 처음에는 당할 수 없었던 스미스의 주먹도 한 손으로 다 막아 낸다. 어떻게 이러한 반전이 이루어지는가?

만약 이러한 반전이 이루어지는 이야기 속의 근거를 단지 네오가 일종의 메시아로서 사람들이 기다리던 '그'이기 때문에 이루어진다면 이 영화는 훌륭한 영화가 될 수 없다. 실제로는 더 논리적인 다른 이유가 있다. 그것은 바로 '일체유심조(一切唯心造, 모든 것이 마음먹기에 달려 있다)'라는 말로 흔히 표현하는 철학적인 이유이면서 동시에 '매트릭스'라는 말로 영화 전체에 깔려 있는 복선 때문이다. 이것을 좀더 알기 쉽게 설명해 보자.

영화 속의 환경이란 어떤 것이냐 하면, 특히 네오가 스미스와 싸울 때, 그들은 매트릭스 안에 있는 것이다. 그리고 그 매트릭스란 곧 컴퓨터 프로그램 안에 있는 것으로서 그들이 보고 듣는 것, 느끼는 것 모두는 실제로 존재하는 것이 아니라 단지 프로그램 속에서 그렇게 코드화된 것일 뿐이다. 하지만 그 환상이 너무나 강해서 그것이 일종의 문자열일 뿐이라는 것을 확신할 수가 없다. 그래서 그 안에 갇혀 지내고 제약된다. 이것이 「매트릭스」 영화 전체의 틀이다. 하지만 이것이 전부가 아니다.

영화를 본 사람들은 중간에 모피어스와 함께 네오가 예언자 오라클을 찾아간 장면을 기억할 것이다. 거기에서 기다리면서 네오는 미래의 구원자가 될 어린아이들을 만나게 된다. 그런데 그 어린아이들은 초능력자들이다. 네오는 그 중 한 아이와 이야기를 나눈다. 그 아이는 염동력으로 순가락을 휜다. 네오가 신기해 하며 어떻게 손도 안 대고 숟가락을 휘느냐고 묻는다. 그러자 그 아이는 숟가락이 휘어지는 것이 아니라 마음이 휘어지는 것일 뿐이라고 말한다. 그리고 나서 장면은 휘어졌던 숟가락이 휘어지지 않은 상태로 그대로 있는 모습을 잠시 비춘다.

「매트릭스」의 가장 특징적인 영상. 여기에는 모든 것이 결국 프로그램 코드일 뿐이라는 암시가 들어 있다.

　이 정도를 확인한다면 우리는 영화 속의 마지막 반전이 이루어지는 근거를 이해할 수 있다. 그리고 그 힌트는 영화 장면에서 초록색 기계어 문자들이 모니터에 흘러내리면서 문지기 프로그램인 스미스가 그러한 초록색 문자들로 보이는 영상으로 암시된다. 네오는 그 순간 모든 것이 단지 컴퓨터 프로그램 속의 코드에 불과한 것임을 깨닫는다. 그 코드에 단순히 '총알'이라는 것이 들어 있으면 그것이 총알로 보이는 것이고, 거기에 '멈춤'이라는 코드가 더해지면 총알은 공중에서라도 멈출 수 있는 것이다. 심지어 스미스 자체도 프로그램 속의 문자열에 불과하고 자신이 느끼는 모든 것이 그러한 것이다. 이것은 동양철학에서 흔히 일컫는 '일체유심조'라는 말의 뜻과 유사하다. 즉 모든 것은 마음이 지어내는 것일 뿐이라는 말이다. 그 모든 것은 단지 프로그램 코드의 일부일 뿐, 진짜 총알도 아니고 진짜 사람도 아니다. 단지 그것을 총알이나 사람으로 보는 마음 때문에 그렇게 보이는 것일 뿐이다. 이것은 예언자 오라클을 만나러 갔을 때 어린아이가 마음이 휘어지기 때문에 숟가락이 휘어진다는 설명을 하는 것과 같은 의미이다.

이제「매트릭스」속의 네오는 단지 그가 영화 속의 주인공이기 때문에 강력해지는 것이 아님을 알 수 있다. 이야기의 전후 맥락에 따라서 충분한 이유가 있어서 강력해진다. 그리고 그 강력해지는 정도조차도 충분한 이유가 있다. 마음이 휘어지기 때문에 숟가락이 휘어진다면 마음이 멈추기 때문에 날아오는 총알도 멈출 수가 있다. 그래서 네오는 총알이 날아오는 것을 그대로 보고 관조한다. 공중에 멈추어선 총알을 네오가 신기한 물건인 듯 건드리면 총알은 그대로 바닥에 떨어진다. 이것은 네오가 총알을 총알로서 보지 않고 단지 프로그램 속의 문자, 뜻을 이해할 수 없는 기계어의 하나로 보는 것을 의미한다.

이렇게 본다면 매트릭스 역시 드러난 이야기와 그 드러난 이야기 속에서 주어지는 복선, 그리고 숨은 이야기의 뚜렷한 2중구조를 갖는다. 그리고 그것이 마지막 반전으로 이어진다. 동시에 그 반전이 필요한 이유는 드러난 이야기에서 나온다. 즉 긴장이 생성되는 것이다. 인간을 에너지로 삼는 기계와 싸우는 저항군의 이야기는 긴장을 생성하기에 크게 어렵지 않은 구도를 제공한다.

그러면 우리는 어디에서 공유경험을 발견할 수 있는가? '일체유심조'라는 사상은 동서양의 사상가들에게서 때때로 언급되었고 우리는 그것에 어느 정도 친숙하다. 이것이 공유경험의 하나이다. 또한 우리의 눈에 보이는 것, 귀에 들리는 것이 사실은 누군가의 조작에 의해서 잘못된 것일 수도 있다는 철학적 문젯거리도 공유경험의 하나이다. 이것은 감각경험이 사물의 존재를 충분히 보장하지 못한다는 인식론적인 문젯거리이다. 사실 이것은 이 영화에서 매우 중요한 공유경험인데, 그렇기 때문에 이런 철학적 관심에 익숙하지 않았던 사람들은 이 영화의 앞부분에서 따분함을 느끼기도 한다. 영화의 앞부분은 바로 이러한 철학적·인식론적 문제를 영화 속의 상황으로 표현하면서 독자들에게 설명하기 때문이다.

이들 이야기에서 숨은 이야기와 드러난 이야기가 맨 마지막, 혹은 긴장이 해소되는 한 지점에서 만난다. 두 이야기의 만남까지가 2중구조론이 의미하는 바다. 그리고 거기에서 재미가 자극된다. 이 모형에서의 드러난 이야기와 숨은 이야기의 거리가 멀수록 숨은 이야기가 철저히 감춰지고 그래서 긴장은 더 극적으로 해소된다. 극적인 긴장의 해소가 곧 반전이다. 그렇지 않고 숨은 이야기가 드러난 이야기 속에 미리 드러날 수 있다면 그 해소는 극적이지 않고 재미는 없어질 수 있다.

여기에서 필자가 말하고자 하는 핵심은 이 전체적인 모형으로서, 이야기의 진행과 재미를 산출하는 의미의 2중구조가 하나로 통합되어 있다는 점이다. 앞에서 분석적으로 설명한 재미의 세 요소가 그 분명함을 유지하면서도 동시에 이 모형에서 하나의 전체로 잘 통합되어 있다.

드러난 이야기와 숨은 이야기의 만남

필자가 제시한 재미의 모형을 '뫼비우스 띠 모형'이라고 부르는 데에서도 드러나지만, 이 재미의 모형에는 뫼비우스 띠가 들어 있다. 즉 드러난

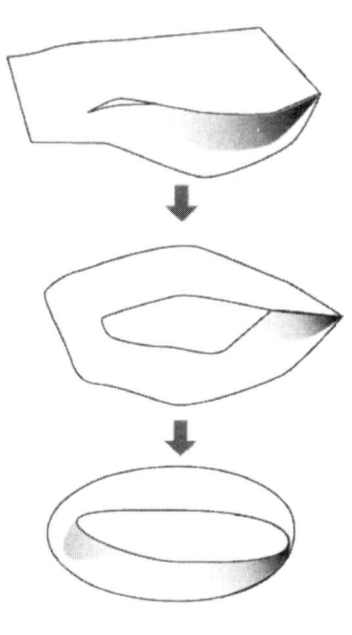

뫼비우스 띠로 변하는 재미의 모형.

이야기와 숨은 이야기가 만난 이후의 부분, 즉 기존 이야기의 마무리나 새로운 이야기의 시작을 제거하고 나면(이것은 곧 드러난 이야기와 숨은 이야기가 만나면서 이야기가 끝난다는 것을 의미한다) 거기에서 남는 것은 정확히 뫼비우스 띠라는 것이다. 어떻게 해서 그러한가?

첫 번째로는 시각적인 측면에서 그것을 보여 줄 수 있다. 옆의 그림을 보자.

이 그림은 재미의 모형 구조에서 위상적인 변화 없이 뫼비우스 띠로 변형할 수 있음을 보여 준다. 즉 원래 모형에서 각지게 접힌 것만 펴고 모난 부분을 둥글게 다듬으면 그대로 뫼비우스 띠가 되는 것이다.

하지만 이러한 시각적 변형, 혹은 모형의 위상적인 변형을 통해서 보일 수 있는 것은, 재미에 대한 시각적 모형 속에 뫼비우스 띠가 들어 있다는 사실일 뿐이다. 그리고 이것은 그림을 통해서 제시된 대략적인 증명이기 때문에 엄밀한 증명이라고 하기는 어렵다. 그래서 잠시 후에 필자는 뫼비우스 띠의 수학적 성질을 확인한 후 그 성질이 재미있는 작품의 이야기 속에 그대로 들어 있다는 것을 몇 가지 예와 함께 설명할 것이다.

어떤 사람은 이러한 필자의 설명이 지나치게 현학적이거나 따분한 방식으로 전개되는 것은 아닌가 하고 불만을 가질지 모르겠다. 즉 재미의 모형이 뫼비우스 띠 구조라는 사실을 왜 그렇게 엄밀하게 따질 필요가 있는지에 대해서 누구든지 물을 수 있다. 여기에 대해서 필자는 두 가지로 대답하고자 한다. 하나는 재미의 모형이 뫼비우스 띠와 같은 구조를 가진다고 할 경우에 기대되는 효과를 설명하는 것이고, 다른 하나는 좀더 포괄적인 관점에서 재미에 대한 이론이 정확해야 할 필요성을 설명하는 것이다.

먼저 재미의 모형이 뫼비우스 띠 구조라는 사실이 왜 의미가 있는지를 설명하겠다. 아직까지 재미에 대한 이론은 별로 없었다. 하지만 뫼비우스 띠에 대해서는 위상수학 분야에서 오랫동안 수학자들이 관심을 가져왔다. 만약 두 구조가 동일하다는 것이 확인된다면 우리는 뫼비우스 띠를 중심으로 한 위상수학의 연구 결과를 재미에도 적용할 수 있을 것이다. 즉 재미에 대한 연구는 쉽고 건실하게 발전할 수 있는 것이다. 하지만 수학이라는 학문은 그 내용이 매우 논리적으로 엄밀하다. 그렇기 때문에 신중한 검토 없이, 애매한 직관에 근거해서 재미의 모형과 뫼비우스 띠를 연관시켜 놓으면 이것은 풍부한 결실이 아니라 오히려 또 다른 오해의 출발점이 될 수도 있다. 이것은 또한 이 연관관계의 해명이 엄밀해야 할 이유 중의 하나이기도 하다.

하지만 이것이 전부는 아니다. 즉 둘째로, 왜 재미에 대한 이론이 엄밀해야 하는가에 대한 다른 실용적인 이유들이 더 있다. 우리는 앞에서 재미에 대한 이론에 관심을 가질 만한 이유로 고부가가치 상품인 문화상품의 영

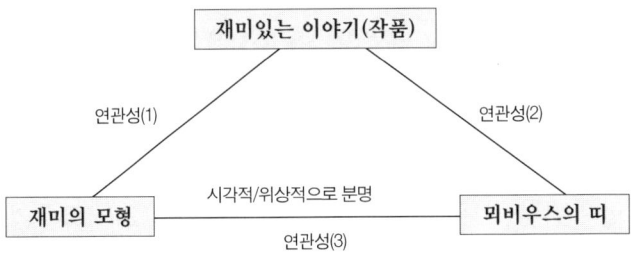

재미있는 작품과 재미의 모형, 뫼비우스 띠의 관계.

향력이 커지고 있다는 사실을 들었다. 수십 억의 대자본이 투자되는 문화 사업의 성패에 재미에 대한 정확한 이해가 영향을 미칠 수도 있다고 생각한다면, 우리는 이러한 이론이 올바르고 정확한 것인지에 대해서 따져 볼 필요가 있다. 즉 다소 어렵고 따분하더라도 재미 이론의 여러 부분을 엄밀하게 검토해 볼 필요가 있는 것이다. 재미에 대한 이론은 재미있는 모든 것에 대한 이론이다. 그러므로 거기서 조금 잘못되면 이 이론이 적용되는 많은 부분들에서 나타날 수 있는 결과는 전체적으로 클 수 있다. 그러므로 첫 단추부터 잘 끼워야 한다.

지금 엄밀하게 따져 볼 필요가 있는 것들 중의 하나가 재미의 구조와 뫼비우스 띠의 관련성이다. 앞에서 본, 재미의 시각적 모형이 뫼비우스 띠와 위상적으로 동일하다는 것은 충분히 설득력이 있다. 왜냐하면 일단 재미의 모형이 필자가 제시한 것처럼 입체도형으로 설정되면 거기에서 위상수학적 성질은 분명하기 때문이다. 하지만 우리가 첫 단추부터 잘 끼우려고 한다면 지금까지 설명한 재미의 모형이 실제로 재미있는 작품들의 구조와 맞는지를 다시 확인해 볼 필요가 있다. 지금 하려는 확인 작업을 간단히 정리하면 다음과 같다.

위 그림을 보면서 현재 상태를 설명하겠다. 우리의 원래 관심은 재미있는 작품(이야기)의 형식적 구조다. 이것을 지금까지 분석하고 종합하여 재미의 모형을 설정하였다. 입체도형으로 표현된 이 모형을 인정하고 나면, 이 모형 자체가 이미 입체도형으로 제시되었으므로 이 도형과 뫼비우스 띠와의 관계는 상대적으로 더 분명하다고 생각한다. 그런데 세 분석 요소를 종합함으로써 우리는 연관성(1)을 확인하였다. 그리하여 연관성(1)과 연관성(3)으로 인해서 우리는 연관성(2)를 확인할 수 있다. 즉 재미있는 이야기의 형식은 곧 뫼비우스 띠 구조라는 것이 이때의 최종 결론이다. 하지만 만약 우리가 연관성(2)를 직접 확인할 수 있다면 전체적인 관련성을 서로 더 견고하게 확인할 수 있을 것이다. 왜냐하면 우리는 연관성(1), (2)를 통해서 연관성(3)을 확인할 수도 있고, 또 연관성(2), (3)을 통해서 연관성(1)을 확인할 수도 있기 때문이다. 결국 우리의 원래 관심 사항인 재미있는 작품의 형식적 구조를 더 강력하게 확인하게 될 것이다.

그렇다면 재미있는 작품 속에 뫼비우스 띠가 있다는 것을 어떻게 보일 수 있을까? 필자는 뫼비우스 띠의 위상수학적 속성을 확인한 다음, 그 표현이 재미있는 작품들 속에도 형식적으로 구현되어 있는지를 검사하려고 한다. 원래 뫼비우스 띠라는 것은 한 번 비틀어 이어 붙인 테이프와 같은 형태로서 이해하기가 어렵지는 않다. 하지만 그것으로는 수학적인 논의에

뫼비우스 띠의 위상수학적 표현.

충분히 추상적이지 못하고, 그래서 정확하지 못하다. 그런 만큼 뫼비우스 띠의 위상수학적 표현은 별도로 있으며 다음과 같다.

위 그림에서 a=a′, P=P′, Q=Q′ 라는 것이 뫼비우스 띠에 대한 위상수학적 표현이다. 즉 동일한 평면 속에서 그 평면의 한쪽 끝 방향이 다른 쪽 끝 방향과 서로 거꾸로 연결된다는 것이 뫼비우스 띠의 정의이다. 그래서 뫼비우스 띠의 중요한 특징의 하나가, 방향을 정할 수 없는 곡면이라는 점이 된다.

그렇다면 재미있는 이야기들 속에서 어떤 중요한 측면에서 방향을 정할 수 없는 성질을 찾아낼 수 있다면 그것은 곧 뫼비우스 띠의 중요한 수학적 특징을 찾아내는 것이 될 것이다. 어떻게 이것을 찾아낼 수 있을까? 필자는 재미있는 작품 속의 긴장관계나 자신과 남의 관계, 혹은 선악의 관계 등이 이야기 속 세계의 방향들이라고 간주할 수 있다고 생각한다.

예를 들어서 선악관계를 한번 생각해 보자. 한 세계에서 갑과 을이 서로 대립하는데 갑이 선이고 을이 악인관계가 지속된다면 그 세계에서는 선악의 방향이 유지된다고 할 수 있다. 그런데 그 세계의 한쪽에서는 갑이 선

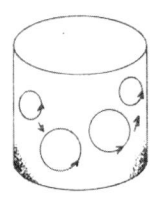 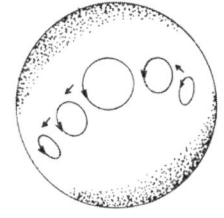 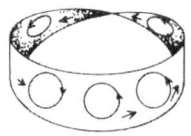

방향 설정이 가능　　　　방향 설정이 가능　　　　방향 설정이 불가능

뫼비우스 띠에서는 방향 설정이 불가능하다.
(김용운·김용국, 『토폴로지 입문』, 우성문화사(1995), 179쪽에서 인용)

이고 을이 악인 반면, 다른 한쪽에서는 갑이 악이고 을이 선이라면, 그래서 선악관계가 바뀐다면 그 세계에서는 선악의 방향은 정할 수 없게 될 것이다. 또 한 세계 속에서 이런 측면(드러난 이야기)에서는 갑이 더 유리하거나 '나 자신'이고, 다른 측면(숨은 이야기)에서는 을이 더 유리하거나 '나 자신'이라면 이것도 그 세계 안에서 방향 설정이 불가능한 경우가 될 것이다. 그런 점에서 그 세계는 곧 뫼비우스 띠의 수학적 성질을 나타낸다고 볼 수 있을 것이다. 이제 이러한 성질을 재미있는 작품들 속에서 찾아보도록 하자.

분식점 잔혹사

분식점에서 언제나 1등으로 팔리는 것은 '김밥'이었고, 떡볶이는 항상 2등을 차지하여야만 했다.

한 해 두 해……. 더 이상 떡볶이는 참을 수가 없었다. 그래서 떡볶이는 유명한 킬러 '오뎅'을 써서 김밥을 죽이려는 무시무시한 계획을 세웠다.

떡볶이는 오뎅에게 길쭉하고 까만 김밥의 몽타주를 그려 줬다.

그 날 밤!

오뎅은 자기 몸에 꽂혀 있는 꼬치막대기를 뽑았다. +_+ 반짝!!

멀리서 거무죽죽하고 길쭉한 것이 오고 있었다. 오뎅은 그것을 덥쳤다.

"네 놈이 김밥이렸다~~!"

퍼퍼퍼퍽!!!!

오뎅은 꼬치막대로 연속해서 찔러 댔고, 결국 김밥은 죽으면서 말했다.

"지는…… 순댄디유…… T.T"

필자는 이 이야기가 재미있다고 본다(아주 재미있는 이야기이다). 그렇다면 그 속에 뫼비우스 띠의 수학적 구조가 있는가? 즉 이야기의 세계 속에 존재하는 어떤 방향이 서로 반대로 맞물리는가? 실제로 그렇다. 그것은 다음과 같이 분석할 수 있다.

떡볶이가 김밥을 죽이려 한다(그리고 떡볶이는 김밥이 아닌 것을 죽이려 하지는 않는다).

→ 떡볶이는 오뎅에게 김밥처럼 생긴 것을 죽이라고 사주한다.

→ 오뎅은 김밥처럼 생긴 것을 죽인다.

→ 김밥처럼 생긴 것은 길고 검게 생겼다.

→ 순대도 길고 검게 생겼다.

→ 순대도 김밥처럼 생겼다.

→ 오뎅은 순대를 죽였다.

→ 결국 떡볶이는 순대를 죽였다.

→ 떡볶이는 순대를 죽이려 하지 않았다.

위의 분석 내용을 잘 살펴보자. 위의 내용을 화살표 방향대로 따라가면서 살펴보면 각 단계는 이야기 속의 세계에서 이해될 수 있도록 그럴듯한 사실로 이어진다. 즉 선이 악이 되고 악이 선이 되는 것이 아니라, 선은 여전히 선이고 악은 여전히 악일 수 있을 것 같은, 정리된 방향으로 이어지는 것이다. 그러나 그 끝에서는 전혀 반대의 결과가 산출되었다. 즉 떡볶이는 김밥이 아닌 순대를 죽인 것이다. 이것은 뫼비우스 띠에서, 각 부분을 따라가면 아무런 이상한 점을 발견할 수 없지만 처음 출발한 곳에까지 되돌아오면 안과 겉이 뒤바뀐 것과 같다.

이것이 얼마나 설득력이 있다고 단언할 수 있을지 모르지만 설득력이 조금이라도 있을 수 있다면 그만큼 이 이야기 속에 뫼비우스 띠의 수학적 구조가 구현되어 있다고 말할 수 있다. 그렇다면 재미있는 작품에는 항상 이와 같은 뫼비우스 띠의 구조가 포함되어 있다는 것을 더 설득력 있게 제시하기 위해서는 어떻게 해야 할까? 위의 단 하나의 사례만이 아니라 더 많은 사례들을 제시할 수 있어야 할 것이다.[9] 그것도 상당히 이질적인 사

---

9) 이것이 곧, 매우 많은 사례를 제시할 수 있다면 필자의 결론이 검증된다고 주장하는 것은 아니다. 거꾸로 필자가 주장하는 결론이 옳다면 많은 사례를 제시할 수 있어야 한다는 것을 말하는 것이다. 전자는 '귀납의 오류'이지만 후자는 오류가 아니다.

례들이면 더 좋을 것이다. 그래서 일단 두 개의 짧은 사례만을 더 언급하도록 하고 나머지 사례들은 웃음에 대해서 이야기한 후에 영화와 소설 등을 중심으로 제시하겠다.

똥 퍼 이름

어떤 학교에서 선생님이 학생들에게 말했다.

"레오나르도 디카프리오는 똥 퍼 이름이다!!"

아이들이 궁금해 했다.

그러자 선생님의 명쾌한 설명 한 마디.

"내 오날도 뒷간 푸리오???"

박세리와 박찬호의 차이

한국이 외환위기 사태로 고통받던 한때, 박세리와 박찬호는 온 국민의 희망이었다.

그런데 찬호 박(Park)과 세리 박(Pak)의 영문 표기가 다르다. 그래서 마누라가 남편에게 물었다.

부인 : 여보! 박찬호는 Park로 쓰는데, 왜 박세리는 Pak로 쓰죠?

남편 : 그거야 당연하지?

부인 : 무슨 얘기예요?

남편 : 박세리는 'R'이 없잖아.

부인 : R…… ??? 알…… !!! 음.

첫 번째 이야기를 보자. 이 이야기를 <분식점 잔혹사>와 같은 방식으로 분석해 보면 다음과 같다.

'레오나르도 디카프리오'는 미남 배우의 이름이다(그래서 똥 푸는 사람의 이미지는 아니다). → '레오나르도 디카프리오'와 '내 오날도 뒷간 푸리오'는 그 소리가 매우 비슷하다. → '내 오날도 뒷간 푸리오'는 그 의미가 똥 푸는 것을 의미한다. → 비슷한 두 이름을 가지면 비슷한 이미지를 연상시킨다. → 결국 '레오나르도 디카프리오'의 이름과 그 이름을 가진 사람에게는 똥 푸는 사람의 이미지가 연결되었다.

두 번째 이야기를 같은 방식으로 분석해 보면 다음과 같다.

남자인 박찬호와 여자인 박세리의 성은 같은 글자이다(그러므로 같은 글자에 대해서 서로 다른 영문 표기를 쓸 이유가 없다).→ 남자에게는 있고 여자에게는 없는 성기관의 명칭 중에는 '알' 자가 들어가는 것이 있다. → 따라서 박찬호에게는 어떤 '알'이 있고 박세리에게는 어떤 '알'이 없다. → 'R'을 한글로 읽을 때 흔히 '알'로 읽는다. → 따라서 박찬호에게는 'R'이 있고 박세리에게는 'R'이 없는 것이 옳을 듯하다. → 이 차이를 영문에 적용시키면 박찬호와 박세리의 성은 이 점에서 서로 다르게 표기될 이유가 있게 된다.

이러한 분석은 불필요하게 장황하고 지나치게 자세하게 보일지 모른다. 하지만 그렇게 장황하고 자세하게 설명할 수 있다는 것이 어떤 점에서는 중요하다. 참인 것에 대해서는 상세하게 언급하고 하나하나 따질 수 있지만, 대체로 거짓인 것에 대해서는 그렇게 상세하게 따지다 보면 어긋나는 점이 생기기 때문이다.

결국 이렇게 자세히 따져서 각각의 재미있는 작품 속에서 뫼비우스 띠의 수학적 구조를 찾아낼 수 있다면, 재미있는 작품들 속에 뫼비우스 띠가 들어 있다는 주장은 단순한 추측을 넘어서 어느 정도의 시험을 통과한 것으로 받아들일 수 있을 것이다. 그리고 또한 강조하지 않을 수 없는 것은, 뫼비우스 띠의 구조라고 분석된 이야기의 측면이 정확히 그 이야기가 재미있는 측면을 반영한다는 것이다.

재미란 어떤 것인가?

뫼비우스 띠 구조로 분석되는 재미는 인간 심리의 어떤 기능과 어떤 특징에 의존해서 인간의 의식 속에 들어오는지를 알아보자. 이것은 곧 뫼비우스 띠 구조의 심리학적 기초를 분석하는 것이다.

그런데 그 전에 우리는 먼저 재미의 개념을 정의하고 출발하는 것이 필요하겠다. 왜냐하면 재미란 어떤 것인지를 알아야 이것이 어떻게 뫼비우스 띠 구조로 달성되는지를 이해할 수 있기 때문이다. 재미에 대한 개념 정의를 제시하라고 한다면 필자는 "새로운 체험을 통해서 얻어지는 감정적 흥분"이라고 정의하겠다. 이것은 모든 종류의 재미를 망라한 개념이다. 예를 들어서 우리는 놀이동산의 롤러코스터나 번지점프 같은 것을 통해 쉽게 재미를 느낀다. 하지만 매일 그런 것을 타는 사람은 재미를 덜 느낄 것이다. 예를 들어서 처음 낙하산을 탈 때 사람들은 재미를 느낄 수 있겠지만, 군대생활 내내 낙하산을 탄 공수부대원들은 더 다른 것을 체험해야 재미를 느낄 것이다.

하지만 이러한 재미의 폭넓은 개념은 적절한 출발점이면서도 현재 우리의 관심거리에는 맞지 않다. 특히 영화나 소설과 같은 대중 문화상품에서 구현되는 재미는 이러한 폭넓은 개념의 정의에 분명히 포함되겠지만 좀더 자세한 개념 정의가 필요한 부분이다. 그래서 필자는 다시 한번 '일반적인 재미'와 '작품의 재미'를 구분할 것이다. 그리고 우리는 이 작품의 재미에 대해서 관심을 집중할 것이다.

'작품의 재미'를 필자는 "축적된 긴장의 해소를 이해함에 따르는 감정적 흥분"이라고 정의한다. 이 개념 정의는 필자의 이전 저작에서의 웃음의 개념 정의를 변형한 것이다.[10] 그리고 뫼비우스 띠 구조로 종합된 지금까지의 재미에 대한 논의는 바로 이 작품의 재미에 한정되어 있다. 이 '작품의 재미'는 어떻게 '일반적 재미' 개념에 포섭되는가? 그것은 긴장의 해소를 이해함으로써 우리가 작품 감상을 통해서 가급적 더 직접적인 체험을 얻을 수 있기 때문이다.

재미있는 작품에는 긴장의 축적과 해소가 있고, 그 해소는 억지로 이루어지는 것이 아니라 전후 맥락에 근거한 충분한 이유를 가지고 이루어진다. 이 해소를 기대하고 있다가 그 과정을 이해했을 때 감상자는 단순히 작품 속의 이야기를 인지하는 것이 아니라 뭔가 더 강력한 것을 체험한다. 스스로 발견하고, 스스로 그것을 공유한다. 이것이 또한 공유경험이 재미를 위해서 필요한 까닭이다.

---

10) 이현비, 『원리를 알면 공자도 웃길 수 있다』, 지성사(1997), 48쪽.

그러므로 작품의 재미는 작품을 통한 작가와 감상자와의 만남이라는 간접적인 교류 속에서 어떻게 강력한 체험을 제시할 것인가에 달려 있다. 이 강력한 체험을 위해서 작품들은 감상자로 하여금 최대한 감정이입을 하도록 유도한다. 이 감정이입을 위해서 영화나 드라마에서는 주역이든 악역이든 미남 미녀 배우나 탤런트를 기용한다. 소설에서의 주인공들 역시 무언가 독자들의 호감을 살 요소를 가지고 있다. 감정이입은 작품을 감상하는 사람의 안에 긴장을 축적시키기 위한 중요한 연결고리이다.

또 한편으로 모든 재미는 '새로운' 체험을 통해서 얻어지므로, 작품 속의 이야기는 뭔가 일상적이지 않은 것을 포함하려고 애쓰는 경우가 많다. 하지만 여기에는 모종의 상충관계가 있다. 즉 감정이입과 공유경험 확보를 위해서는 감상자에게 친숙한 이야기가 제시되어야 하고 반대로 새로운 체험을 위해서는 감상자가 경험해 보지 못한, 낯선 이야기가 제시되어야 하는 것이다. 이 상충관계의 해소는 작가의 창의성으로 해결하는 것이지, 작품의 형식적 구조 분석이나 기타의 이론적인 장치를 통해서 궁극적으로 해결되는 것은 아니라고 본다.

이러한 '작품의 재미'의 정의는, 재미에 대한 필자의 형식적 구조 이해와 맞물려 있다. 탐구의 과정에서 필자는 재미의 형식적 구조를 먼저 이해하고 재미의 개념을 정의하였다. 그러므로 다음과 같이, 재미의 정의에 기초해서 왜 재미의 형식적 구조가 필요한지를 설명하는 것이 당연하게도 가능하다. 즉 재미는 축적된 긴장의 해소가 필요하므로 긴장은 생성되었다가 해소되어야 한다. 그런데 이러한 긴장의 해소가 이해될 수 있기 위해서는 2중구조와 공유경험이 필요하다.

그렇다면, 필자가 제시한 재미의 형식적 구조로 재미의 개념을 검증할 수는 없다. 필자가 제시한 재미의 개념이 적절한가를 검증하려면 재미를 경험하는 다양한 사례를 통한 검증을 시도하는 것이 옳을 것이다. 사례들을 통해서 검증을 하는 것은 이 책 전체를 읽으면서 혹은 그 밖의 경험들을 통해서 독자 여러분이 해야 할 것이다. 하지만 적어도 이 개념이 우리의 경험들 일반을 되돌아보면 충분히 설득력 있는 개념 정의라는 것을 필자는 간단히 설명하겠다.

우리가 영화나 소설을 볼 때 언제 어떻게 재미를 느끼는지 돌아보자. 일단은 감정이입이 필요할 것이다. 그리고 작품 속의 주인공들이 어려움에 처하거나 어떤 문젯거리를 만남으로써 긴장이 축적된다. 그리고 그것이 해소될 때 작품을 감상하는 사람들이 재미를 느끼도록 의도된다. 성공적으로 재미있는 작품을 접할 때 우리는 정말 재미를 느끼는데, 그것은 긴장이 해소되는 순간에 재미를 느낀다는 것을 의미한다. 하지만 때때로 우리가 작품을 이해하지 못할 때, 작품 속에서 긴장이 해소되어도 우리는 재미를 느끼지 못한다. 즉 긴장의 해소가 재미의 충분조건이 아니라 긴장의 해소나 그 과정을 이해할 때 재미를 느끼게 되는 것이다. 이때 느끼는 것은 감상자 자신의 흥분 상태인데, 그것이 어떤 종류의 감정적 흥분이냐에 따라서 우스운 재미가 될 수도 있고 슬픈 재미가 될 수도 있으며 무서운 재미가 될 수도 있다. 여기서 이해가 중요한 까닭은, 앞에서 지적했듯이 이러한 이해가 곧 '스스로의' 이해며, 곧 그것이 단순한 인지가 아니라 체험이기 때문이다. 그리고 긴장 해소를 이해함으로써 우리는 바로 이 새로운 체험을 얻는 것이다.

뫼비우스 띠와 인간심리의 관계

2중구조와 긴장의 생성 및 해소가 어떻게 재미를 유발하는가 하는 데에 대한 심리학적 설명은 기억구조에 근거해서 설명할 수 있다. 특히 기억을 구조적 측면에서 이해하려는 시도의 하나로서 애트킨슨과 쉬프린(Atkinson & Shiffrin)에 의해서 제시된 다중기억모형(multiple memory model)에 의해서 설명할 수 있다고 본다. "이 모형은 외부 정보가 입력되는 순서와 기억의 지속 시간에 따라 세 개의 기억구조를 제안한다. 먼저 감각등록기에 들어온 정보는 대체로 1~2초 동안 감각기억에 상당히 완전하고 정확하게 저장되고, 이어서 1분 이내의 비교적 짧은 기간 동안 정보를 저장하는 단기기억(STM, short-term memory)으로 전이되며 다음으로 수 분에서 수 시간, 일생에 이르는 비교적 영속적인 저장 구조인 장기기억(LTM, long-term memory)에 저장된다."[11]

2중구조에서 드러난 이야기는 기억구조 중에서 단기기억에 의존하는 반면 숨은 이야기는 기억구조 중에서 장기기억에 의존한다. 단기기억에 의존하는 드러난 이야기는 비현실적이거나 과장될 수 있고, 그래서 사실성이나 정보 가치가 떨어지는 이야기로 제시될 수 있다. 그 대신에 드러난 이야기는 비사실적이거나 정보 가치가 없는 소재들을 통해서 쉽게 작품

---

11) 서창원, 『현대심리학(인간심리의 이해)』, 시그마프레스(2001), 128쪽.

감상자의 주의를 끌어들여서 이야기의 흐름에 빠져 들어가도록 만들 수 있다. 한편 장기기억에 의존하는 숨은 이야기는 바로 듣는 이나 말하는 이에 의해서 공유된 경험으로서 매우 사실적이거나 정보 가치가 있는 내용에 기반을 두게 된다. 그렇기 때문에 특별히 지적되거나 언급되지 않고 숨겨지더라도 마지막 반전에 이르렀을 때 쉽게 기억해 낼 수 있다.

한편 기억구조에 따라서 감각등록기에 들어온 정보가 대체로 1~2초 동안 감각기억에 상당히 완전하고 정확히 저장된다는 것은 짧고 강력한 재미를 만드는 데에 있어서 중요하다. 그러한 짧고 강력한 재미는 흔히 웃음을 만들어 낸다. 웃음에 대해서는 잠시 후에 별도로 설명하겠지만, 밝은 웃음은 대체로 강력한 재미에 의해서 자극될 때 발생한다. 그러므로 일단 폭소와 같은 웃음은 재미가 성공한 증거로 볼 수도 있다. 곧 웃음에 대해서 설명하겠지만, 그 후에 다시 또 심리학적 기초를 설명하려면 반복되고 지루할 수 있으므로 여기서 재미와 함께 웃음의 심리학적 토대도 같이 논의해 보자.

웃음은 재미의 짧고 강력한 형태인 경우가 대부분이다. 따라서 웃음은 재미와 같이 생성된다. 즉 축적된 긴장의 폭발에 의해서 생겨나는 행위가 웃음이다. 그렇다면 이 축적에서 핵심적인 역할은 작품 감상자의 기억이다. 특히 드러난 이야기가 단기기억에 의존한다면 단기기억이 잘 유지되는 1~2초가 긴장을 축적시키는 적절한 시간이라고 할 수 있는 것이다. 따라서 1~2초를 훨씬 넘기는 긴장의 축적은 웃음을 만드는 데에 역효과를 가져온다고 볼 수 있다. 질문을 하거나, 말을 끊거나 해서 기다리는 시간이

1~2초 동안 유지된다면 그 궁금증과 같은 긴장은 오히려 축적될 수 있지만, 이 유지가 5~6초 동안 지속된다면 웃음은 오히려 줄어든다는 것이다. 이것은 곧 재미의 생성에도 역효과라는 것을 의미한다.

단기기억의 이러한 특징 때문에 특히 나열식 우스갯소리들의 각 마디가 되는 부분 이야기들은 별로 길지 않고 짧다. 다음을 보자.

한석봉전

한석봉 : 어머니, 제가 돌아왔습니다.

어머니 : 자, 그렇다면 어서 불을 꺼 보아라.

한석봉 : 글을 써 보일까요?

어머니 : 글은 무슨…… 잠이나 자자꾸나.

▷ 피곤한 어머니

한석봉 : 어머니, 제가 돌아왔습니다.

어머니 : 언제 나갔었냐?!

▷ 무관심한 어머니

한석봉 : 어머니, 제가 돌아왔습니다.

어머니 : 석봉아, 미안하다. 이제 너의 이름은 이석봉이다.

▷ 바람둥이 어머니

한석봉 : 어머니, 제가 돌아왔습니다.

어머니 : 그래, 시험을 해 보자꾸나. 어서 불을 끄고 떡을 썰어라. 난 글을 쓸 테니.

한석봉 : 어머니, 바뀌었사옵니다.

▷ 사오정 어머니

한석봉 : 어머니, 제가 돌아왔습니다.

어머니 : 자, 그렇다면 난 떡을 썰 테니 넌 글을 써 보도록 하거라.

한석봉 : 불을 꺼야 하지 않을까요?

어머니 : 손 베면 네가 책임질래?

▷ 겁 많은 어머니

한석봉 : 어머니, 제가 돌아왔습니다.

어머니 : 자, 그렇다면 난 떡을 썰 테니 넌 물을 올려라.

▷ 배고픈 어머니

한석봉 : 어머니, 제가 돌아왔습니다.

어머니 : 아니 벌써 돌아오다니, 그렇다면 시험을 해 보자꾸나. 불을 끄거라. 난 떡을 썰 테니 넌 글을 쓰도록 하여라.

잠시 후……

한석봉 : 어머니, 정말 대단하십니다!!!

어머니 : 우핫핫, 당연하지!!!
▷ 미리 썰어 놓은 떡을 바꿔치기한 어머니

한석봉 : 어머니, 제가 돌아왔습니다.
어머니 : 어머, 누구신가요?!
▷ 집 잘못 찾아온 한석봉

한석봉 : 어머니, 제가 돌아왔습니다.
어머니 : 그렇다면 불을 끄거라.
한석봉 : 어머니는 떡을 써시고 저는 글을 쓴다 이거죠?
어머니 : 그걸 어떻게 알았느냐!
한석봉 : 이미 책에서 읽었사옵니다.
어머니 : 그렇다면 알아서 나가거라.
▷ 잘난 척하다 글도 못 써 보고 쫓겨난 한석봉

이 이야기는 재미있게 우습다. 그런데 그 재미와 웃음의 많은 부분은 비슷한 짧은 이야기들의 반복에 기인한다. 그 반복을 보자. 만약 긴 이야기들이 이와 같이 반복되면 비슷하게 재미있거나 우스울 수 있을까? 오히려 지루하고 어려워지기 쉽다. 그것은 기억하기 어렵기 때문이다. 단기기억보다는 장기기억이 많은 정신적 노동을 필요로 한다. 그러므로 나열식 우스갯소리와 같은 반복적 특징을 가진, 가볍게 재미있는 이야기들은 단기기억에 의존한다. 따라서 한 마디의 이야기에서 다음 마디의 이야기로 이동하는 시간 간격이 대체로 1분을 넘는 경우가 거의 없다.

또 다른 요소에 있어서는, 뒤쪽에서 다시 자세히 분석할 분위기의 통일이 중요하다. 즉 재미를 유발하는 주된 소재들이 이루는 뫼비우스 띠의 구조(필자는 앞으로 재미의 통합모형을 이렇게 부를 것이다)는 맨 마지막에 작품 감상자의 특정한 감정을 자극함으로써 재미를 유발하는데, 이러한 뫼비우스 띠의 구조를 이루는 이야기 구조와 그것을 채색하고 포장하는 다양한 주변 장치들이 서로 어울려야 한다는 것이다. 이러한 어울림은 분위기의 일관성이나 그 밖의 조화를 만들어 낸다. 이것은 재미에서나 웃음에서 상당히 중요하다. 다음의 예를 보자.

교장 선생님의 질문

젊은 여교사가 학교를 빠져나가고 있었다. 퇴근하던 교장은 차를 세우고 여교사를 차에 태웠다. 차 안에서 교장이 물었다.
"마징가?"
여선생이 망설이자 다시 한 번 교장이 물었다.
"마징가?"
여선생은 이번에는 답하지 않으면 안 될 것 같아서 조용히 말했다.
"……제……트!"
고개를 갸우뚱하던 교장,
"그럼, 막낸가?"

이 이야기는 말하는 이가 듣는 이에게 어떤 방식으로 제시하는가에 따라서 상당히 많이 재미있을 수도 있고 다소 썰렁할 수도 있다. 만약 말하는 이가 슬슬 웃으면서, 특히 자기가 느끼는 재미를 통제하지 못하여 먼저 웃음을 터뜨리면서 이 이야기를 들려준다면 듣는 이는 재미를 덜 느끼게 된다. 하지만 말하는 이가 실제로 그 상황에서 교장과 여선생의 말투와 표정까지 잘 연기하면서 들려준다면 듣는 이는 훨씬 더 큰 재미를 느끼게 된다. 이러한 현상은 '정서일치효과(emotion congruence effect)' 또는 '기분일치효과(mood consistency effect)'로 가장 잘 설명할 수 있을 것 같다. 기분일치효과는 사람이 어떤 특정한 기분 상태에 있을 때 그 기분을 유발하는 관련 값들이 일치하는 재료들을 쉽게 저장하거나 회상하는 경향을 말한다.[12] 즉 말하는 이가 먼저 불필요하게 웃으면서 위의 이야기를 들려주면 듣는 이는 기분일치효과 때문에 이 이야기 속의 현실 속으로 들어가지 못한다. 하지만 반대로 실제 상황에서 있을 법한 교장과 여선생의 행동을 잘 흉내 내면서 이야기를 하면 기분일치효과는 듣는 이의 기분을 이야기 속의 현실로 쉽게 몰입시키는 것이다.

이러한 기분일치효과는 숨은 이야기를 철저히 은폐하고 긴장을 효과적으로 축적시키는 기능을 한다. 그리하여 가급적 듣는 이를 직접 체험시키고 그럼으로써 강한 감정적 흥분을 생성해 낸다. 만약 위의 이야기를 다른 사람에게 들려주면서 그 듣는 이를 교장과 차 안에서 대화를 나누게 된 여선생의 상황 속으로 몰입시키지 못한다면 듣는 이의 심리 상태 속에 긴장

---

12) 이정모 외 17명, 『인지심리학』, 학지사(1999), 429~430쪽.

을 생성하고 축적시키기가 힘들 것이다. 동시에 듣는 이가 '마징가'라는 단어를 마징가 제트라는 의미에 고정시키도록 강요한다. 따라서 뫼비우스 띠 구조의 3요소 중 긴장이론과 2중구조는 기분일치효과에 상당히 의존한다고 판단되며, 이러한 기분일치효과를 성공적으로 유발하는 주된 관건은 재미있는 작품이 표현되는 방식의 섬세한 요소들에 의해서 결정되는 것 같다.

제3장
재미의 대표적인 형식 '웃음'
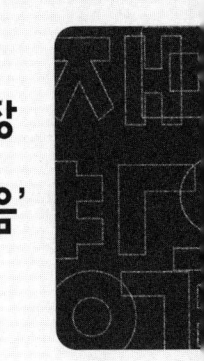

1 웃음과 재미의 차이

지금까지의 내용을 개괄해 보자. 우리는 재미 일반에 대해서 논의했고, 작품의 재미에 대해서 논의했으며 그 이전에 작품 속 재미의 형식적 구조에 대하여 논의하였다. 그런데 우리는 굉장히 다양한 종류의 작품들이 있고 그래서 여러 종류의 재미가 있다는 것을 알고 있다. 이제 그런 여러 종류의 재미에 대해서 논의할 것이다. 그 출발점은, 재미가 궁극적으로 감정적인 흥분이라는 판단을 기초로 감정의 종류에 따라서 재미를 나눌 것이다. 그렇다면 우리는 우스운 재미, 슬픈 재미, 무서운 재미 등을 생각할 수 있다. 또 다른 것도 있겠지만 이 책에서는 이 세 종류만 다룰 것이다. 그리고 그 가운데에서 웃음을 주로 많이 다룰 것이다.

왜 웃음을 중심으로 재미의 종류를 분석하는가? 그것은 웃음을 유발하는 작품들이 주로 짧고 분명하기 때문이다. 많은 우스갯소리들이 그 예들이다. 그래서 우리는 짧은 예들을 가지고 이론을 효율적으로 시험하면서 논의할 수 있다. 만약 우리가 긴 작품들을 가지고 논의한다면 우리의 논의는 훨씬 지루해질 것이다. 또한 웃음은 적어도 요즘의 사람들에게 많은 관심거리이기도 하다. 스트레스나 건강과 관련된 점에서도 그렇고 단순한 흥미의 차원에서도 그렇다. 그러므로 이러한 요구에 부응하는 것도 나쁘지는 않을 것이다.

일단 우리가 관심을 두는 웃음이 재미의 일종이기 때문에 이러한 웃음에 대한 분석을 통해서 재미의 형식적 구조에 대한 치밀한 검토도 병행할 것이다. 특히 웃음에 대해서는 여러 사람들이 필자의 이론과는 다른 이론들을 제시한 바 있으므로 이러한 이론들의 장단점을 비판하면서 필자의 이론을 검증하는 작업도 논의에 포함시킬 것이다.

이러한 논의 이후에 우리는 웃음과 같은 짧은 작품에서는 잘 분간하기 어려운, 복잡하고 규모가 큰 작품에서 특히 갖추어야 하는 작품 속 재미의 여러 요소들을 포괄적으로 논의할 것이다. 이러한 전망하에 일단 웃음에 대한 이해에 집중하도록 해 보자.

앞에서 우리는 재미의 형식적 구조를 분석하여 세 요소들을 확인하였다. 감정적 흥분으로서의 재미의 종류는 여기에 감정과 관련된 한 요소를 덧붙임으로써 분화한다. 이것을 가리켜서 필자는 '감정방향'의 요소라고 부른다. 한편 거꾸로 다음과 같이 이해할 수도 있다. 즉 재미있는 웃음의 네 가지 요소들 중에서 감정방향 요소를 제거하고 세 요소만을 남기면 그것은 곧 '재미있는 웃음'에서 웃음을 제거하게 되고 곧 '재미'만을 남기게 된다. 즉 2중구조, 긴장이론, 공유경험의 세 개념이 곧 재미의 논리적 구조를 해명한다. 이러한 거꾸로 된 이해를 설명하는 까닭은 곧 살펴보게 되듯이, 재미에 대한 이론보다는 웃음에 대한 이론들을 찾기가 더 쉽기 때문이다. 그런데 그 이론들 중 일부는 사실상 재미에 대한 이론이다.

재미의 요소에 감정방향의 요소 하나를 덧붙이면서 우리는 웃음의 요소들을 성공적으로 분석해 낼 수 있지만, 필자는 기존의 재미의 요소들도 그 순서와 용어를 다소 바꾸어 분석하고자 한다. 왜냐하면 작품의 재미 일반은 규모와 종류에 있어서 다양하게 나타나지만 웃음은 대체로 짧고 강력하게 나타나며, 그래서 짧은 이야기들을 통해서 잘 제시되기 때문이다. 그리고 다시 언급하지만 많은 사람들이 웃음에 대해서 특히 관심이 많다. 그러므로 그러한 웃음의 특징을 더 잘 표현할 수 있도록 기존의 재미의 형식적 개념들을 혼란이 생기지 않는 범위 내에서 손질하는 것도 나쁘지 않을 것이다. 이렇게 재정리된 웃음의 네 가지 형식적 요소들이 곧 (1)2중구조, (2)긴장의 축적·반전, (3)공유경험, (4)감정방향이다.[13]

여기에서 웃음의 조건을 보면 재미의 조건과는 달리 2중구조와 긴장의 축적·반전의 순서가 바뀌었고 또 '다중구조'가 아니라 '2중구조'임을 알 수 있다. 그것은 웃음이 주로 짧은 이야기 구조에서 생성되거나 즉흥적으로 생성되는 경우가 대부분이기 때문이다. 그래서 긴장의 축적은 잘 드러나지 않고, 또 상대적으로 덜 중요하다. 한편 재미에 있어서는 긴장이론의 요소가 긴장의 축적과 '해소'였지만, 웃음에 있어서는 긴장의 축적과 '반

---

13) 이 내용은 『원리를 알면 공자도 웃길 수 있다』에서 제시되었다. 다만 '2중구조론', '긴장이론', '공유경험론'이라는 용어는 이전의 책에서 제시되지는 않았다.

전'이다. 그리고 그 이유는 앞에서 이미 설명하였다. 반전은 긴장해소의 특별한 종류이다.

이제 이 각각의 세 요소들이 어떻게 웃음의 생성에 관련되는지 살펴보도록 하자.

웃음의 논리적 토대, 2중구조

2중구조란 이야기를 듣거나 읽는 사람의 관심을 이끌어 나가는 주된 이야기인 '드러난 이야기'와 그 뒤에 감추어진 '숨은 이야기'의 접구조를 말한다. 예를 통해서 이해해 보자.

야, 너 지금 뭐 들었어??
야자시간에 귀에 이어폰을 끼고 노래 듣는 것을 제일 싫어하는 무서운 우리 학생주임.
어느 날 내 친구는 야자시간에 귀에 이어폰을 끼고 노래 들으면서 퍼질러 자다가 학생주임한테 걸렸다. 기가 막힌 우리 학생주임. 퍼질러 잔다는 거보다는 노래 들었던 게 더 화가 난 학생주임이 내 친구한테 소리쳤다.
"이 자식이 죽으려고…… 야, 너 지금 뭐 들었어??"
우리들은 당연히 그 녀석이,
"공부하다가 잠깐 노래 좀 들었습니다. 죄송합니다."라는 정도의 말을 하면서 학생주임에게 용서를 구할 것으로 예상했다.
그러나 그 녀석의 기가 막힌 대답.

"잠들어서 아무것도 못 들었는데요. -_-;;"

못 말리는 삼수생

한 삼수생이 군대 가는 친구 송별회에서 술을 마구 퍼 마셨다. 심야버스를 타고 귀가하면서 그는 부모님께 미안한 마음이 들기 시작했다.
'공부 열심히 해야 대학에 가는데 허구한 날 술독에 빠져 사니 부모님이 얼마나 속상해 하실까.'
집에 도착한 삼수생은 제일 두툼한 책을 꺼내 들고 책상에 앉았다.
잠시 뒤 어머니가 들어왔다.
"애, 너 뭐하니?"
"공부합니다."
그러자 어머니가 한숨을 내쉬며 말했다.
"술 먹었으면 얼른 자. 전화번호부 거꾸로 들지 말고."

필자에게는 꽤나 우스웠던 이 이야기들은 너무 짧고 단순해서 2중구조가 없는 것처럼 보일지 모르겠다. 그러므로 지루할지 모르지만 각각의 경우에 대해서 설명을 해 보겠다.

공부시간에 노래를 들은 학생의 이야기에서 드러난 이야기는 분명하다. 어떤 학생이 음악을 들으면서 자다가 무서운 선생님으로부터 지적받고 추궁당하는 것이다. 특히 학생이 공부시간에 자는 것보다 노래 듣는 것을 싫어하시는 선생님이 추궁하고 있다는 것이 여기서 중요하다. 한편 여기에서 숨은 이야기는 무엇인가? 그것은 자는 사람은 아무것도 듣지 못한다는 것이다. 그것은 서로에게 공유되어 있는 경험이다.

 삼수생 이야기에서 드러난 이야기는 술을 마시고 부모님께 걱정 끼쳐 드릴까 봐 억지로 공부하려고 노력하는 삼수생의 노력이다. 한편 숨은 이야기는 술 취한 사람들은 사물을 잘 분간하지 못한다는 것이다.

 웃음에서 특히 2중구조만이 활용되는 까닭은 3중구조나 4중구조와 같은 복잡한 구조는 많은 사고력을 필요로 한다는 이유 때문이기도 하다. 생각을 많이 하면 웃음이 잘 나오지 않는 것은 인간 신경체계의 상호작용과 관련이 있다. 즉 웃음은 특정한 정서 상태(기쁨과 흥미)에 기반한 하나의 폭발적인 감정(즐거운 감정) 표출 행위인데, 정서 상태는 자율신경계와 직접 관련된다. 그런데 심리학자들에 따르면 자율신경계는 궁극적으로는 중추신경계에 의해서 조절되기 때문에 중추신경계가 지나치게 활성화되면 자율신경계에 의해 조절되는 정서와 감정이 폭발적으로 증가하거나 감소하지 못하고 억제된다.[14] 특히 3중, 4중구조가 되면 중추신경계의 적극적인 활동에 의해서 그 구조가 하나씩 드러나게 될 텐데, 그렇게 되면 웃음을 산출하는 폭발적인 감정 표현은 제약될 수밖에 없다. 다중구조가 재미의 논리적인 토대였듯이 2중구조는 웃음의 논리적 토대다.

긴장의 생성과 반전을 위한 2중구조

 2중구조의 틀로 웃음의 모든 것을 설명할 수는 없다. 두 번째 요소인 긴

---

14) 이현비, 『원리를 알면 공자도 웃길 수 있다』, 지성사(1997), 171쪽.

장의 생성과 반전이 필요할 것이다. 그런데 이 긴장의 생성은 곧 차별은닉적 구조를 가능하게 하는 것이면서 동시에 그 반대편에서는 숨은 이야기에 주의를 기울이지 못하도록 하는 기능도 가지고 있다.

긴장의 생성과 반전이 지적하는 점은 2중구조가 어떤 것을 '위해서' 우스운 이야기 속에 만들어진다는 사실이다. 무엇을 위한 2중구조인가? 그것은 긴장의 생성과 반전을 위한 2중구조이다. 다음의 예를 보면서 좀더 구체적으로 이해할 수 있을 것이다.

고등학교 미술 시험 칠 때 있었던 일

고등학교 2학년 기말고사 때 일이랍니다.

미술 시험을 보고 있었는데 미술 문제 중에서 모두의 머리를 쥐어짜게 만드는 주관식 문제가 나왔습니다.

'미술의 기법 중, 머리와 팔다리를 없애고 몸통만 그린 것을 무엇이라고 하는가?'

혹시 이 기법을 뭐라고 하는지 아세요?

정답이 '토르소'라고 하던가?

아무튼 그런 문제가 나왔는데, 다음 날 갑자기 미술 선생님이 교실문을 쾅 하고 여시더니 매우 상기된 얼굴로 한 손에는 몽둥이를 들고 분노에 찬 목소리로 외치셨습니다.

"9번 문제 답, '병신'이라고 적은 놈 빨리 튀어나와!"

인간과 신의 대화

인간 : 신이시여, 인간의 100년이 신에게는 1초에 불과하다면서요.

신 : 음, 그래.

인간 : 인간의 10억은 신에게는 1원이라면서요.

신 : 그렇고 말고.

인간 : 신이시여. 불쌍한 제게 1원만 주십시오.

신 : 알았다. 1초만 기다리거라.

긴장의 생성과 반전은 두 요소로 쉽게 구분할 수 있다. 그것은 ①긴장의 생성과, ②반전이다. 긴장의 생성은 드러난 이야기를 통해서 이루어지고 그에 대한 반전은 숨은 이야기에 의해서 이루어진다.

먼저 긴장의 생성을 살펴보자. 한 이야기에서 드러난 이야기는 곧 긴장 생성을 위한 구조이다. 방금 살펴본 두 이야기 속에는 각각의 이야기를 이끌어 가는 긴장이 있다. 미술 시험 답안의 경우에는 미술 시험에 어려운 주관식 문제가 나왔고 그 시험 채점이 있은 직후에 미술 선생님이 분노한 얼굴로 교실문을 차고 들어와서 소리를 치신다. 무언가 문제가 있는 것이 틀림없다. 이것이 이 얘기의 드러난 이야기이고 또한 그 드러난 이야기에 독자와 듣는 이의 관심을 집중시키는 긴장이다. 이 경우에는 긴장이 이야기의 중심을 타고 점차적으로 생겨나는 것이 아니라서 분명하게 이해하는 것이 조금 어려울지 모른다. 하지만 인간과 신의 대화에서는 긴장이 대화를 통해서 점차 증폭되고 있기 때문에 그것을 좀더 쉽게 이해할 수 있다.

인간이 신에게 질문을 하면서 자신의 욕심을 위해서 신에게는 1원에 불과한 10억 원을 달라고 한다. 신에게는 1원 정도의 가치라면 쉽게 줄 수 있는 것이다. 그런데 여기에 긴장이 있다. 신은 10억이 자신에게는 1원 정도밖에 안 된다고 대답했고 또 반면에 아무에게나 댓가 없이 10억이라는 큰 돈을 줄 수는 없다. 이 갈등이 이 짧은 이야기에서 긴장을 형성하고 있는 것이다.

앞의 이야기들에서도 이야기 속에서의 긴장은 여전히 확인될 수 있다. 음악을 들으며 잠잔 학생의 경우에, 그 학생이 무서운 학생주임 선생님에게 발각되었다는 것 자체가 긴장 상태를 묘사한다. 그 학생이 선생님으로부터 추궁을 당하고 있다. 이것 역시 긴장된 이야기이다. 삼수생의 경우에도 마찬가지이다. 삼수생이 술을 마시고 집에 들어왔다. 술 마시고 공부는 안 되지만 그래도 부모님 생각에 공부하는 척한다. 이것을 부모님이 보신다. 이러한 의도의 교차와 그에 따르는 감정적 압력은 우리로 하여금 무관심하게 그것을 바라볼 수 있도록 내버려 두지 않는다. 그 압력이 곧 긴장인 것이다.

이렇게 드러난 이야기는 긴장을 생성하는 역할을 한다. 그리하여 동시에 숨은 이야기를 철저히 숨기는 역할을 한다. 한편 이야기 속에서 생긴 긴장은 그 이야기의 끝에서 반전을 통해서 해소되어야 한다. 어떻게 반전되는가? 숨은 이야기가 드러난 이야기 속으로 갑작스럽게 개입하면서 반전된다. 음악을 들으면서 잠자다가 추궁당하는 학생의 경우에는, 잠든 상태에서는 아무것도 들을 수 없다는 숨은 이야기가 학생의 대답으로 제시되면서 반전된다. 머리와 팔다리가 없이 몸통만 있는 경우에, 학생들이 때때로 그런 사람을 '병신'이라는 말로 부당하게 비하하곤 한다는 숨은 이야기도 마찬가지 방식으로 긴장을 해소하는 것이다.

신과 인간의 대화 역시, 신에게는 10억 원이 1원과 같듯이 100년도 1초와 같다는 사실이 해답으로 제시되면서 대화를 통해서 생성된 갈등이 반전된다. 즉 우스운 이야기에서 숨겨진 이야기는 이야기 반전의 역할을 떠맡는 것이다.

그런데 한번 생각해 보자. 앞에서 우리는 재미의 요소를 분석할 때 긴장의 축적과 해소가 중요한 요소임을 지적하였다. 그렇다면 웃음에 대해서는 왜 '해소'라는 용어로 정의하지 않고 '반전'이라는 용어를 사용하는가? 그것은 웃음이 강력하고 폭발적인 재미를 필요로 하고, 그래서 긴장이 극적인 방식으로 해소될 필요가 있기 때문이다. 다음의 예를 보자.

1998년 월드컵에서
월드컵 16강 진출 못한 진짜 이유가 뭐냐?

이탈리아는 '아주리' 군단
네덜란드는 '오렌지' 군단
독일은 '전차' 군단
그런데,
한국은 '차범근' 사단

아무래도 사단으로 군단을 이기기는 힘들겠죠?
언론에서 '차범근 군단'이라고만 했으면 이겼을 텐데…….

이 이야기가 요즘은 어떨지 모르지만 1998년 당시에는 우습고 재미있는 이야기였다. 이 이야기의 끝은 '차범근 사단'이라는 말이 제시되는 것이다. 즉 이야기에서 제시되는 긴장인 16강에 진출하지 못한 진짜 이유가 무엇인가 하는 궁금증이 풀리는 것이 이 이야기의 끝이다. 궁금증이 풀리고 이야기가 끝난다면 그것은 궁금증으로 인한 긴장이 해소되었다고 말해야 한다. 그래서 웃음의 끝은 해소이기도 하다. 하지만 일반적으로 기대할 수 있었던 해소와는 굉장히 다른 해소가 나타난다. 숨은 이야기가 갑자기 개입하면서 축적된 긴장은 예상외로 단순하게, 그래서 강한 대비를 생성하면서 해소된다. 그래서 반전되었다고 말할 수 있다. 그러므로 반전은 해소의 한 방식이다. 그것은 갈등이 긴장에 포함되는 것과 같다. 그것도 감정의 어떤 측면을 강하게 자극하는 해소의 방식이다. 그러나 앞에서도 보았듯이 재미 일반에서는 반전보다 더 다양한 형태의 긴장해소 방식들이 사용될 수 있다. 그러므로 재미있는 웃음에는 더 강력하고 극적인 해소 방식인 '반전'의 개념을 사용하는 것이 적절하겠다.

요약하자면, 드러난 이야기가 진행되면서 이끌어 온 긴장을, 숨겨진 이야기가 갑자기 표면 위로 나타나면서 반전시켜 버린다는 것, 이것이 긴장이론의 핵심 내용이다. 2중구조론이 웃음의 논리적 토대라면 긴장이론은 웃음의 인지적 토대이다.

말하지 않아도 알고 있는 공유경험

재미있는 웃음을 이해하기 위한 세 번째 틀은 '공유경험'이다. 공유경험이 의미하는 바는, 웃음이 생성되기 위해서는 어느 정도 공유된 경험이 있어야 한다는 것이다. 다음 사례들을 통해서 이것을 좀더 구체적으로 설명하도록 하자.

교통사고

승용차와 버스가 부딪칠 뻔했다. 버스에서 내린 운전사, 승용차를 운전한 아주머니를 쳐다보며 짜증나는 투로 말했다.
"아니, 집에서 밥이나 할 것이지 뭐 하러 차를 끌고 나왔소?"
한심한 듯 버스 운전사를 바라보는 아주머니.
"지금 집에 밥하러 가는 중이었잖아!"

바람둥이 남편의 변명

평소 아주 건실하고 평범하고 착한(?) 아저씨가 미모의 여직원과 어쩌다 바람이 났다더군요.(고백에 의하면 마지막 선은 넘지 않았다는데……)
생전 처음 바람을 피우는 우리의 아저씨, 그 여자와 팔짱을 끼고,
"아, 우리 자기 아우 이뻐."
이런 낯 뜨거운 쇼를 하면서 밤거리를 걷다가걷다가……, 마주친 사람이 하필 부인이었던 것입니다.
당황한 그 남편, 그 부인에게 이렇게 변명했지요.

"여, 여보…… 인사해. 내 처제야!!??……."

이 얘기들의 특징은, 어떤 사람들에게 별로 우습게 들리지 않을 수 있다는 점이다. 나이가 젊은 사람들, 특히 사회 경험이나 부부생활의 다양한 경험들에 대해서 이해가 부족한 사람들에게 이 얘기들은 별로 우습지 않거나 혹은 이해할 수 없는 이야기일 수 있다. 왜 그런가? 그것은 이 이야기 속의 숨은 이야기를 공유하지 못하기 때문이다.

두 이야기에서 모두 2중구조가 들어 있다는 점을 지적하자. 교통사고 이야기에서는 승용차와 버스가 부딪칠 뻔했다는 것, 그래서 두 운전자가 다투는데 그때 아줌마 운전자들에 대해서 흔히 아저씨 운전자들이 "집에서 밥이나 하지……." 하고 핀잔을 준다는 것이 드러난 이야기이다. 숨은 이야기는 뭘까? 아줌마가 집에서 밥을 하기 위해서 운전하며 돌아가고 있을 수 있다는 단순한 가능성, 또 한편으로는 아줌마가 바깥에 나와 있다면 밥을 하기 위해서는 반드시 집으로 돌아가야 한다는 당연한 사실이 숨은 이야기이다. 바람둥이 남편의 변명에서 드러난 이야기는 남자가 바람을 피웠고 그것을 부인에게 들켰다는 사실이다. 숨은 이야기는, 흔히 남자가 남들에게 그 관계를 숨기고 싶은, 애매한 여성을 주위 사람들에게 소개할 때 '처제'라고 소개하는 경우가 많다는 사실이다.

이렇게 설명하다 보면 한 가지 사실이 조금씩 더 직관적으로 분명해지는데, 그것은 그 '숨은 이야기'라는 것이 사소해 보인다는 것이다. 그런 것을 '숨은 이야기'라고 굳이 개념화하면서 설명할 필요가 있을까 하는 의문이 들 정도로 말이다. 이 사실은 오히려 필자가 주장하는 바를 증명하는데, 그것은 우스운 이야기들 속의 숨은 이야기가 우리들에게 공유되어 있다는 사실이다. 즉 우리에게 친숙하고, 그래서 별도로 설명할 필요가 없는 당연한 이야기의 맥락인 것이다. 앞에서 설명한 긴장이론 속에서 우리는 드러난 이야기에서 생성된 긴장과 대비되어 숨은 이야기가 숨겨진다는 사실을 보았다. 이 숨은 이야기가 숨겨지기 때문에 그것은 공유경험 속에 존재해야 하는 것이다. 즉 이야기 속에서 숨겨지지만 존재한다는 것이 공유경험을 통해서 가능하게 되는 것이다. 말하지 않아도 듣는 이와 말하는 이가 서로 같이 알고 있어야 하는 것이 웃음에서 필요하다. 이것이 공유경험론이 말하고자 하는 바다. 이것은 웃음의 경험적 토대다.

웃음을 위한 긍정적 감정방향

재미있는 웃음을 이해하기 위한 네 번째 요소는 '감정방향'이다. 여기에서 핵심적인 내용은 이야기의 흐름 속에서 생성된 긴장이 2중구조의 완결에 의해서 반전될 때 듣는 이를 자극하는 감정이 부정적 감정이 아니라 긍정적 감정이어야 한다는 것이다. 부정적이지 않은 모든 감정들이 긍정적인 감정이 된다.

이러한 긍정적 감정의 정의는 사실 그 자체로서는 부적절할지 모른다. 왜냐하면 중립적인 감정들이 얼마든지 있을 수 있기 때문이다. 예를 들어서 '냉정함' 같은 것은 중립적인 감정의 예로 들 수 있는 쉬운 대상일 것이다. 하지만 웃음의 경우에는 이러한 단순 2분법이 성립할 수 있다고 필자는 생각한다. 왜냐하면 그것이 웃음이기 때문이다. 한번 생각해 보자. 어떤 사람이 웃었다. 아주 중립적인 감정 상태에서 웃을 수 있을까? 실질적으로 그런 경우는 거의 없을 것이다. 왜냐하면 웃음 자체가 어떤 종류의 감정 표현이고, 사실은 다소 강한 감정 표현이기 때문이다. 더군다나 재미있는 웃음을 자아내기 위한 여러 방법을 논의할 때, 그 웃음을 가로막는 중요한 이유가 될 수 있는 것만을 제거하는 것이 논의의 초점일 것이다. 그러므로 부정적 감정이 아닌 모든 감정 상태들을 긍정적 감정이라고 구분하는 단순 이분법이 충분히 적절할 수 있다.

감정방향이 의미하는 것은 웃음을 위한 변화의 방향이 부정적 감정을 자극하지 말아야 한다는 것이다. 그렇다면 웃음이 자극해서는 안 되는 부정적 감정이란 어떤 것인가? 여기에는 여러 감정 상태들이 포함된다. 그래서 그러한 여러 감정 상태들을 포괄하는 두 가지 기준을 제시하는 것이 더 좋은 답이 될 것이다. 그것은 즉, 불안과 공포 등과 같은 어두운 감정들이거나 혹은 가치관을 거스르는 감정상태라는 것이다. 한편 "어두운 감정이란 슬픔, 두려움, 분노, 안타까움, 불쌍함 등과 같이 우리가 일상생활 속에서 피하고 싶은 감정들을 가리킨다."[15] 이에 반해서 밝은 감정이란 기쁨, 흥겨움, 호기심 등이 될 것이다. 이에 관한 한 예를 보자.

거울 속에서 사라지는 여자

어느 비가 오던 날, 늦은 밤에 택시 운전기사가 한 여자 손님을 태웠다. 태

---
15) 이현비, 위의 책, 64-65쪽.

우기 전엔 몰랐는데 태우고 나서 보니까 하얀 소복을 입고 머리를 풀어 헤친 여자였다.

"어, 어디까지 가세요?"

"시내……까지……가……주세요……."

그 여자는 외모뿐만 아니라 목소리까지 음산한 기분을 풍겼다.

택시기사는 섬뜩한 느낌이 들었지만 기분 탓이겠거니 위로하면서 그냥 차를 몰았다. 그런데 한참을 가다가 아무래도 기분이 묘해서 거울을 통해 뒷좌석을 살펴보니 아까 태운 그 여자가 보이질 않는 것이었다. 갑자기 섬뜩한 생각에 뒤를 돌아보니 그 여자는 그 자리에 앉아서 운전기사를 째려보고 있었다.

'잘못 봤나?'

그러고는 다시 또 백밀러를 들여다보았는데 그 여자는 여전히 안 보였다. 더 섬뜩한 느낌이 들어서 이번엔 천천히 고개를 돌려 뒤를 보니 이번에도 그 여자는 그 자리에 앉아서 택시기사의 눈을 째려보고 있는 것이 아닌가. 택시기사는 너무 겁이 났지만 마지막으로 한 번만 더 거울을 들여다보기로 했다.

그런데 이번에도 거울 속에는 뒷좌석의 여자가 보이지 않는 것이었다. 그래서 택시기사는 차를 급정거하고는 뒷좌석을 휙 돌아보았다. 그러자 아까 그 여자가 앞 좌석 등받이 뒤에서 피가 흐르는 콧구멍에 손가락을 끼운 채 택시기사를 째려보며 천천히 일어났다.

"우~씨! 코 후비다가 너 때문에 찔려서 코피 터졌잖아!"

이 얘기는 필자가 이전의 책에서도 사용한 예화이다.[16] 물론 다른 예화들을 사용하는 것이 더 나을지도 모르겠지만, 나중에 개념적 변형분석을 통해서 이 감정방향이 달라졌을 경우를 잘 보여 주기 위해서 이 예를 선택했다. 어쨌든 이 이야기에서 중요한 것은 다음과 같은 요소들이다. 즉 이 이야기가 전체적으로 귀신을 연상시키는 무서운 이야기의 분위기라는 것이다. 그런데 맨 마지막의 결말에 있어서 이야기의 전개방향이 우스꽝스러운 방향으로 나아간다. 공포나 슬픔과 같은 어두운 감정이 아니라는 것이다.

하지만 재미있는 웃음을 위해서 피해야 하는 부정적인 감정은 이러한 어두운 감정만이 아니다. 가치관을 거스르는 이야기는 세심한 고려가 없을 경우에 저지를 수 있는 실수이다. 때문에 가끔은 우스갯소리로 사람들을 웃기고자 하는 사람이 단순히 어두운 감정을 피하려고 하면서도 듣는 이의 가치관을 거스르는 내용을 언급해서 실패하곤 한다.

예를 들어서 서양의 유머에는 흔히들 금발의 여성이나 유태인을 비하하는 유머가 많다고 하는데, 이러한 유머가 금발 여성을 어머니로 둔 사람이나 유태인들에게 제시되었을 때는 우습지 않을 것이다. 또 우리는 앞에서 <노승의 한 마디>라는 얘기를 보았는데, 거기에서 만강이와 대결하는 노승의 모습에 독실한 불교신자라면 불쾌감을 느낄지도 모른다. 물론 그런 사람들이 많지는 않을 것이다. 하지만 가끔 그런 사람이 있을 수 있고, 또 그런 경우에 결코 웃지 않을 것이라는 것을 이해할 수 있다. 즉 우리는 어

---

16) 이현비, 위의 책, 57~59쪽.

떤 이야기들이 왜 사람들을 웃기는 데에 실패하는지를 이해할 수 있는 것이다. 이러한 감정방향은 웃음에 대한 감정적 토대이다.

2 웃음의 통합모형

웃음의 통합모형은 어떤 형태가 될까? 웃음의 요소들이 재미의 요소들에 감정방향 하나를 덧붙여서 구성되었듯이 웃음의 통합모형도 재미의 모형에 감정방향을 표현하기 위한 하나의 수학적 장치를 첨가함으로써 형상화될 수 있다. 그때 덧붙여야 하는 요소가 '감정방향'이므로 이 방향성을 표시하기 위한 좌표축을 더하여 다음 페이지의 그림과 같은 모형으로 우리는 웃음을 표현할 수 있는 것이다.

그림의 모형은 3차원 공간 안에서 제시되고 있다. 하지만 실제로 웃음의 구조를 모든 측면에서 한꺼번에 모형화하기 위해서는 4차원 공간이 필요하다고 본다. 3차원 공간 안에서 시각화된 모형에서는 감정의 축(유쾌-불쾌)이 이야기의 밀접성 축(숨은 이야기-드러난 이야기의 거리 축)과 같이 표현되고 있다. 만약 이 두 축이 항상 같은 축으로서 일치한다면, 우스운 이야기가 맨 마지막에 유쾌한 감정을 자극하면서 긴장을 해소한다는 것은 숨

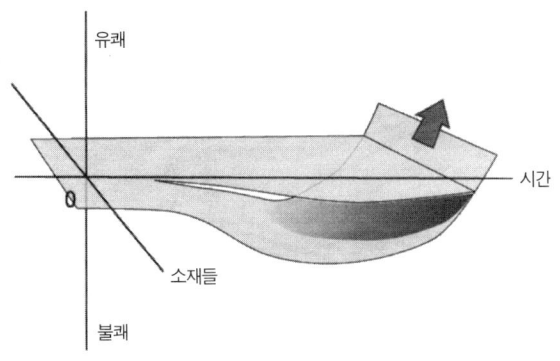

웃음의 통합모형.

은 이야기가 불쾌한 내용을 담고 있어야 한다는 의미가 된다. 하지만 실제로는 그렇지 않다. 예를 통해서 확인해 보자.

엽기적인 여학생

하루는 길을 가고 있는데 큰 길에서 두 여고생이 싸움을 하고 있었다. 싸움을 하다가 한 여학생이 다른 여학생의 배를 멋있게 찼다.
그 순간 배를 걷어차인 여학생의 한 마디에 길을 가면서 싸움을 구경하던 사람들이 자지러졌다.
……
"어쭈구리…… 이 놈이 내 똥배를 넣어 주네!"

첫 번째, 엽기적인 여학생 이야기에서 드러난 이야기는 무엇인가? 두 여학생이 싸움을 했다. 그리고 한 여학생이 다른 여학생의 배를 멋있게 찼다. '멋있게'라는 말을 넣었지만, 이 상황에서 모든 사람은 배를 차인 여학생의 입장의 심각성을 이해하고 곧 심각한 긴장을 느낄 수 있게 될 것이다. 즉 드러난 이야기에서 긴장이 축적되었다.

그렇다면 여기에서 숨은 이야기는 무엇인가? 그것은 사춘기의 여학생들이 외모에 관심이 많고, 그래서 다이어트에 관심이 많으며 그 중 일부는 흔히 '똥배'라고 불리는 아랫배가 튀어나오는 것에 고민을 하고 있다는 사실이다. 그래서 누군가가 그 문제를 해결해 준다면 고민을 하고 있는 여학생은 고마워할 것이라는 논리적 구조이다. 이것이 불쾌한 내용, 즉 슬픔이나 공포와 같은 내용을 담고 있는가? 그렇지는 않다. 그러므로 숨은 이야기가 숨어 있는 방향은 드러난 이야기가 있는 위치에서 불쾌한 방향이 아니다.

한편 위의 <엽기적인 여학생> 이야기를 통해서 필자의 모형의 설명력이 뛰어나다는 것을 확인해 보자. 이 이야기에서 숨은 이야기와 드러난 이야기가 맨 마지막, 혹은 긴장이 해소되는 한 지점에서 만난다. 혹은 두 이야기가 만나서 결합하기 때문에 어떤 식으로든 긴장이 해소되는 것일 수도 있다. 그리고 그것은 배를 걷어차인 여학생이 쓰러지는 것도 아니고 눈물을 흘리는 것도 아니다. 사실적일 수 있는 이러한 상황에서 그 여학생은 상대가 자기 똥배를 넣어 주었다고 말하면서 심각성을 불식시킨다. 긴장이 해소되었는데, 매우 밝은 방향으로 해소되었다. 그래서 웃음이 나온다.

만약 이 이야기가, 배를 차인 여학생이 쓰러졌고, 차인 만큼 심각하지는 않을 수도 있었는데 죽었다는 쪽으로 반전된다면, 그리고 죽은 까닭은 학생화의 끝에 어떤 위험한 부분이 있어서 묘하게도 거기에 차인 것이라면, 이 이야기는 숨은 이야기와 드러난 이야기가 결합하여 해소되지만, 그 해소가 매우 불쾌한 방향이어서 웃음이 나오지는 않을 것이다. 나중에 다른 이론과의 비교에서 필자는 이 감정방향에 대한 언급이 독자적이라는 점을 강조할 것이다.

3 중심 개념들에 대한 확실한 이해

　재미에 있어서나 웃음에 있어서나 이상의 부분 이론들은 각각의 개념들로서 이해되어도 좋다. 즉 2중구조, 이야기의 긴장·반전, 공유경험, 감정방향의 네 요소들이 우스운 이야기의 형식적인 기반이라고 말할 수 있다. 이 개념을 웃음의 '네 중심 개념들', 혹은 단순히 '중심 개념들'이라고 부르도록 하자.

　그런데 우리가 웃음을 더 분명하게, 그리고 확실하게 이해하기 위해서는 이러한 개념들을 검증해 볼 필요가 있다. 왜냐하면 세상에는 그럴듯해 보이는 설명이지만 실제로는 충분하지 않거나 혹은 별로 적당하지 않은 설명이어서 수많은 반대 사례들을 허용하는 빈 개념, 혹은 쓸모없는 공허한 설명들이 많기 때문이다. 특히 웃음에 대한 이론은 지금까지 별로 많이 제시되지 않았기 때문에[17] 이러한 개념체계에 대한 검증은 더욱 필요하다

---
17) 기존에 제시된 몇 가지 이론들에 대해서는 뒤에서 비판적으로 살펴볼 것이다.

할 것이다.

그러면 본격적으로 개념들을 검증하기에 앞서서 웃음에 대한 필자의 개념체계들을 어떻게 검증할 수 있을지 생각해 보자. 필자는 다음과 같은 네 가지 방법을 통해서 검증할 수 있다고 생각한다. 그것은 첫째 실패 사례 분석, 둘째 성공 사례 분석, 셋째 개념적 변형 분석, 넷째 유용성 검토이다. 이것을 좀더 구체적으로 설명해 보겠다.

먼저 실패 사례 분석이란 우습지 않은 이야기들에 대한 분석을 해 보는 것을 말한다. 우습지 않은 이야기들의 예를 통해서 그 속에서 2중구조, 긴장, 공유경험, 감정방향이 분명하지 않거나 틀림을 확인할 것이다. 둘째 성공 사례 분석이란, 우습지만 이론의 틀에 정확히 들어맞지 않는 이야기들을 분석하는 것이다. 이러한 분석을 통해서 성공적으로 웃기는 사례들 속에는 2중구조, 긴장, 공유경험, 감정방향의 네 가지 중심 개념들이 다소 모호한 형태로 숨어 있지만 분명히 포함되어 있음을 확인할 것이다. 셋째 개념적 변형 분석은, 우스운 이야기들을 조금씩 변형하면서 개념들을 부분적으로 걷어 내 고찰하는 것이다. 이러한 변형 분석을 통해서 우스운 이야기에서 하나의 개념이라도 제거되고 나면 우습지 않게 됨을 확인할 것이다. 넷째 유용성 검토는, 이 이론을 앎으로써 사람들과 웃음을 나누는 데에 있어서 더 유용한 점이 있는지를 고찰하는 것이다. 이를 통해서 웃음에 대한 이론이 공허한 말장난에 그치는 것이 아니라 실질적인 도구를 제공해 줌을 확인할 것이다. 이와 더불어서 웃음의 한가운데에 있는 재미에 대한 개념도 더불어서 검증할 수 있다.[18]

재미없는 이야기는 왜 그런가?

먼저 2중구조 개념을 검증해 보자. 우스운 이야기 속에 2중구조가 구현되지 않으면서도 우스운 이야기가 전혀 없는 것은 아니다. 하지만 그럴 경우에도 그 이야기는 '재미있는' 우스운 이야기는 결코 되지 못한다. 한 예를 보자.

야, 튀어~!

옛날에 최불암 할아버지가 살았다.

그러던 어느 날 할아버지가 어느 집 앞에서 벨을 누르려고 애를 쓰고 있었지만 굽은 허리 탓인지 눌려지지 않았다.

그 광경을 보고 있던 어떤 착한 학생,

"할아버지, 제가 눌러 드릴까요?"

하고 벨을 눌렀다. 그 순간!!

최불암 왈,

"야, 튀어~!!!!!!"

이 이야기가 우스운가? 어떤 사람이 어떤 이야기를 우습다고 생각하는

---

18) 웃음이 재미의 일종임을 기억하자. 웃음은 짧고 강력한 재미라고 이해할 수 있다. 그것은 더 분명한 재미이다. 그러므로 웃음에서 재미의 모형이 잘 작동한다는 것은 재미 일반의 모형이 전체적으로 잘 작동한다는 것에 대한 좋은 증거가 된다. 왜냐하면 어려운 경우에 잘 작동하는 이론은 쉬운 경우에도 잘 작동할 것이기 때문이다. 예를 들어서 고성능 비행기를 만드는 데에 쓸모 있는 비행기에 대한 이론은 성능이 다소 떨어지는 비행기를 만드는 데에도 쓸모 있을 것이다. 결국 네 가지 방법으로 검증되는 웃음의 이론은 곧 재미의 이론을 효과적으로 검증하는 것이기도 하다.

가 하는 점에서는 다소의 상대성이 있다. 하지만 대체로 이 책에서 들 수 있는 다른 우스운 예들, 특히 2중구조와 긴장성 및 공유경험구조를 잘 만족시키는 다른 이야기들보다 재미와 우스움의 정도에 있어서는 약하다는 것이 필자의 경험이다. 왜 그런가? 이 이야기에는 2중구조가 분명하지 않기 때문이다. 어떤 학생이 노인인 최불암을 도와 초인종을 눌렀다. 그런데 사실은 최불암이 장난치고 있었던 것이다. 초인종을 눌러서 장난치는 경우를 경험한 사람들에게 이것은 2중구조의 한 예가 될 것이다. 여기에는 왜 2중구조가 없다고 할 수 있는가?

  이 이야기에서는 이야기의 시작에 있어서 복선이 뚜렷하게 깔리지 않는다. 이야기가 새로운 국면으로 갑자기 접어들면서 최불암이 "야, 튀어!"라고 말하는데, 이러한 새로운 국면을 위한 사전 포석이 약한 것이다. 개념의 분명한 이해를 위해서 이 사례를 다소 평가절하하면서 말하자면, 이것은 처음부터 숨어 있던 이야기가 나오는 것이 아니라 난데없는 엉뚱한 이야기가 국면을 전환시키는 것이라고 할 수 있다. 다음의 경우에도 마찬가지이다.

청혼의 여러 가지 방법

1. 너 없는 세상은 빵 없는 앙꼬야.
    ▷ 어휴! 무식 깡통아.
2. 매일매일 네가 해 주는 밥 먹고 싶어.
    ▷ 내가 네 가정부냐?

3. 매일 밤 너를 안고 자는 상상을 해. 네가 필요해.
　▷ 인간아~ 빨간 마후라 찍냐?
4. 나랑 결혼 안 해 주면 죽을 때까지 따라다닐 거야.
　▷ 이 귀신 누가 안 잡아가나.

　이 이야기는 그런 대로 재미있다는 생각을 하는 사람이 있을지 모르겠다. 그러나 이야기의 중간이나 혹은 맨 마지막에서라도 웃음이 터져 나오지는 않는다. 가장 중요한 것은 '재미있다'는 생각이 약하다는 것이다. 왜 그런가? 2중구조가 뚜렷하게 부각되어 있지 않기 때문이다. 특히 이 이야기에서는 이야기를 끌어가는 주된 장치가 순간순간의 감정적 발산이다. 청혼하는 남자와 구애받는 여자의 서로 대립되는 감정이 대화를 통해서 극적으로 표출되고 있다. 여기에서 동감의 여지가 있을 수는 있다. 그래서 그 점에서 매력이 없는 것은 아니다. 하지만 '재미있지는' 않다. 특히 어떤 구조를 통한 재미는 없다.

긴장성이 없으면 웃음이 폭발하지 않는다

　방금 본 <청혼의 여러 가지 방법>이 많이 우습지 않은 또 다른 이유는 긴장성의 결여에서도 찾을 수 있다. 이 이야기의 흐름에서 축적되는 긴장은 없다. 그래서 이야기 전체를 통해서 웃음은 폭발되지 않는다. 이와 반대되는 경우를 우리는 <바람둥이 남편의 변명>이나 <못말리는 삼수생>의 이야기 등에서 볼 수 있다. 청혼 이야기에서는 순간순간 긴장이 해소된다.

그래서 중간중간에서 조금의 우스움을 발견할 수 있을지도 모른다. 대신 갈등이 축적되지 않는 것이다. 반면에 더 우스운 다른 이야기에서는 이야기의 중간에서 웃을 여지는 별로 없다. 이야기의 흐름 속에서 갈등과 긴장은 축적되다가 마지막 반전에서 갑작스럽게 해소되고 동시에 웃음이 폭발한다. 다음의 이야기도 긴장이 축적되지 않고 지속적으로 해소되면서 웃음을 이끌어 내는 이야기라고 할 수 있다.

충격! 부시는 독실한 불교신자였다!!
회교국인 이라크에 무조건적인 '사찰'을 수용하라 함.
이에 사담 후세인은 '종교탄압'이라고 주장함.
조지 W. 부시는 만약 이라크가 '사찰'을 수용하지 않는다면 자신의 아버지인 H.W. 부시처럼 자기도 불사 중에 대불사인 '전쟁불사'를 감행할 거라 경고함.
현재 유엔은 '사찰' 방식을 놓고 후세인과 협의 중인데 중국식과 일본식이 거론되고 있으나 '한국식 사찰'이 유력시 됨.

필자는 이 이야기가 그렇게 재미없는 이야기라고 생각하지는 않는다. 하지만 필자가 볼 때 이 이야기가 경우에 따라서 우습지는 않을 수 있다. 중간에 웃음을 흘려 내기 때문일지도 모른다. 그러므로 한 가지가 분명해진다. 긴장이 축적되지 않으면 반전으로 인해 폭발할 긴장의 양이 적어진다. 그만큼 긴장이론에 따라서 웃음은 약해진다.

한편, 다음 이야기는 어떤가?

전자오락광의 유언

전자오락을 너무나 좋아한 사람이 있었다. 그는 평생을 전자오락에만 미쳐서 살았다. 하지만 그도 죽음만은 피할 수 없었다. 임종이 가까워 오자 아들은 그래도 아버지라고 그 전자오락광의 곁을 떠나지 않았다. 그런데 아무래도 아버지가 더는 살 수 없다고 생각되자 울면서 물었다.
"아버님, 마지막으로 남기실 말이나 부탁하실 말씀은 없으세요?"
그러자 아버지는 모든 기운을 다 모아서 간신히 다음의 한 마디를 남기고 곧바로 세상을 떠났다.
"애야, 너는 죽을 때 꼭 폭탄을 다 쓰고 죽도록 해라."

이 이야기는 별로 우습지도 않고 재미도 없다. 왜 그런가? 그것은 전자오락광이 죽는다는 사실, 그리고 그가 죽으면서 아들에게 '폭탄을 다 쓰고 죽으라'는 유언에서 생기는 긴장이 크지 않기 때문이다. 그가 전자오락광이었기 때문에 그러한 유언을 한다는 사실은 2중구조를 형성한다. 사람이 죽을 때에는 뭔가 다른 얘기, 즉 재산의 분배, 형제간의 우애 등과 같은 심각한 문제에 대해서 유언을 남기기 마련이다. 그런데 전자오락광이었기 때문에 전자오락에서의 폭탄에 대해서 유언을 남겼다. 임종이라는 사실에서 오는 긴장감이 처음에 생성된 숨은 이야기에 의해서 반전되었다. 그런데 왜 별로 우습지 않은가? 긴장이 약하기 때문이다. 그 긴장이 약한 까닭은 두 가지인데, 하나의 이유는 숨은 이야기가 충분히 숨겨지지 않았다는 것이고, 다른 한 이유는 드러난 이야기에서 생성된 긴장이 숨은 이야기와의 관계에서 별로 크지 않다는 것이다. 2중구조가 약한 것은 재미가 없는 이유이고 긴장이 약한 것은 웃음이 폭발하지 않는 이유이다.

공유경험이 있어야 함께 웃을 수 있다

한편 공유경험론이 1차적으로 의미하는 바는, 숨은 이야기가 공유되어 있어야 한다는 것이다. 이것을 우리는 매우 쉽게 확인할 수 있는데, 예를 들어서 컴맹에 대한 우스갯소리를 컴퓨터를 써 보지 않은 사람이 들을 때 웃을 수 없는 경우에서 잘 드러난다. 그렇기 때문에 다음의 이야기가 우리에게는 별로 우습지 않다.

금발

한 금발 여자가 차를 타고 시골길을 가다가 이상한 광경을 보았다. 또 다른 금발 여자가 풀밭에다 보트를 놔 두고 미친 듯이 노를 젓고 있는 것이었다.
금발은 화가 나서 차를 세우고 내려 소리를 질렀다.
"야! 너 같은 금발이 있어서 사람들이 모든 금발은 멍청하다고 하는 거야! 내가 수영만 할 줄 알았다면 널 그냥 안 놔 두겠는데, 너 오늘 재수 좋은 줄 알아!"

이 이야기를 필자는 인터넷에서 보았는데, 아마도 외국의 우스갯소리를 번역한 것이라고 추측했다. 문제는 이 이야기를 읽으면서 조금도 웃을 수 없었다는 것이다. 물론 서양 사람들은 금발 여자들이 머리가 좋지 않다는 편견을 가지고 있다는 얘기를 들은 기억이 있어서 이야기를 이해할 수는 있다. 하지만 즐길 수는 없다. 그렇기 때문에 이야기를 듣고 웃을 수도 없다. 웃음은 개념적 이해에서 나오는 것이 아니라 감정적 흥분에서 나오는 것이다. 그것을 위한 하나의 토대가 공유된 경험이다.

공유경험이 숨은 이야기의 공유를 통해서 웃음을 자극하는 경험적 토대이기 때문에, 그 공유경험을 가능하게 하는 시대적 상황이 변함에 따라서 어떤 우습던 이야기가 우습지 않게 되기도 한다. 80년대에서부터 90년대 초까지 대학생들을 웃겼던 짧은 유머가 있다. 그것은 전두환과 노태우에 대한 3행시이다.

전 : 전 대머리입니다.
두 : 두발이 없다는 뜻이지요.
환 : 환장하겠어요.

노 : 노태우라고 합니다.
태 : 태우라고도 하지요.
우 : 우습지요.

하지만 90년대 중반이 되었을 때 필자가 그 이야기를 대학생들에게 말해 주자 그들은 그 얘기를 듣고 전혀 웃지 않았다. 하지만 그때에도 여전히 386세대들에게 이 이야기를 해 주면 사람들은 웃음을 지었다. 이것 역시 공유경험이 있고 없음으로 해서 이야기가 웃음을 자아내는 데에 차이를 보이는 한 사례라고 생각한다.

부정적 감정을 자극하면 얼굴이 굳어진다

감정방향론이 지적하는 바는, 슬픔이나 공포와 같은 어두운 감정을 자극하거나 민감한 가치의식을 자극해서는 안 된다는 것이다. 예를 통해서 생각해 보기 위해 다음과 같은 이야기를 살펴보자.

한국은 테러 불가능 지역

알 카에다가 한국에서는 테러가 불가능하다고 판단하고 테러 대상에서 제외시켰다. 그 이유를 하나씩 살펴보자.

1. 유력한 테러 목표인 국회, 신문사, 재벌회사 등을 공격할 경우, 국민들의 대대적인 환영이 예상되어 테러를 안 하느니만 못한 상황이 발생.
2. 중요한 핵시설 관련지로 보이는 남부지방의 한 도시(?)는 주민 : 방위세력의 비율이 8 : 1에 달할 정도로 요충지에 대한 경비가 강력함.[19]
3. 특수부대 요원(?)으로 보이는 제복의 군인들이 비디오 등을 들고 거리

---

19) 부안을 이야기한 것이다. 이 이야기가 나올 때 부안 핵폐기물 처리장 사태로 경찰들이 대거 투입되어 있었다.

에서 달리는 자동차까지 촬영 분석하는 정보전 전개 중.

4. 가스통 신고 주변을 폭주하는 극렬 우익 테러분자들 활동 왕성(자칫 영역권 문제로 대규모 분쟁이 예상됨).

5. 군입대 18개월 남짓이면 다른 나라 장성급의 입지를 확보하는 어마어마한 전투력을 가진 병력의 확보.

6. 외국인 불법체류로 체포되어 강제 출국당함(요즘 단속 기간).

7. 전 국민이 영어를 사용하지 않음으로 외국인 테러리스트들이 목적지까지 찾아가는 것이 대단히 곤란함(일부러 안 하는 것으로 분석).

8. 차량 테러(폭탄차량)시 여러 문제점 노출. 차가 막혀서 테러 곤란.

9. 총기 테러시 코스프레 하는 줄 알고 주변에서 디카 들고 덤빔.

10. 끝으로, 다 깨고 터뜨려 봤자, 다음 날 뉴스에서는 '부실공사'라고 나옴. 테러에 의한 심리적 충격 효과 미미.

이 이야기는 꽤나 웃기고 재미있을 것이다. 그런데 만약 한국인인 당신이 지하철에서 일본인 두 사람이 이 이야기를 웃으면서 주고받는 것을 엿들었다면 그래도 웃기고 재미있을까? 재미있기보다는 창피하거나 다소 화가 날 수도 있을 것이다. 왜 그럴까? 동일한 이야기가, 당신이 한국인 친구로부터 들으면 재미있지만 왜 일본인들끼리 나누는 이야기를 엿듣게 되면 화가 날까? 그것은 그 상황이 이야기를 듣는 사람의 가치관을 자극하기 때문이다. 즉 이야기의 내용과 구조가 한국에 대한 일종의 폄하를 포함하고 있는데, 이 이야기가 제시되는 상황은 이러한 내용과 일체가 되어서 듣는 이의 가치관을 자극할 수 있는 것이다. 결국에는 웃음을 유발하는 데 실패한다.

재미있는 이야기는 왜 그런가?

이상과 같은 네 조건을 또렷하게 만족시키지 않는 것 같지만 매우 재미있게 우스운 이야기들이 있다. 필자는 그 이야기들을 분석함으로써 사실은 그 속에서 눈에 잘 띄지 않는 방식으로, 혹은 조금 변형된 방식으로 재미있는 웃음의 네 조건이 구현되어 있음을 논증해 보고 싶다. 그 중에서, 우리가 흔히 만나는 우스갯소리이지만 웃음의 네 조건에 맞지 않아 보이는 대표적인 경우가 나열식 우스갯소리일 것이다. 이것을 고찰해 보자.

이유 있는 반항

1. 우리가 교복을 싫어하는 이유
▷ 일본의 잔재이기 때문에
2. 우리가 복도에서 뛰어다니는 이유
▷ 고구려의 패기를 이어받아서
3. 미팅을 하는 이유
▷ 널리 인간을 이롭게 한다는 홍익인간 정신에서
4. 머리를 기르는 이유
▷ 최익현의 "목은 잘라도 머리는 자를 수 없다"에서 감동받아서
5. 수업시간에 자는 이유

▷ 꿈을 갖기 위해

정치인과 똥개의 공통점은?

1. 밥만 주면 아무나 주인이다.

2. 주인도 못 알아보고 덤빌 때가 있다.

3. 한번 미치면 약도 없다.

4. 제 철에는 돈 주고도 못 산다.

5. 어떻게 짖어도 개소리다.

6. 외국 언론에서 말들이 많다.

7. 절대 자기 먹을 것은 남한테 안 빼앗긴다.

8. 앞뒤 안 가리고 마구 덤비다가 힘이 달리면 꼬랑지 내리고 슬며시 사라진다.

9. 매도 그때뿐, 곧 옛날 버릇 못 버리고 설친다.

10. 족보가 있지만 믿을 수 없다. -_-;;

이와 같은 형식의 우스갯소리는 굉장히 흔하다. 특히 인터넷에서 이러한 우스갯소리를 많이 찾을 수 있다. 그리고 이 이야기들 속에서는 2중구조와 긴장성, 공유경험론, 감정방향의 네 요소가 모두 갖추어지지 않은 것 같아 보인다. 정말 그럴까?

먼저, 필자는 이러한 나열식 우스갯소리가 공유경험론의 관점에서는 별 문제가 없다는 점을 강조하겠다. 여러분들도 이러한 나열식 우스갯소리는 오히려 공유경험론의 요소들을 더 분명히 충족시킨다는 것을 쉽게 이해할 것이다. 즉 <이유 있는 반항>의 얘기를 볼 때 우리는 학생이었던 시절에 느꼈던 불만감을 회상하게 되고, 정치인 얘기를 보면서 우리가 웃을 수 있는 한 중요한 까닭은 바로 정치 뉴스에서 보고 듣는, 끊임없이 불쾌한 정치인들의 행동과 작태들에 대한 불만이 쌓여 있기 때문이다. 그렇다면 이제는 이 이야기들 속에 어떻게 2중구조와 긴장이론, 그리고 감정방향이 구현되어 있는지만 설명하면 될 것이다.

일단 나열식 우스갯소리에 대한 분석을 하기 위해서 이와 대조적인 부류의 이야기들로서 웃음의 세 조건을 전형적으로 만족시키는 것들을 '단일식 우스갯소리'로 부르기로 하자. 이러한 단일식 우스갯소리에는 앞에서 본 <노승의 한 마디>, 술 취해서 전화번호부를 들고 있던 <못 말리는 삼수생>, 바람 피다 마누라를 만난 남자의 <바람둥이 남편의 변명> 등이 속할 것이다.

그렇다면 확실히 나열식 우스갯소리들의 경우는 그 전체 구조가 전형적이고 단순하게 완비된 단일식 우스갯소리와는 다르다고 말할 수 있다. 하지만 필자는 그 다른 점이 2중구조와 긴장성이 없다는 점에 있는 것이 아니라 단지 그 긴장해소를 매우 짧고 연쇄적으로 시도한다는 점에서 차이가 있을 뿐이라고 생각한다. 그래서 결정적이고 강력한 반전의 빌미가 생겨나지 않는 것이다. 이런 필자의 생각을 좀더 자세히 설명해 보겠다.

나열식 우스갯소리의 구조는 긴장해소의 짧은 반복에 있다는 것이 필자의 생각이다. 나열식 우스갯소리 속에 있는 2중구조는 서로 다른 두 이야기의 '묘한 일치'이다. <이유 있는 반항> 이야기에서 다섯 개의 짧은 이유 제시 속에는 학생들의 사춘기적 반항에 적절한 이유가 될 수 있는 것처럼 보이는 역사적 명분들이 관련된다. 실제로 그런 홍익인간의 이념, 고구려의 패기 등이 사춘기 청소년들의 욕망을 위한 이유가 될 수는 없지만, '말 자체로만 봤을 때' 그것들은 묘한 일치를 이룬다. <정치인과 똥개의 공통점>도 마찬가지이다. 정치인과 똥개의 여러 측면들을 말로 표현했을 때, 두 대상에 대한 설명들은 묘하게 일치한다. 여기에는 물론 정치인에 대한 불만이라는 말하는 이와 듣는 이의 공유경험이 바탕으로 포함되어 있다. 이러한 나열식 우스갯소리에 대한 추가적인 설명은 뒷부분에서 보완될 것이다.

다음의 우스갯소리도 이와 유사한 이야기이다.

(특종)속보 '빈 라덴 무죄 확정'

[워싱턴=연합뉴스] 오사마 빈 라덴은 세계 무역 센터 비행기 테러에 대해 자신은 무죄라고 강력하게 주장했다.

그는 사건 당일 무전기로 자신의 대원에게 무역 센터와 충돌하지 말라고 수차례 소리쳤고, 무전기의 고장으로 통신이 되지 않자 큰 목소리로 외쳤다고 말했는데 주위의 소음으로 정확히 전달되지 못해 참사가 일어났다고 주장했다.

재판부는 그의 주장에 설득력이 있다고 보고 무죄를 확정했다. 알 카에다 쪽이 선임한 민선 변호사인 모자헤딘 변호사는 현장 재현 비디오테이프를 제시했고, 또 "무역 센터가 비행기의 항로를 막았다."라며 무역 센터에게도 과실이 있다는 주장을 펴기도 했다.

공정성을 기하기 위해 재판에서는 배심원 전원이 알 카에다 단원들로 이루어졌으며 비행기의 항로를 막은 건물주가 기소될 예정이다.

만약 여러분들이 월드컵의 축제 뒤편에서 일어났던 비극적 사건을 알지 못하거나 그에 관심이 없다면 이 이야기가 도대체 왜 웃긴지를 알 수 없을 것이다. 신효순, 심미선이라는 두 여중생이 친구 생일 집에 놀러가다 지나가는 미군의 장갑차에 깔려 그 자리에서 즉사했는데, 미군은 SOFA 규정을 근거로 자기들끼리 북 치고 장구 치면서 불공정한 재판을 열고는 관련자들에 대해 모두 무죄를 선고한 '웃기는' 일이 있었다(관련 사이트 www.antimigun.org). 당연히 이런 '웃기는 일'을 모르면 위의 이야기가 왜 웃기는지 알 수 없을 것이다.

무죄 판결의 내용은 이랬다. 장갑차 관측병이 여중생들을 발견하고 운전병에게 수차례 소리쳤지만 무전기 고장으로 통신이 되지 않았으며 주위의 소음도 심했었기 때문에 불가피했다는 것이 미군 측의 변명이다. 그러면서 한국인 증인이나 배심원은 포함되지 않고 미군 측 사람들로만 구성된 법정을 열고는 무죄를 선고한 것이다. 한편 2001년 9월에 미국의 무역 센터 빌딩에 비행기가 충돌한 사건은 모두가 알 것이라고 믿는다.

어쨌든 이 두 이야기의 어떤 측면들은 관점에 따라서, 그리고 어떻게 표현하느냐에 따라서 묘하게 일치한다. 9.11 사건의 주범이라고 지목되는 빈 라덴도 미군 장갑차 사건의 관련자들이 무죄라고 말하는 그런 논리로 말한다면 충분히 무죄일 수 있다는 것이다. 그리고 그런 두 이야기의 묘한 일치가 이야기의 흐름에서 지속적으로 반복해서 드러난다. 이것이 이 이야기의 2중구조와 긴장해소가 구현되는 방식이다.

한편 위의 이야기는 우리의 가치관과 일치한다. 즉 우리는 미군 장갑차에 죽은 두 여중생을 추모하고 이에 사죄하지 않는 미군의 행태에 분노하는데, 이러한 감정이나 가치관과 위의 이야기가 일치하기 때문에 그만큼 위의 이야기는 재미있게 우스울 수 있다. 그런데 사실 한편으로는 바로 이 때문에, 두 여중생의 죽음을 떠올리고, 그래서 슬픈 감정을 자극받는 사람들에게는 위의 이야기가 재미있더라도 우습기보다는 묘하게 슬플 수도 있을 것이다. 그렇다면 바로 그런 점에서 위의 이야기는 웃음의 네 번째 조건에서 실패할 수 있다. 하지만 그렇더라도 위의 이야기가 웃음을 만드는 데에 실패하는 이유는 정확히 필자가 말하는 웃음의 이론에 따라서 분석된 그 이유가 될 것이다.

이 외에도 정확히 네 조건들을 만족시키지 않는 우스갯소리들이 있는데, 그럼에도 불구하고 그 이야기들이 성공적으로 웃음을 만들어 내는 이유에 대한 분석은 뒤에서 보완될 것이다.

표현 방식에 따라 재미도 달라진다

내용적으로는 똑같은 이야기가 표현 방식에 따라서 더 우습고 덜 우스울 수가 있다. 왜냐하면 재미나 웃음은 논리적인 내용에 직접 관련되는 것이 아니라 표현에 직접 관련되는 것이기 때문이다. 그래서 이런 경우는 실제로 아주 흔하다. 이러한 사실은 같은 이야기를 조금 다르게 표현해 봄으로써 쉽게 확인할 수 있다.

한 예로서 1원을 달라고 신을 설득하는 이야기인 <인간과 신의 대화>를 보자. 이 이야기에서 2중구조와 긴장해소, 공유경험의 조건들은 뚜렷하다. 특히 2중구조가 이 경우에 또렷한데, 처음에 인간이 신에게 묻는 질문, 즉 "신이시여, 인간의 100년이 신에게는 1초에 불과하다면서요?"라는 문장에서 이미 맨 마지막의 긴장해소의 복선이 분명하게 도입된다. 다만 사람들이 거기에 관심을 기울이지 못할 뿐이다. 돈에 관심을 돌리는 드러난 이야기 때문이다.

그렇기 때문에 앞의 이야기, 즉 <인간과 신의 대화>를 다음과 같이 말하면, 똑같은 내용일지라도 별로 웃기지 않게 된다.

인간 : 신이시여, 인간의 10억은 신에게는 1원이라면서요.
신 : 그렇고 말고.
인간 : 신이시여. 불쌍한 제게 1원만 주십시오.
신 : 알았다. 그런데 인간의 100년이 신에게는 1초에 불과하다. 그 1초만 기다리거라.

즉 이 경우에는 이야기의 시작에서 숨은 이야기와 드러난 이야기의 2중구조의 구현이 실패한다. 그래서 같은 내용의 이야기라도 재미가 없는 것이다. 우습지도 않다.

또 다른 예를 변형시켜서 긴장이론을 검증해 보자.

날나리들의 특징 1
어떤 날나리든 간에 항상 이런 소문이 있다.
"쟤, 예전에는 정말 착했어."-_-/

이 얘기는, 그렇게 우습지 않더라도, 조금은 입가에 웃음을 짓게 한다고 생각한다. 그런데 이런 이야기마저도 단 한 문장을 처음에 덧붙임으로써 그 재미의 힘을 없앨 수 있다.

날나리들의 특징2
아무리 나쁜 사람도 처음에는 다 착한 사람이었다.
그렇기 때문에 어떤 날나리든 간에 항상 이런 소문이 있다.
"쟤, 예전에는 정말 착했어."-_-/

왜 첫 문장을 덧붙이면 이 이야기의 웃기는 힘이 줄어들어 버리는 걸까? 2중구조가 사라지는가? 아니다. 여기에 덧붙인 이야기는 2중구조를 강화한다. 문제는 드러난 이야기가 숨은 이야기를 숨기지 못한다는 데에 있다. 그래서 긴장이 축적되었다가 해소되지 않고, 그래서 이야기에서의 긴장감이 약하다. 아주 짧은 이야기이지만 그 속에 긴장감이 없으면 웃음은 나오지 않는다. 이야기의 단순한 변형이 이것을 증명한다.

긴장이론은 앞에서 언급한 나열식 우스갯소리에서도 부분적으로 뒷받침된다. 성공적인 단일식 우스갯소리는 이야기의 끝에서 폭발적 웃음을 만들어 낸다. 성공적인 경우에 듣는 이의 '소리나는 웃음'을 자아낸다. 하지만 나열식 우스갯소리에서는 이것이 굉장히 힘들다.

물론 이에 대한 반대의 사례를 찾을 수도 있다. 앞에서 본 <한석봉전>은 나열식 우스갯소리에서도 '소리나는 웃음'을 자아낼 정도로 재미있는 얘기가 될 수 있다. 하지만 충분히 재미있고 우습다고 생각할 수 있는, 그래서 성공적이라고 할 수 있는 많은 나열식 우스갯소리들에서는 듣는 이들이 '소리나는' 정도의 폭발적인 웃음이 아니라 실소에 가까운 가벼운 웃음으로 일관하게 되는 경우가 많다. 그 이유를 독자들은 이미 충분히 짐작하고 있을 것이다. 나열식 우스갯소리는 지속적으로 긴장이 해소되는 구조를 가지고 있기 때문이다. 그래서 긴장이 축적되지 않고 맨 마지막에 감정의 폭발이 없거나 매우 약해지는 것이다. 그렇기 때문에 우리는 나열식 우스갯소리를 구조적으로 뒤바꾸어 마지막에 폭발적 웃음을 만드는 이야기로 변형해 볼 수 있다.

공통점

다음의 공통점을 가진 두 대상은 무엇일까?

1. 밥만 주면 아무나 주인이다.
2. 주인도 못 알아보고 덤빌 때가 있다.

3. 한번 미치면 약도 없다.

4. 제 철에는 돈 주고도 못 산다.

5. 어떻게 짖어도 개소리다.

6. 외국 언론에서 말들이 많다.

▷ 답은 정치인과 똥개이다.

이 경우에는 질문을 통해서 이야기가 시작된 후 여섯 가지 공통점의 나열을 통해서 이야기 속의 긴장이 축적된다. "뭘까, 이런 공통점을 가진 것들이?" 하는 의문이 그 긴장이다. 그러고는 맨 마지막 답에서 그 긴장이 갑자기 해소된다. 그래서 이 이야기가 성공적일 경우에는 듣는 이가 크든 작든 폭발적인 웃음을 터뜨리게 된다.

변형분석을 통해서 공유경험의 중요성을 검증하는 방법에는 두 가지가 있을 수 있을 것이다. 하나는 동일한 이야기를 경험이 공유된 상황과 그렇지 못한 상황에서 제시함으로써 웃음이 나오는 경우와 나오지 않는 경우를 살펴보는 것이다.

이것은 앞에서 언급한 '전두환, 노태우'의 3행시의 예에서 확인할 수 있다. 즉 같은 이야기가 시대가 변하여 듣는 이의 공유경험이 달라지자 그 웃음의 정도도 달라지는 것이다. 다른 하나의 방법은 이야기 자체를 변형함으로써 동일한 상황에서 공유경험을 필요로 하는 부분을 비켜 가 보는 것이다. 다음이 그 예이다.

담뱃불의 의미

한 미모의 여대생이 미팅에 나갔다. 그런데 잔뜩 기대를 품고 만나게 된 상대는 꾀죄죄한 차림새의 못생긴 남학생이었다. 그 남학생은 매너도 꽝이어서 상대를 무시한 채 자기 자랑만 늘어놓았다.

그러자 잠시 생각한 그 여대생, 아무 말 없이 탁자 위의 담뱃갑에서 담배를 하나 꺼내더니 그 남학생의 입에 꽂고는 불을 붙였다. 그 의미는 무엇일까?

"터져라, 폭탄아!"

이 얘기가 원래 우스갯소리이다. 그런데 이것을 다음과 같이 조금만 바꿔 보면,

동전 한 닢의 의미

한 미모의 여대생이 미팅에 나갔다. 그런데 잔뜩 기대를 품고 만나게 된 상대는 꾀죄죄한 차림새의 못생긴 남학생이었다. 그 남학생은 매너도 꽝이어서 상대를 무시한 채 자기 자랑만 늘어놓았다.

그러자 잠시 생각한 그 여대생, 아무 말 없이 자신의 주머니에서 10원짜리 동전을 꺼내더니 그 남학생 앞에 놓았다. 그 의미는 무엇일까?

"이제 가라, 거지야!"

이 이야기는 우스운가? 만일 우습지 않다면 왜 그런가? 앞의 <담뱃불의

의미>는 우리들, 특히 젊은 세대 사람들이 이미 공유한 경험에 의존하는 이야기이다. 즉 미팅에서 마음에 들지 않는 이성을 가리켜 '폭탄'이라고 부르는 것 말이다. 그런데 그것을 '거지'로 바꾸면 우리의 공유된 경험과 일치하지 않는다. 젊은 세대의 학생들이 마음에 들지 않는 이성을 '거지'라고 부르지는 않기 때문이다. 하지만 이러한 일반화된 공유경험을 배제하고 생각하면 마음에 들지 않는 이성을 '폭탄'이라고 부를 수 있는 만큼 '거지'라고도 부를 수 있다. 사람들의 일상적인 말에 "거지 같다"라는 표현이 있는데 이 표현은 가리키는 대상이 지저분하고 매우 마음에 들지 않을 때 사용된다. 그러므로 공유경험 요소만이 <담뱃불의 의미>와 <동전 한 닢의 의미> 이야기의 웃음 차이를 설명할 수 있다.

감정방향 개념을 검증하기 위해서는 웃긴 이야기를 살짝 변형해서 우습지 않은 이야기로 만들어 봐야 할 것이다. 하지만 앞에서 감정방향을 언급하면서 제시한 <거울 속에서 사라지는 여자>의 이야기와 매우 비슷한 다음의 이야기를 통해서도 검증할 수 있다.

비오는 날의 택시

어떤 택시기사가 비가 오는 날 늦은 밤에 차를 몰고 외진 시골길을 가로질러 시내로 들어가고 있었다. 그러다가 마침 손님이 있어서 태우고 보니까 그런 음산한 날씨에 하필 소복을 입고 머리를 풀어 헤친 창백한 여자였다. 표정이 음산해서 겁이 나기도 했지만 달리 태울 손님도 없었기 때문에 할 수 없이 그냥 가기로 했다.

"아저씨…… 00동 00 빌딩 뒤쪽의 00번지로 가 주세요."

가끔은 이렇게 기분이 쓸쓸한 날도 있겠거니 하고 택시기사는 별 생각없이 택시를 몰아서 여자가 부탁한 곳으로 갔다.

비는 계속 오고 있었다.

"다 왔습니다."

"저, 아저씨…… 잠깐만…… 기다려 주실래요? 안에 들어가서…… 돈을 가지고 나올게요."

'돈도 없이 탔나? 젠장!' 혼잣말을 해 보았지만 할 수 없었다.

"그러세요"

그러고는 택시기사는 여자가 집안으로 들어가는 걸 확인하고 나오길 기다렸다. 하지만 아무리 기다려도 그 여자는 나오지 않았다. 그래서 택시기사는 그 집 문을 두드려서 사람을 불렀다.

"저, 여기 방금 택시 타고 온 젊은 여자 빨리 좀 나와서 택시비 주라고 그러세요."

"네? 젊은 여자요? 여기 그런 사람 없는데요."

"아까 그 여자가 여기로 들어가는 걸 내가 봤는데 무슨 시치미예요?"

"젊은 여자라뇨? 어떻게 생겼는데요?"

"머리 길고 하얀 소복 입고, 예쁜 얼굴에 창백한 피부, 그리고…….."

"네? 혹시…… 잠깐 들어와 보실래요?"

택시기사가 들어가 보니 그 집은 제삿날이었고, 죽은 사람은 택시기사가 태우고 온 바로 그 여자였다.

앞의 <거울 속에서 사라지는 여자> 이야기와 <비오는 날의 택시> 이야기는 끝부분을 빼고는 매우 비슷하다는 점에서 설명을 위한 훌륭한 대비를 보여 준다. 즉 두 이야기는 매우 비슷한 분위기에서 매우 비슷한 방식으로 이야기가 이어진다. 그러다가 맨 마지막에서만 다르다. 어떻게 다른가? 이야기의 결말도 다르지만, 그 결말이 자극하는 감정의 방향이 다르다. 그렇기 때문에, 이 두 이야기들이 참신한 맛은 떨어지지만 여기서 사용하는 것이다. 앞의 이야기는 우스꽝스러운 감정을 자극한다. 결국 여자가 코를 후비다가 코피가 터진 것이다. 사소하게 피가 났고, 코를 후비다가 피가 났으니 우스꽝스럽다. 두 번째 이야기는 결국 죽은 귀신을 택시에 태우고 왔음이 드러났다. 대체로 소름이 끼치는 분위기이다. 그리고 이러한 이야기로 공포의 감정을 자극한다.

중심 개념을 백 퍼센트 활용하는 방법

훌륭한 개념은 말장난으로 끝나는 것이 아니라 그 개념을 앎으로써 무엇인가 더 나은 결과를 이끌어 내는 힘을 생산한다. 그러므로 올바른 개념은 지식이 되고 그 지식을 가진 사람은 관련 분야에서 더 나은 결과를 얻게 되는 것이다. 반면에 공허한 개념은 고매한 말장난에 불과한 것으로서 그 개념을 알든 모르든 실제적인 결과에 있어서는 별 차이를 만들어 내지 못한다. 그러므로 우리는 이상에서 언급한 2중구조, 긴장이론, 공유경험, 감정방향의 개념들이 어떤 식으로 활용될 수 있는지를 통해서 그 개념의 살아 있는 가치를 확인할 수 있다.

필자는 이 개념들을 세 측면에서 활용할 수 있다고 생각한다. 첫째는 우스갯소리를 만들어 낼 때, 둘째는 그 우스갯소리를 경우에 맞게 선택할 때, 셋째는 그 우스갯소리를 사람들에게 들려줄 때이다. 각 경우들을 하나씩 살펴보자.

첫째로 우스갯소리를 만들어 낼 때, 웃음의 네 가지 개념들은 분명히 도움이 된다. 하지만 그것은 네 개념들을 가지고 언제든 아무렇게나 우스갯소리를 만들 수 있기 때문이 아니다. 사실 네 개념들은 형식적인 개념이기 때문에 여러 경우들에 보편적으로 적용될 수 있다는 보편성을 가지는 반면, 그 실질적인 소재와 내용에 대해서는 언급하는 바가 없다. 그만큼 무엇에 대한 이야기를 할 것인지, 어떤 두 이야기를 드러난 이야기와 숨은 이야기로 배치할 것인지, 혹은 어떤 공유경험을 바탕으로 할 것인지에 대해서는 아무것도 말해 주지 않는다. 결국 이상의 네 가지 형식적 개념들만으로 우스갯소리를, 그것도 아주 재미있는 우스갯소리를 만들려 한다면 매우 난감할 것이다.

그러나 대신에 이 네 개념들은 자신이 만든 우스갯소리를 검증하고, 또 부족한 부분이 무엇인지를 말해 준다. 그러므로 우스갯소리를 만들 때 지침으로 삼을 수 있다는 점에서 실질적인 도움을 준다. 왜 이런 개념적 지식이 필요하냐면, 자신은 재미있다고 만든 우스갯소리가 남들로부터는 아무런 웃음을 만들어 내지 못하고 오히려 빈축을 살 수도 있기 때문이다. 남들에게 우스운 얘기를 했는데, 남들을 웃기지 못하고 빈축을 샀을 때, 여러분이 그 이유조차 알 수 없다면 더욱 답답할 것이다. 이 네 개념들은 이런 점에서 유용하다.

둘째로 웃음의 네 중심 개념들은 어떤 우스갯소리를 다른 사람들에게 들려줄 때나, 혹은 다른 방식으로 대화의 상대를 웃기고자 할 때, 어떤 경우에 어떤 방식으로 이야기를 제시해야 상대를 웃게 만들 수 있을지에 대한 분명한 지침을 제공한다. 특히 경험해 본 적이 없는 익숙하지 않은 경우에 처했을 때 이 중심 개념들은 훌륭한 안내자가 되는데, 이렇게 경험하지 못한 경우에 개념이 어떤 도움을 주는 것은 그 개념이 훌륭한 지식이라는 매우 중요한 징표라고 필자는 생각한다. 그 대표적인 경우가 외국인과 대화할 때이다.

외국인과 얘기를 할 때에도, 그 사람과 오랫동안 친하고 또 많은 얘기를 할 기회가 있다면, 농담을 주고받을 수 있어야 한다. 그렇지 않다면 사무적인 이야기만 하고 멀뚱히 서로 쳐다보든가 아니면 빨리빨리 헤어져야 할 것이다.

하지만 대체로 한국 사람들끼리 주고받을 수 있는 농담들은 외국인에게 통하지 않는다. 영어나 기타 외국어가 잘 되더라도 말이다. 때때로 적절하지 않은 우스갯소리를 던지면 그것은 단지 이해하기 어려운 얘기가 될 뿐이다. 왜 그런가를 우리는 이제 공유경험론의 개념으로 이해할 수 있다. 외국인과 우리가 공유하고 있는 경험영역이 너무 좁은 것이다. 그래서 우리는 또 거꾸로도 생각할 수 있다. 외국인과 우리가 공유하는 이 좁은 공유경험의 영역 안에서는 우스갯소리가 잘 통할 수 있다고 말이다.

그래서 공유경험론을 이해한다면, 우리는 외국인들과 왜 농담을 주고받기가 어려운지 이해할 수 있는 데에 그치는 것이 아니라, 어떻게 해서 상대를 잘 웃길 수 있는지도 이해할 수 있게 된다. 우리가 알고 있는 농담 중에서 그 숨겨진 이야기를 상대가 이해하고 있는지 확인만 할 수 있다면 우리는 어떤 농담이 상대에게 웃음을 줄 수 있고 어떤 농담은 그렇지 않은지를 미리 알 수 있다. 상대가 컴퓨터를 잘 다루고 윈도를 쓰는가? 그렇다면 빌 게이츠에 대한 농담은 통할 것이다. 만약 상대가 컴퓨터를 전혀 모른다면 컴맹에 대한 농담은 얘기해도 잘 모를 것이다. 이런 경우에는 같은 한국인이라고 해도 농담이 통하지 않는다.

셋째로 웃음의 중심 개념들은 우스운 이야기를 사람들에게 제시하는 방식을 결정할 때에도 지침을 제공한다. 만약 우리가 2중구조 개념을 분명히 이해하지 않은 상태에서 신에게 1원을 달라고 조르는 <인간과 신의 대화>를 친구에게 들려준다면, 변형분석에서 제시된 좋지 못한 사례로 흘러갈 가능성이 있다. 대체로 사람들을 잘 웃기지 못하는 사람들이 저지르는 실수는 우스갯소리를 그 내용 측면에서 이해하고 그 내용만 전달하려 애쓰는 데에 있다. 즉 그들은 신의 1초는 인간에게 100년이고, 신의 1원은 인간에게 10억 원이라는 이 논리적 비례관계에 관심을 두는 것이다. 이야기를 전달할 때에도 그들이 이해한 것, 즉 논리적 내용에 초점을 맞춘다. 결국 우스운 이야기는 우습지 않게 된다. 2중구조를 잃기 때문이고 또 긴장을 생성하지 못하기 때문이다.

긴장을 생성하고 해소하는 데에는 특히 이야기가 제시되는 방식이 많은 영향을 미친다. 즉 웃음은 재미의 일종이고 재미는 내용보다 그 표현에 직접 의존하는 것이다. 그렇기 때문에 개그맨이 제시하는 우스운 이야기들을 일반 사람들이 섣불리 흉내 내어서는 성공하기 어렵다. 그들이 말하는 표정과 대화의 속도, 그리고 언제 어디쯤에서 이야기를 잠시 끊는가 하는 것을 그대로 흉내 낼 수 있을 때에만 그 우스움의 정도도 흉내 낼 수 있게 된다. 그렇기 때문에 개그맨이 하는 우스갯소리들을 말로 하는 대화가 아니라 글로 써 놓은 문장으로 보면 극히 우습지 않은 경우가 많다. 그것은 긴장의 생성과 해소가 표현되지 않기 때문이다. 역으로 우리는 이렇게 말할 수 있다. 즉 긴장의 생성과 해소가 충분히 구현되기만 한다면 어떤 개그맨의 우스갯소리를 굉장히 다른 방식으로 표현하더라도 충분히 우스울 수 있게 된다고 말이다.[20]

또 한편으로, 동일한 이야기, 어떤 사람들이 듣고는 폭소를 터뜨린 이야기를 다른 사람들에게 들려줬더니 그 사람들이 웃기는커녕 분노로 표정이 굳는 것을 본 적은 없는가? 그리고 그때 여러분은 왜 이런 재미있는 이야기를 듣고 그 사람들의 표정이 굳어지는지 이해할 수 없었던 적은 없는가? 그렇다면 그때 여러분은 감정방향의 요소에서 실패하지 않았는지 잘 생각해 볼 필요가 있다. 이런 실수는 어두운 감정을 자극하는 것에서보다는 가치관에 거스르는 이야기를 함으로써 저지르기 쉽다. 왜냐하면 상대가 어떤 가치관을 가지고 있는지 알 수 없는 경우가 많기 때문이다. 대머리인

---

20) 대체로 개그맨이 가진 훌륭한 능력, 그래서 남들이 쉽게 따라할 수 없는 능력은 이러한 긴장의 생성과 해소를 대화 속에서 구현해 내는 능력에 있다고 생각한다. 재미 일반에 대해서도 마찬가지이다. 즉 재미있는 작품을 만드는 작가들의 뛰어난 능력이란 궁극적으로 그 표현의 능력에 있다.

사람 앞에서 대머리에 대한 농담을 했다가 그 사람의 표정이 굳는 것을 본 경우에는 이해가 쉽겠지만, <못말리는 삼수생>이라는 이야기를 들려주었는데 상대가 웃지 않고 표정이 굳어진다면 그 이유를 이해하는 것이 쉽지 않을 수도 있다. 하지만 감정방향의 개념을 안다면, 그 사람이 혹시나 이야기와 유사한 재수생 자녀가 있지 않나 의심해 볼 수 있을 것이다. 그런 경우 그 사람은 그 이야기를 듣고 어두운 감정을 자극받은 것이다.

너무 많은 요소들을 언급하면서 일반인들이 개그맨의 웃음을 따라기 어렵다고만 말하는 것은 별로 바람직하지 않다. 적어도 그것은 이론을 검증하는 과정에서는 충분한 논의가 아니다. 그 모든 어려움과 복잡한 요인들을 하나의 단순한 개념으로 정리해서 설득할 수 있어야 이론의 훌륭함이 드러난다. 그렇기 때문에 웃음의 중심 개념들을 여기에서 검증할 수 있다. 즉 많은 복잡한 요인들, 대화의 속도, 표정, 몸짓, 이야기의 내용, 내용과 듣는 이나 말하는 이와의 관계 등, 여러 가지 요소들이 모두 웃음의 네 중심 개념으로 설명이 된다.

이와 같이 웃음에 대한 이론은 단지 감상적인 말장난으로만 끝나는 것이 아니라 실제로 우리가 웃음의 묘약을 생활 속에서 활용하는 데에 조금이라도 보탬이 될 수 있는 방향으로 발전해야 할 것이다.

4 다른 종류의 재미, 공포와 슬픔

혼란을 피하기 위해서 여러 번 강조했듯이, 분석한 웃음의 형식적 구조는 재미의 형식적 구조에 감정방향 요소가 덧붙은 것이다. 웃음은 밝은 방향의 감정이나 기분에 근거한다. 즉 밝은 감정과 기분을 토대로 웃음이 만들어질 수 있는 것이다. 필자는 앞에서 인간의 감정을 긍정적인 종류와 부정적인 종류로 구분하였다. 이것은 옆 쪽의 도표에서 볼 수 있듯이 대부분의 감정이나 기분이 유쾌한 것(기쁨, 사랑 등)과 불쾌한 것(분노, 공포 등)으로 나뉠 수 있기 때문이다.[21]

이것이 함축하는 바는 의외로 풍부할 수 있다. 왜냐하면 이것이 옳다면 감정방향 하나만을 변형함으로써 우리는 재미있게 슬픈 이야기나 재미있게 무서운 이야기의 논리적 구조를 한꺼번에 이해할 수 있기 때문이다. 여기에 더해서 각 작품 속에 재미의 구조가 포함됨으로써 감상자의 슬픔이

---

21) 서창원, 『현대심리학(인간심리의 이해)』, 시그마프레스(2003), 209쪽.

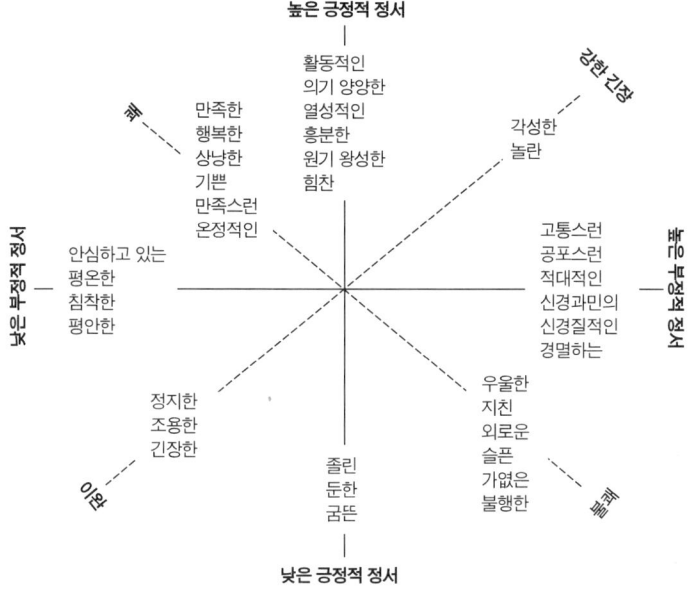

정서의 2요인 구조.

나 공포를 효과적으로 자아내는 슬픈 작품이나 무서운 작품이 가지는 강한 감정적 자극의 힘이 증가한다고 가정해 보자. 그렇다면 우리는 매우 슬프거나 무서운 작품(영화나 소설 등)은, 단지 눈물샘을 자극하는 장면이나 무섭거나 잔혹한 장면을 많이 배치함으로써 생산되기보다는 재미의 뫼비우스 띠 구조를 가진 이야기를 만들고 그 이야기에 슬프거나 무서운 소재를 적절히 배합함으로써 얻어질 수 있다는 결론에 도달할 수 있을 것이다. 정말 그러한가?

웬만하면 아는 사람들이 많겠지만, 다음의 예를 한번 보자.

엄마, 나 예뻐?

어떤 부부가 다섯 살짜리 예쁜 딸과 함께 살고 있었다. 어느 날 어린 딸은 현관 앞 계단에서 시장에 다녀오던 엄마의 팔을 붙잡고 물었다.

"엄마, 나 예뻐?"

"응, 너 예뻐."

엄마는 대답했다. 그러자 계단 하나를 더 올라 딸은 또 물었다.

"엄마, 나 정말 예뻐?"

엄마는 조금 짜증이 나기 시작했지만 그래도 꾹 참고 친절하게 대답해 주었다.

"그래, 너 예뻐."

하지만 딸은 계단을 오를 때마다 계속 그렇게 물었다. 계속되는 문답에 결국 화가 난 엄마는 딸을 살짝 밀치며 대답했다.

"너, 예쁘다고 했잖아!"

하지만 그게 아이와 마지막이었다. 딸아이는 계단 아래로 굴러 떨어져 죽었던 것이다.

부부는 상심에 잠겼지만 곧 다시 아이를 얻을 수 있었다. 그 아이가 다섯 살이 되었을 때, 아이는 시장에서 돌아오는 엄마를 붙들고 물었다.

"엄마, 나 예뻐?"

5년 전의 일을 생생하게 기억하고 있는 엄마는 최대한 마음을 다스리고는 대답했다.

"그래, 네가 세상에서 제일 예뻐."

아이는 한 계단을 더 올라가 엄마에게 물었다.

"엄마, 나 예뻐?"

"그래, 너 정말 예뻐."

문답은 마지막 계단에 이를 때까지 반복되었다. 그러고는 마지막 계단에서 아이가 물었다.

"엄마, 나 정말 예뻐?"

왠지 소름이 돋았지만 엄마는 친절하게 대답했다.

"그래, 네가 세상에서 가장 예뻐."

그러자 아이는 고개를 갸웃거리면서 이렇게 물었다.

"그런데 왜 5년 전에 나 밀었어?"

뒤에서 보게 될 <아빠! 왜?>라는 이야기도 또 다른 예가 되겠지만, 우리는 <엄마, 나 예뻐?>라는 이야기에서도 효과적으로 사람들에게 섬뜩한 공포를 유발하는 이야기들은 뫼비우스 띠 구조를 가지고 있음을 확인할 수 있다(혹시나 이 이야기가 친숙해서 별로 섬뜩함을 느끼지 못한다면 이 이야기를 처음 들었을 때를 기억해 보자). 즉 새로 태어난 아이가 예전에 죽은 아이와 똑같은 행동을 한다는 것이 드러난 이야기이고, 그 이유가 예전에 죽은 아이가 새로 태어났기 때문이라는 것이 숨은 이야기이다.

드러난 이야기에서 우리가 보게 되는 두 아이의 똑같은 행동이 우리를 긴장시킨다. 그 긴장의 한가운데에는 예전에 아이가 엄마 때문에 죽었다는 사실이 들어 있다. 그리고는 숨은 이야기가 드러나면서 반전이 이루어질 때 공포의 감정이 자극된다. 슬픈 이야기에서도 이와 같은 원리는 똑같이 작용한다. 다음의 예를 보자.

누나를 용서해 주렴

"방 좀 치워! 내 물건에 손대지 말라고 몇 번을 말했어! 욕실에서 휴지 적셔 놓지 마. 짜증난단 말야."

"어, 알았어."

항상 대답은 잘하던 제 동생이었습니다. 하지만 똑같은 말을 몇천 번 해도 듣지 않는 동생이었지요. 집에 있는 시간이 그리 많지 않았던 저였어요. 빠듯한 생활에 동생과 저는 부모님들에게서 나와 따로 살고 있었거든요.

방직공장에서 하루 2교대로 일을 하고 집에 들어와 어지러운 방 안을 보고 한숨을 내쉬곤 했어요. 그러면서도 '어리니까' 하고 생각하며 방을 치워 놓곤 했어요. 늦은 시간 밖에서 실컷 놀다가 새까만 얼굴로 들어오는 동생을 보면 화가 치밀어 오르기도 했지만 참고 또 참았습니다.

그러던 어느 날이었어요. 야근을 마치고 집에 들어와 눈을 감고 있는데 동생이 학교 가려고 가방을 메더군요. 용돈이라도 주려고 일어나는데 동생이 장롱문을 열고 무언가를 찾고 있더라구요. 동생 뒤로 가서 무엇을 찾나 지켜보니 숨겨 놓은 담배를 찾는 것이었습니다. 정말 참을 수 없도록 화가 나더군요.

"이 자식! 이 나쁜……! 땅을 파 봐, 돈이 나오니! 잠 안 자고 돈 벌어다 주면 그딴 거나 사서 피고…… 아주 잘하는 짓이다. 매일 방은 돼지굴로 만들어 놓고, 또 퍼질러 놀러 다니지를 않나, 이틀이 멀다 하고 학교는 빠지고! 이 나쁜 자식아! 그 따위로 살려면 차라리 나가서 뒈져! 그게 내 맘이 편하겠다."

그렇게 말하고는 저는 집 밖으로 뛰쳐나왔습니다. 하지만 곧 후회가 되더군요. 학교 가야 하는 동생을 아침부터 너무 억박질렀던 게 아닌가 싶었습니다. 그래도 마주칠 때면 어깨도 주물러 주고 때로는 설거지도 종종 해 주던 동생이 안쓰럽더라구요. 그런 생각으로 집으로 돌아와 보니 동생은 학교 갔는지 보이지 않았습니다. 학교 다녀오면 데리고 나가 외식시켜 줘야겠다는 생각을 하며 잠이 들었어요. 출근시간이 다가와서야 겨우 눈을 떴어요. 전화가 울리더군요.

"여기 마산 동부경찰선데요. 동생 이름이 조한 군 맞나요?"

'경찰서'라는 말을 듣는 순간 또다시 화가 치밀어 올랐습니다.

"네, 맞아요. 제 동생이 무슨 사고라도 쳤나요? 제가 지금 그리로 바로 갈게요. 죄송합니다."

"저……."

"네, 말씀하세요."

"…… 삼성병원 영안실에 가서 조한 군의 시신 좀 확인해 주십시오."

뚜우 뚜우 뚜우……

"……!!!"

한참 동안 수화기를 들고 앉아 있었습니다. 숨이 멎어 버릴 것 같았습니다. 아침에 있었던 일들이, 그리고 내가 동생에게 했던 말들이 영화 속의 필름처럼 뇌리를 스쳐 지나가더군요. 그리고 삼성병원 영안실에 도착했을 때, 제 동생의 시신을 확인했을 때, 또 부검 결과를 들었을 때 저 또한 죽은 사람이었으면 했습니다.

제 동생이 학교에서 심한 구타를 당해 왔대요. 1년이란 시간 동안 학교 일진들한테서 참기 힘든 구타를 당해 왔대요. 알고 보니 제 동생은 담배도 피지 않더군요. 내가 준 돈으로 그 애들이 시킨 대로 담배와 술 같은 것들을 사다 주고 있었나 봐요.

내 동생…… 나한테 힘들다는 말을 한 번도 안 했던 애거든요. 아침마다 차비가 없어 학교까지 걸어가곤 했대요. 점심 때면 밥값이 없어 굶는 날이 태반이었대요. 많이 힘들었을 거예요.

그런 동생의 마음 하나도 이해하지 못하고 아침에 그런 말들을 했던 거예요. 누나라는 사람이…….

우리 한이 자살기도 드렸대요. 나 때문에…….

누나!! 사랑하는 우리 누나.

나 한이다. 지금 집이야.

오늘 학교에서 나쁜 애들한테 무지 많이 맞았어.

누나가 집에 들어오면 나 보고 기절할 거 같다.

그래서 그냥 친구 집에서 잔다고 말하려구.

사랑하는 누나야…….

한이 그만 살고 싶어…….
매일 기도해. 그만 살게 해 달라고…….
누나, 나 학교 가기 싫은데,
학교 가기 싫다고 얘기하면 우리 누나 걱정할 거지?
참고 다닐게.
누나!! 만약에 내가 죽으면,
장롱 밑에 서랍 열어 봐.
내가 누나 좋아하는 숏다리 사 놓았으니까,
아무도 주지 말고 누나 혼자 먹어.
알았지?
한이 누나 오기 전에 빨리 나가 봐야지.
내일 보자, 누나.
- 한이가 -

이 편지를 6개월 동안이나 책가방 속에 넣어 가지고 다녔더군요. 오늘이 제 동생 열여섯 번째 생일이에요. 사랑하는 내 동생, 한아…… 사랑한다. 그리고 이제 그만 누나 용서해 줘. 이승에서 풀지 못한 한이 있다면, 이제 다 풀어. 거기에서라도 좋은 곳에 있어야지. 한아, 사랑한다. 그리고 보고 싶다.

이 이야기는 특별한 장치가 없어도 슬픈 이야기일 수 있다고 생각한다.

영화 「아이 앰 샘」은 복선이나 앞뒤 이야기의 일치 같은 구조 없이도 슬픔을 자극한다.

그리고 실제로 특별한 복선이나 앞뒤 이야기의 일치와 같은 구조 없이도 슬픔을 자극하는 이야기들은 흔하다. 영화 「아이 앰 샘」이나 한때 베스트셀러가 되었던 김정현의 소설 『아버지』가 그런 예이다. 「아이 앰 샘」에서는 아이에 대한 아버지의 부성애가 단순하게 부각되지만 슬프다. 『아버지』에서도 췌장암 선고를 받고 죽음을 눈앞에 둔 중년 남자가 가족들에게 보여 주는 눈물겨운 사랑을 통해 우리 시대 아버지의 자화상을 그리고 있어서 슬프다. 이 두 이야기에서 이야기 구성이 단순하게 표현된다는 것은 2중구조에 의한 반전이 거의 없다는 것이다. 그러나 뫼비우스 띠 구조가 포함됨으로써 이야기는 더 슬플 수 있다는 사실에 대해서 위의 사례가 하나의 증거가 될 수 있다.

이렇게 생각해 보자. 위의 이야기에서 동생이 담배 찾는 것을 보고 누나인 1인칭 화자가 야단치는 부분이 빠지는 것이다. 즉 그냥 가난하게 단 둘이 사는 누나와 동생이 있는데, 그 동생이 학교 불량 서클 학생들에게 괴롭힘을 당하다가 죽었다. 그러고는 동생의 편지를 발견한 것이다. 이런 이야기라면 슬플까? 필자는 슬플 수 있다고 생각한다. 왜냐하면 위의 이야기에서 슬픔의 많은 부분은 이 이야기의 배경이 되는 힘든 환경, 그 속에서

착하게 사는 두 사람, 그리고 누나에 대해서 남긴 동생 한이의 편지에서 오기 때문이다. 하지만 마침, 누나가 담배 찾는 동생을 심한 말로 꾸짖은 날 동생이 죽었고, 누나가 동생을 오해했음이 드러난다는 사실이 이 이야기를 '더욱' 슬프게 한다.

이와 같이 뫼비우스 띠 구조가 슬픔을 강화하는 예는 유명한 드라마 「가을동화」에서도 발견할 수 있다. 「가을동화」가 슬픈 이야기가 되는 까닭은 두 가지다. 하나는 준서(송승헌 분)와 은서(송혜교 분)의 이룰 수 없는 사랑 때문이고, 다른 하나는 은서가 병에 걸리면서 겪게 되는 슬픔이다. 극 중에서 준서와 은서가 서로 사랑하면서도 헤어지는 장면 중 눈물샘을 강하게 자극하는 장면 하나는 준서가 화실로 쓰던 초등학교 건물 현관에서 이루어진다. 신유미(한나나 분)가 자살을 기도하여 결국 은서와 약속했던 대로 함께 떠날 수 없게 된 준서는 은서와 마주 서서 슬픈 표정으로 미안해 한다. 그러자 은서는 굳은 표정을 억지로 펴고 준서의 어깨에 손을 얹으면서 「가을동화」의 유명한 대사를 말한다. "너의 죄를 사하노라."라고. 이 대사는 어린 시절에 둘이 싸웠다가 화해할 때 준서가 은서에게 하던 말이다. 만약 이 순간에 은서가 다른

드라마 「가을동화」는 뫼비우스 띠 구조가 슬픔을 강화하는 좋은 예다.

말을 하고 돌아섰더라면 그만큼 슬플 수 없을 거라는 점에서 많은 이들이 동감할 것이다. 즉 준서와 은서 사이의 긴장(한 단락의 긴장이지만)이 해소될 때 앞에서 생성된 숨은 이야기가 개입하기 때문에 슬픔이 더욱 커지는 것이다.

슬픈 작품의 구조와 관련해서 2중구조가 아니지만 2중구조와 혼동될 수 있는 '대비'에 대해서 언급할 필요가 있다. 슬픈 이야기나 영화와 같은 작품들에서 독자나 관객들에게 슬픔을 자극하는 필수적인 방식은 '대비'이다. 즉 행복하던 때와 불행하던 때를 감성적으로 비교하고 그 차이를 선명하게 하는 것이다. 이러한 대비가 슬픔을 자극하는 필수적인 방식이 되는 까닭은 슬픔이 '소중한 것의 상실'에서 유발되는 감정이기 때문이다. 이 '소중한 것의 상실'의 개념은 많은 슬픈 작품들을 오랫동안 살펴보고 슬픔의 출처를 추상화해 본 필자의 결론이다.

이에 반해서 작품을 통해서 생산되는 공포의 원천은 '예측할 수 없는 위험'이다. 즉 어떤 위험이 존재하는데 그것이 무엇인지, 어떤 식으로 현실화될 것인지 예측할 수 없는 경우에 사람들은 작품 속에 몰입한 상태에서 공포를 느끼게 되는 것이다. 물론 그 예측할 수 없는 위험이 갑작스럽게 현실화될 때의 공포감도 크지만 사실 그 공포감의 많은 부분은 놀라움이다. 그렇기 때문에 어떤 공포영화에는 잔혹한 장면들이 많이 나오고 영화를 관람하는 동안에 많이 놀라기도 하지만, 그 영화가 주는 감동 속에서 공포감은 적게 느끼기도 한다. 오히려, 예를 들어서 귀신을 소재로 한 경우를 말하자면, 귀신이 막상 나타났을 때보다도 귀신이 나타날 것 같은 분위기에서 공포감이 더 큰 것은 이 때문이다.

이와 달리 슬픔의 경우는 '소중한 것의 상실'이 주된 원천이므로 이것이 부각되지 않으면 뫼비우스 띠 구조와는 별도로 슬픔의 크기는 크게 줄어들 수 있다. 예를 들어서 많은 관객을 울렸던 영화「태극기 휘날리며」를 보자. 이 영화를 볼 때 필자의 오른쪽 앞의 한 여성 관객은 소리내어 흐느끼면서 연신 울어 대었던 것을 기억한다. 그런데 그 관객의 울음도 주로 전쟁의 폐허와 전쟁 전의 행복했던 과거가 대비되는 장면에서 소리가 컸었다.

거꾸로 이렇게도 한번 생각해 보자. 구두 가게를 꿈꾸는 진태와 열심히 공부하는 진석, 두 형제의 다정한 모습과 그 가족이 행복하게 물놀이를 즐기던 전쟁 전의 장면이 빠진다면 이 영화 전체가 그렇게 슬플 수가 있을까? 그렇지는 않다. 이 영화에는 비극적인 장면들이 많지만 단지 비극적인 장면 그 자체만으로는 별로 슬프지 않다. 예를 들어서 낙동강 전선에서 북진하면서 한 마을을 수색하다가 몰살당한 마을 주민들을 발견하거나, 혹은 같이 싸우던 전우가 죽는 장면이 있다. 그런 장면들은 슬플 수 있는 장면들이지만 모든 관객들이 그 장면들에서 슬퍼하지는 않는다. 왜냐하면 대비가 없거나 약하기 때문이다. 그리고 그 대비가 없음으로 해서 단지 비극적인 결과만이 있을 뿐, '상실'이 부각되지 않고, 또 그 상실된 것이 얼마나 소중한 것인지가 감성적으로 부각되지 않는다. 그럴 경우에는 작품 감상자의 슬픔이 생겨나지 않는 것이다.

소중한 것의 상실로 인한 슬픔, 그리고 예측할 수 없는 위험으로 인한 공포 등의 자극은 곧 심리학에서 언급하는 '정서적 각성'에 해당한다. 그런데 정서적 각성에는 크게 두 가지의 반대되는 효과가 있다고 볼 수 있다. 정서적 각성은 수행을 방해할 수도 있는 반면, 행동을 조직화하고 유출시키게 하는 에너지를 공급하는 데 중요한 역할을 할 수도 있다. 우리 생활의 많은 경우에 있어서 적절한 수준의 정서적 각성은 어떤 일을 수행하는 데 도움이 된다. 그러나 정서적 각성의 정도가 너무 높을 때에는 그와 반대의 현상을 가져올 수도 있으며, 이러한 현상은 흔히 볼 수 있다.[22]

그렇기 때문에 슬픔을 만들어 낼 수 있는 대비가 강하더라도 그것이 막상 눈물샘을 터뜨리는 데에는 뫼비우스 띠 구조에서 나타나는 반전이 필요한 경우가 많다. 공포에 있어서도 마찬가지다.

예측할 수 없는 위협이 인지되더라도 단지 그것만으로는 공포감이 약할 수 있다. 그럴 때 뫼비우스 띠 구조에 의한 반전이 이루어지면 축적된 공포감이 심리상태를 엄습할 수 있는 것이다. 왜 5년 전에 자기를 밀었냐고 묻는 아이의 물음이 <엄마, 나 예뻐?>라는 이야기의 공포감을 폭발시킬 때처럼 말이다.

---

22) 오세진 외 11명, 『인간행동과 심리학』, 학지사(1999), 327~328쪽.

제 4 장
재미에 관한 다른 이론들

1 왜 다른 이론들을 비판해야 하는가?

　이 장에서 필자는 웃음과 재미에 대한 여러 이론들을 살펴보고 비판하겠다. 그러한 비판을 통해서 필자는 당연하게도 필자 자신의 이론이 뛰어난 점을 강조하고 다른 이론들의 부족한 점들을 대조시킬 것이다. 이에 대해 어떤 사람들은 "그렇게 남의 이론을 비판할 필요가 있을까?" 하는 부정적인 시각으로 바라볼지도 모르겠다. 그래서 간단히 그 필요성과 의미에 대해서 짚고 넘어가도록 하겠다.

　먼저 이렇게 생각해 보자. 필자 자신의 이론만을 제시하고 남의 이론에 대해서는 덮어두고 넘어가면 왜 안 되는가? 이런 물음을 던진다면 그 사람은 '비판'을 무조건적인 '투쟁'과 '싸움' 같은 부정적인 것으로 받아들이기 때문일 것이다. 하지만 그렇게 받아들여서는 안 된다. 왜냐하면 모든 투쟁이나 경쟁이 나쁜 것은 아니기 때문이다. 축구 경기를 생각해 보자. 두 팀이 서로 골을 넣기 위해서 싸운다. 다만 규칙에 맞게 싸울 뿐이다. 이것을 나쁘다고 할 사람은 아무도 없을 것이다. 즉 축구 경기와 같은 권장할 만한 경쟁은 얼마든지 있는 것이다.

  비판도 경쟁의 한 방법인데, 특히 지적인 활동의 경쟁이 이론적 비판이다. 이러한 경쟁으로서의 비판은 그것이 소모적일 때 나쁜 것이며, 생산적일 때는 좋은 것이다. 축구 경기는 그 경기를 통한 다양한 즐거움과 친목, 혹은 건강과 스포츠 문화를 창출하기 때문에 생산적이라고 할 수 있다. 하지만 국회에서 정치꾼들이 벌이는 당리당략적인 비판은 소모적이기 때문에 나쁜 것이다. 그렇다면 필자가 하려는 다른 이론에 대한 비판은 생산적인 것인지 소모적인 것인지를 따져 볼 필요가 있다. 필자는 생산적이라고 대답하고자 한다. 왜냐하면 필자가 웃음과 재미에 대한 그럴듯한 이론을 하나 제시하였고, 이미 다른 사람들이 제시한 다른 이론들이 있다면 이 서로 다른 이론들 중에 어느 것이 더 올바른 이론인지 가려야 할 필요가 있기 때문이다.

  만약 당신이 거대 자본을 투자하여 재미있는 영화를 만들고 흥행시키고자 한다면 아마도 재미에 대한 이론을 참고할 필요가 있을 것이다. 이때 여러 다른 이론들이 있다면 어떻겠는가? 당신은 혼란스러울 것이고, 결국 어느 것을 참고해야 할지 서로 비교해서 그 중의 하나를 선택하거나, 아니면 그런 선택을 포기하고 막무가내로 영화를 만들어야 할 것이다. 그런데 이러한 여러 이론들을 서로 비판하고 더 나은 것을 찾아내는 작업은 바로 이론을 연구하는 모든 사람들이 떠맡아야 할 일들이다. 영화제작자가 재미의 이론들을 비교 검토하는 일들을 하고 있을 시간은 별로 없을 것이다.

즉 다른 이론들에 대한 비판을 통해서 서로 경쟁하는 이론들 중 어느 것이 더 옳은가에 대해서 따진다는 것은 연구자들이 짊어져야 하는 책임인 것이다.

확실히 이러한 이론적 비판은 모든 학문에서 발견할 수 있다. 학문의 발전은 서로 경쟁하는 이론들 간의 비판을 통해서 발전한다. 과거에 그랬었고 지금도 그러하다. 이 책에서 재미와 웃음에 대한 이론을 나름대로 제시하고자 하는 필자에게 이제 여러 이론들 사이에서 어느 이론이 더 옳을 수 있거나 훌륭한지에 대한 객관적인 판단 기준을 마련해 주는 것은 의무가 되는 것이다.

2. 재미에 대한 파국이론적 모형

필자는 예전의 한 책에서 웃음의 형식적 구조를 개략적으로 분석하였는데, 이 책에서 제시된 뫼비우스 띠 구조가 그 내용이다. 그런데 약 7년의 시간 동안 곰곰이 반성해 본 결과 그 분석 내용은 정확히 말해서 단순한 '웃음'에 대한 분석이 아니라 '재미있는 웃음'에 대한 분석이었다는 것을 깨달았다. 그리고 그 분석의 상당 부분은 웃음 자체에 대한 분석이라기보다는 재미에 대한 분석이라고 해야만 옳다.

필자와 같은 이러한 착오를 웃음에 대한 이론을 제시한 상당수의 사람들이 비슷하게 범하고 있다. 따라서 필자 나름대로 그들의 착오를 교정하여 어떤 이론은 웃음에 대한 이론으로 제시되었더라도, 더 적절하다고 생각되는 경우에는 그것을 재미에 대한 이론으로 이해하고 비판하도록 할 것이다. 파울로스(John A. Paulos)의 파국이론적 모형이 그 주된 대상이다. 먼저 그 이론을 살펴보도록 하자.

파울로스의 파국이론적 모형

재미있는 웃음의 수학적 구조에 대해서는 최소한 두 가지의 설명 방식이 존재한다. 하나는 파국이론[23]이라는 수학적 틀에 의거한 설명이고, 다른 하나는 필자가 제안한 뫼비우스 띠를 모형으로 하는 설명이다. 파국이론적 설명을 먼저 검토하면서 소개하고, 그 후에 이의 문제점을 비판하면서 필자의 이론의 장점을 강조하겠다.

수학자인 파울로스가 제시한 파국이론적 설명은 다음과 같은 그림에 의해서 설명된다.

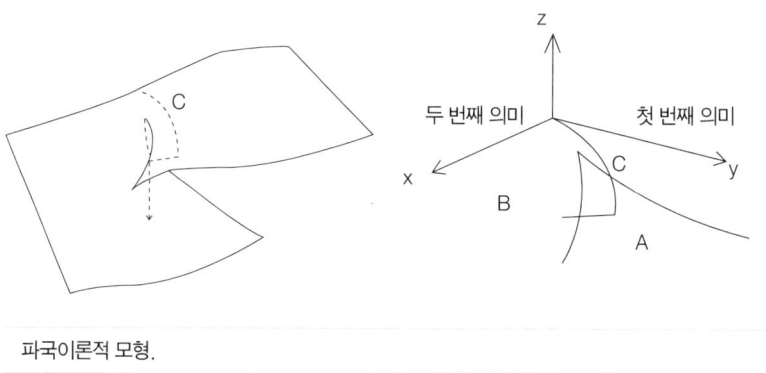

파국이론적 모형.

위 그림에서 위에 있는, 굽혀져서 굴곡을 이루고 있는 면은 2중적인 측면이 있는 의미구조를 모형화한다. 즉 보기에 따라서 2중적인 측면이 있는 의미의 영역을 곡면으로 나타낸 것이다. 이 곡면의 아래에 있는 x, y, z축 좌표는 이러한 곡면에서의 의미의 이동, 혹은 관심의 이동을 표현한다. y

---

23) '카타스트로프 이론'이라고도 한다.

축은 첫 번째 의미를 나타내고 x축은 두 번째 의미의 방향을 나타낸다. x축과 y축의 사이의 공간은 A영역과 B영역으로 나뉘어 있다. A영역은 첫 번째 의미와 두 번째 의미가 서로 겹치는 부분이다. 반면에 B영역은 첫 번째 의미와 두 번째 의미가 각각 어느 것인지 분명한 영역들이다. 두 개의 의미가 겹친 A영역은 위의 곡면에서, 그 곡면이 접혀서 겹치는 부분과 일치한다. 이제 여기에서 A영역과 B영역을 나누는 선을 넘어서 하나의 선 C가 걸쳐져 있다. 이 선 C는 위의 곡면에 있는 점선 C와 같은 선이다. 즉 x, y, z 좌표 평면에서 선 C를 따라서 이동한다는 것은 곧 위의 곡면에서 점선 C를 따라서 이동한다는 것을 의미한다. 그리고 위의 곡면에서 점선 C를 따라서 이동하다 보면 두 면이 접혀서 겹쳐진 부분의 가장자리에서 순간적으로 떨어진다. 즉 윗면에서 아랫면으로 떨어지는 것이다. 이것은 곧 첫 번째 의미에서 두 번째 의미로 순간적으로 옮겨 가는 것을 나타낸다. 그리고 이때 웃음이 발생한다는 것을 이 모형이 형상화한다.

예를 통해서 설명하는 것이 좋을 것이다. 파울로스가 드는 예를 가지고 생각해 보면 좋겠지만 파울로스의 예들은 모두 영어의 특성을 활용한 예들뿐이다. 예를 들면 다음과 같다.

질문 : Do you consider clubs appropriate for small children?

(클럽['모임'과 '몽둥이'의 2중적 의미]이 어린아이에게 적절하다고 생각합니까?)

답변 : Only when kindness fails.

(순종하지 않을 때에는 그렇소.)

이 예를 한국 사람이 이해하기 위해서는 영어와 한국어 간의 언어 장벽을 통과해야 한다. 그런데 이와 비슷하게, 동음이의어를 통해서 우스갯소리를 구사하는 예는 한국어에도 얼마든지 있다. 다음은 필자가 선택한 예이다. 이것이 독자들에게 더 편할 것이다.

죽을 준비해?

만득이가 집에 혼자 있었습니다. 때는 밤, 게다가 정전까지 되어 만득이는 방에서 촛불을 켜고 왠지 모를 공포에 떨고 있었습니다. 귀신은 그걸 보고는 만득이를 겁주기로 결심했습니다.
귀신이 만득이에게 공포스러운 목소리로 말했죠.
"죽을 준비해……."
그러자 만득이가 하는 말,
……
"밥밖에 없어."

"죽을 준비해"라는 문장에는 두 가지 의미 영역이 있다. 하나는 죽음을 준비하라는 의미이고, 다른 하나는 음식인 죽을 준비하라는 의미이다. 이러한 두 가지 의미가 있는 부분에서 유머가 시작된다는 것이 파울로스의 가정이다. 그래서 파국이론이 적용되는 위의 곡면, 즉 접힌 곡면이 들어오는 것이다. 만약 이러한 2중적인 의미가 없는 것에 대해서 말한다면 접힌 곡면이 들어올 수 없을 것이다.

이제 일단 "죽을 준비해"라는 말이 들어왔고, 그래서 접힌 곡면이 들어왔다. 그리고 여기에서 이야기가 전개된다. 그 전개는 곧 C선을 따라서 움직이는 것이다. 즉 A영역 위로 이야기가 전개된다. 그리고 그 출발점은 y쪽이다. 즉 귀신이 만득이에게 겁을 주는 상황이고, 곧 "죽을 준비해"라는 말의 의미를 첫 번째 의미, 즉 죽음을 준비하라는 의미로 받아들이도록 몰아붙인 상황인 것이다. 그러다가 만득이가 "밥밖에 없어"라고 대답함으로써 이야기는 첫 번째 의미에서 두 번째 의미로 갑자기 이동한다. 이것이 파국이고 C선의 마지막 수직 하강 지점이다.

한편 이 파국이론의 모형으로 파울로스는 농담이 실패하는 까닭도 설명한다. 그것은 다음의 그림으로 설명된다. 이 그림에서 보듯이 이야기는 종국적으로 두 번째 의미 쪽으로 가는데, 충분히 첫 번째 의미의 영역에서 시작하지 않는다. 그래서 이야기의 진행선인 C는 처음부터 끝까지 두 번째 의미 영역에서만 움직인다. 최종적으로 한 의미에서 다른 의미로 갑작

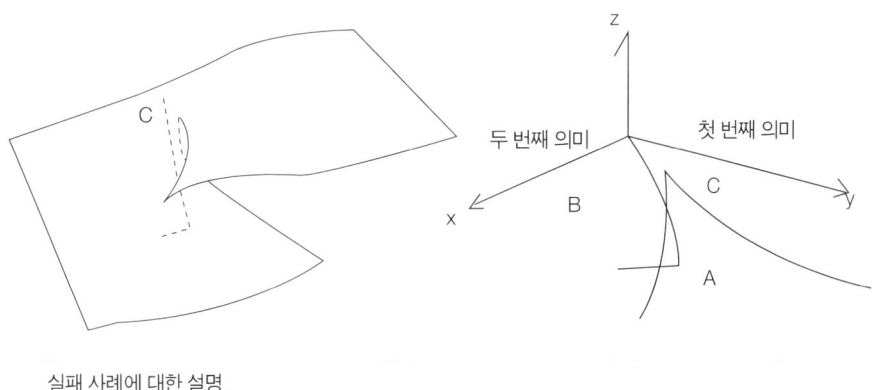

실패 사례에 대한 설명.

스럽게 떨어지는 파국현상이 일어나지 않는 것이다. 이것은 앞에서 <날나리들의 특징>의 실패 사례로 변형한 이야기를 보면 잘 이해가 될 것이다. 이 예를 다시 보자.

날나리들의 특징1
어떤 날나리든 간에 항상 이런 소문이 있다.
"쟤, 예전에는 정말 착했어."-_-/

날나리들의 특징2
아무리 나쁜 사람도 처음에는 다 착한 사람이었다.
그렇기 때문에 어떤 날나리든 간에 항상 이런 소문이 있다.
"쟤, 예전에는 정말 착했어."-_-/

첫 번째 이야기는 성공적이고 두 번째 이야기는 실패다. 두 번째 이야기가 실패한 까닭은 처음부터 "아무리 나쁜 사람도 처음에는 다 착한 사람이었다"라는 이야기를 함으로써 결론을 암시하기 때문이다. 그래서 단순히 '날나리'라는 말로 첫 번째 의미의 영역으로 이야기의 분위기를 끌어들이지 못한다. 결국 파국이 일어나지 않는 것이다.
이러한 모형에 대해서 파울로스 자신은 이렇게 정리하고 있다.

"그러므로 접힌 곡면(커스프 카타스트로프)은 인지적 부조화 이론과 유머에 대한 다양한 생리학적 이론을 웃음의 표출 이론과 결합하는데, 이 모든 것을 극도로 단순화된 하나의 모델로 만든 것이다. 부조화나 한 쌍의 가능한 해석들은 물론 필수적이다. 그러나 이러한 부조화는 결국에는 그 결론이(성적인 욕망, '갑작스런 큰 기쁨', 장난스러움 등으로부터 그것이 무엇이든 간에) 감정적인 에너지를 방출해 버리는 것이어야 한다. 게다가 이 모델은 적어도 유머의 혼란 이론과 모순되지 않는데 그 이유는 (숨겨진) 두 번째 의미(x좌표)가 종종 절대적으로 상황에 따라 달라지기 때문이다."[24]

파국이론적 모형의 문제점

필자는 파울로스의 이 파국이론 모형이 그나마 기존에 제시된 웃음에 대한 이론들 중에서 가장 낫다고 생각한다. 그럼에도 불구하고 이 이론에는 적어도 분명한 두 가지 문제점이 있다. 하나는 파울로스 자신이 이 이론을 웃음에 대한 이론으로 제시했기 때문에 갖는 단점이고, 다른 하나는 이 이론이 재미에 대한 이론으로서 간주되더라도 갖는 문제점이다.

첫 번째 문제점은 이 이론에서 웃음이 갖추어야 하는 중요한 하나의 요소인 감정방향이 빠져 있다는 것이다. 두 번째 문제점은 재미있는 작품의 이야기 구조에서는 공유경험이 이야기 자체에 의해서 스스로 만들어질 수도 있는데 파울로스의 이론은 이 점을 설명하지 못한다는 것이다.

먼저 첫 번째 문제점부터 살펴보자. 파울로스의 파국이론 모형이 한 의미에서 다른 의미로 옮겨 갔을 때 무조건 웃음이 발생한다고 설명하는 것

---

24) 존 앨런 파울로스, 박영훈 역, 『수학 그리고 유머』, 경문사(2003), 141쪽.

이라면 다음의 이야기를 이해할 수 없게 된다.

50년 동안의 수수께끼

할아버지와 한창 궁금증이 많은, 초등학교 3학년의 귀여운 꼬마가 있었다. 꼬마가 보채는 통에 할아버지는 무슨 얘기를 해 줄까 생각하다가 얘기를 시작했다.

"어떤 남자가 한 여자를 세상의 그 무엇과도 바꿀 수 없을 만큼 사랑했단다. 그 남자는 결국 여자에게 청혼을 했고, 그 여자는 이런 쪽지를 남자에게 주었지. '두 마리의 말과 다섯 마리의 소를 가지고 오면 결혼해 주겠어요.' 그 남자는 곰곰이 생각했지만 무슨 뜻인지 알 수가 없었고, 그것을 모르는 이상 그 여자를 행복하게 해 줄 수 없다고 생각했지. 결국 그 남자는 50년이 흘러 할아버지가 됐고, 그때까지도 그 여자만을 사랑했단다."

맑은 눈으로 할아버지의 이야기에 귀 기울이고 있던 꼬마 녀석이,

"피~ 할아버지! 두 마리의 말이랑 다섯 마리의 소면 '두말 말고 오소~' 아니에요!"

아이의 간단한 대답에 할아버지는 흐르는 눈물을 훔치셨다.

여기에서도 2중적인 의미의 영역이 있다. 말 두 마리와 소 다섯 마리를 끌고 오라는 말이 그것이다. 그리고 어린아이의 "두말 말고 오소"라는 해석으로 한 의미에서 다른 의미로 옮겨 갔다. 하지만 웃음이 나기보다는 안타까움이 인다. 다소 강한 안타까움이고, 그래서 그것은 슬픔으로 발전할

수도 있다. 또 다른 예는 다음과 같다.

아이들에게 배운 지혜

햇빛이 쨍쨍한 맑은 오후에 공원에 갔다. 그런 날 공원을 혼자 거닐어 보니 주위 모든 것들이 다 행복해 보였다. 그러다 여럿이 모여 있는 사람들이 눈에 들어왔다.

유치원생 정도 되어 보이는 아이들과 엄마들이 함께 모여 재미난 시간을 보내고 있었다. 아이들의 손에는 각각 풍선이 하나씩 들려 있었다. 그 중 한 아이가 풍선을 놓쳐서 풍선이 하늘로 올라갔다. 아이는 크게 소리내어 울었다. 엄마는 다시 사 주겠다며 아이를 달랬다.

그때 다른 아이들이 서로서로 쳐다보더니 모두 손을 놓았다. 모든 풍선이 하늘로 올라갔고, 그제서야 울던 아이도 울음을 그치고 웃으며 다시 활기차게 놀았다. 이 아이들은 고통을 함께 나누는 법을 일찌감치 깨닫고 있었던 것이다.

이 이야기도 파국이론의 모든 요소들을 만족시킨다는 점을 우선 살펴보자. 두 의미의 중첩된 영역이 있다. <아이들에게 배운 지혜>에서 풍선을 아이에게 사 주는 것과 다른 아이들이 모두 풍선을 놓는 것이라는 두 가지 의미의 층이 아이의 울음에 관련된다. 그리고 아이에게 풍선을 사 줘야 하는 한 의미의 층에서 모두가 풍선을 놓아 버리는 다른 의미의 층으로 이동한다. 하지만 우리는 웃음을 터뜨리지는 않는다. 뒤집어 말하자면 파국이론 모형만으로 웃음을 충분히 설명할 수 있는 것이 아니다. 따라서 웃음에 대해서 정확하게 설명하는 것이 아니다.

처음부터 필자는 이러한 파국이론 모형을 재미의 이론으로서 고려하는 것이 더 적당하다는 점을 언급했다. 이렇게 본다면 첫 번째 문제점, 감정방향 요소를 빠뜨리고 있다는 점은 무마될 수 있을지 모른다. 하지만 그래도 문제는 남는다. 파울로스의 모형이 재미에 대한 이론이라면 우스운 재미와 슬픈 재미 등을 어떻게 구분할 수 있는가? 파울로스의 이론에서는 설명하기 어려울 것 같다. 하지만 필자의 이론에서는 분명하게 설명할 수 있다.

두 번째 문제점으로 넘어가 보자. 파울로스의 이론을 재미에 대한 이론으로 간주한다면 그것은 만족스러운가 하는 것이다. 이 점에서도 문제가 있다는 것이 필자의 판단이다. 그 문제점은 이 이론에서 의미구조와 이야기의 진행이 굉장히 이질적인 것으로 분리되어 모형화된다는 것이다. 이야기의 진행은 선 C의 진행이다. 이에 반해서 2중적인 의미의 영역, 즉 이야기의 소재나 조건은 접힌 곡면으로 주어진다. 그래서 이야기의 진행은 주어진 의미 영역에 대해서 수동적이다. 중첩될 수 있는 2중적인 의미 영역은 고정된 환경으로 주어지고 이야기의 진행은 그 안에서 적응해야 한다. 그래서 이 모형이 형상화하는 우스갯소리는, 매우 소극적인 선택만이 주어지는 말하는 이가 웃음을 이끌어 내는 상황이다. 나중에 이러한 모형이 갖는 이점을 별도로 살펴보겠지만, 그럼에도 불구하고 이러한 모형이 갖는 한계가 있다. 즉 많은 웃음은 중첩된 의미 영역(즉 필자에게 있어서는 '공유경험')을 스스로 만들어 내면서 유발되기 때문이다. 예를 들면 다음의 경우에 파국이론의 모형으로는 완벽히 설명할 수 없다.

특종

어느 날 오후, 만득이가 목욕탕에 가는데, 멀리서 누군가 외치는 소리가 들렸다.

"특종이요! 특종!"

신문팔이 소년이 외치는 소리였다.

"특종이요 특종! 순식간에 60명이 사기를 당했어요!"

이 소리를 들은 만득이, 300원을 꺼내 신문을 한 부 샀다.

그러나 아무리 보아도 특종은 보이지 않았다.

"이게 뭐야? 뭐가 특종이란 말이야?"

그러자 신문팔이 소년이 이렇게 외치며 달아나는 것이었다.

"특종이요, 특종! 순식간에 61명이 사기를 당했대요!"

여기서 맨 마지막에 주어지는 웃음의 상황은 특종이라는 말 자체의 2중적인 측면이 활용된 것이 아니다. 오히려 이야기 전체가 2중적인 측면을 만들어 내면서 웃음을 유발하고 있다. 물론 이 이야기가 진부해서 별로 우습지 않을 수도 있지만 말이다. 하지만 다음 이야기를 보자.

음란전화

한 신혼부부의 집에 남자 목소리의 음란한 전화가 걸려 왔다.

"저랑 폰섹스나 하실까요?"

그러자 새색시가 말했다.

"당신 누구에요! 왜 이딴 전화 거는 거예요."

거부반응을 보였지만 그 남자는 막무가내였다.

"지금 내가 한쪽 손에 쥐고 있는 게 뭔지 아십니까? <u>호호호</u>."

그러자 새색시가 외쳤다.

"한손에 잡히는 건 필요 없어요!"

이 이야기는 우스운가? 우습다고 가정하자. 그렇다면 이 이야기가 종결되기 전, 즉 새색시의 마지막 말과 관련해서 2중적인 의미구조가 이야기 속에 있는가? 필자는 그렇지 않다고 본다. 오히려 마지막 반전을 포함하더라도 하나의 의미에서 다른 의미로 급작스럽게 옮겨 갔다고 말하기에는 이야기의 구조가 적절하지 못하다. 맨 마지막 반전에 의해서 2중적 의미구조가 생산되었다고 봐야 한다. 그렇다면 이야기를 접힌 곡면의 조건에서 진행되는 소극적 주체로 보는 파국이론적 모형은 설명력이 약한 것이 된다.

이에 비해 앞서 필자가 제시한 네 개의 개념들로 우리는 <음란전화>와 <특종>의 경우를 모두 이해할 수 있다. 그리고 이러한 개념들에 근거한 필자의 웃음의 모형은, 이와 같이 2중적인 의미구조를 스스로 생산해 내는 경우에도 잘 적용된다고 본다. 예를 들어서 앞에서 살펴본 <할머니의 3행시>를 생각해 보자. 이 이야기가 재미있는 까닭은 뒷부분의 '원숭이'로 3

행시를 짓는 할머니의 실수 때문이다. 그리고 이 실수는 앞에서 주어지는 '원두막'의 3행시 때문에 재미있게 된다. 그런데 이 이야기에서 마지막 웃음이 발생하는 대목의 조건은 파울로스가 말한 것처럼, 이야기의 진행을 의미하는 점선 C와는 별도의 접힌 곡면의 형태로 원래 주어지는가? 그렇지 않다. 이야기 자체의 전반부에 의해서 주어진다. 즉 원두막으로 3행시를 짓는 이야기 자체의 일부분에 의해서 뒤쪽에서의 웃음이 생겨나는 것이다. 즉 억지로 파울로스의 모형에 따라 말하자면 이야기의 진행 과정인 점선 C에 의해서 접힌 곡면이 생산되는 것이다. 그렇다면 이것을 파국이론적 모형으로 어떻게 설명할 수 있는가? 설명할 수 없다고 본다.

파국이론 모형과 뫼비우스 띠 모형의 비교

한편 이 사례는 필자의 뫼비우스 띠 모형으로는 훨씬 더 적절하게 설명할 수 있다. 즉 다음과 같이 중첩된 모형으로 설명할 수 있는 것이다.

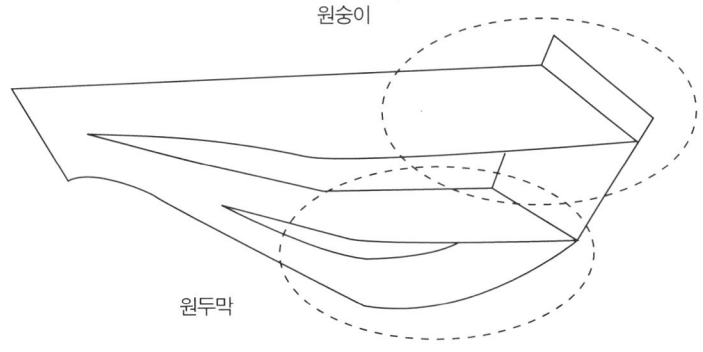

중첩된 뫼비우스 띠 모형.

이 점을 지적하는 까닭은 파국이론의 모형에서는 의미의 2중구조가 하나의 환경이 되고, 그 속에서 이야기의 진행은 그 환경과 별도로 분리된 소극적인 행위자가 된다는 점을 의식하고 있기 때문이다. 필자의 모형, 즉 뫼비우스 띠 모형에서는 숨은 이야기와 드러난 이야기가 하나의 구조로 통합되어 있다. 그래서 어느 것이 주체이고 어느 것이 종속인지, 그 자체의 구조만으로는 잘 분리되지 않는다. 그리고 뫼비우스 띠 모형은 의미의 2중구조가 주어진 안에서 웃음을 창출하는 것이 아니라, 반대로 웃음을 창출하기 위해서 의미의 2중구조를 생산할 수 있다는 관점에서 이야기를 전개해 나갈 수 있다.

이제 파국이론의 웃음 모형이 갖는 마지막 장점을 언급하도록 하자. 방금 설명한 파국이론의 소극성은, 개그맨이 대중 앞에서 웃음을 자아낼 때와 같은 상황에서는 매우 적절한 모형이 될 것이다. 개그맨이 대중 앞에서 토크 쇼를 할 때에는 여러 가지 소재나 주제들이 선택의 여지 없이 주어질 것이고, 개그맨은 그 속에서 웃음을 만들기 위해서 2중적 의미구조를 찾아내어야 할 것이다. 그리고 적절하게 주어진 의미구조 속에서 이야기를 이끌어서 웃음을 만들어야 할 것이다. 이것은 파국이론의 모형이 그려내는 바와 매우 잘 일치한다. 물론 필자의 뫼비우스 띠 모형도 이러한 사례를 설명할 수 없는 것은 아니다. 다만 필자의 모형에 따라서 판단할 경우에는 주어진 상황에서 우연히 던져지는 많은 요소들을 개그맨 자신의 행위나 입장과 떼어 놓고 생각하는 것이 아니라 그것들을 서로 통합하여 생각해야 하는 차이점이 있다. 이것은 좀더 복합적인 사고를 요구하기 때문에 더 어려울 수 있다. 이에 비해서 파울로스의 모형에 따라서 생각해 보자면 2중적인 측면을 가진 것만을 찾으면 되고, 그 속에서 어떻게 움직일 것인가를 나중에 생각하면 되므로 좀더 단순한 사고가 요구될 뿐이다.

하지만 이러한 파울로스 이론의 장점은 또 다른 측면에서 단점도 될 수도 있다. 만약 파울로스 이론의 입장에서는 의미가 중첩된 것이 주어지지 않거나 발견되지 않는다면 재미를 만들 수 없다. 하지만 필자의 모형에 따라서 생각한다면 스스로 2중구조를 만들어 낼 수 있다. 즉 파울로스는 상대적으로 재미나 웃음의 생산자(즉 작가)를 소극적인 반응자로 상정하고 있고, 필자의 뫼비우스 띠 모형은 작가를 훨씬 더 적극적인 창조자로 상정하고 있다고 볼 수 있다. 결국 뫼비우스 띠 모형이 더 풍부한 능력을 가질 것이다.

끝으로 파울로스의 이론은 필자의 긴장이론과 공유경험에 대한 언급이 명확하지 않다. 하지만 이 각각의 요소가 없으면 웃음이나 재미에서 실패한다는 것을 필자는 개념적 변형 분석이나 실패 사례 분석 등을 통해서 충분히 증명하였다고 생각한다. 그렇다면 조금 전에 우리는 파국이론적 모형이 웃음이나 재미의 실패를 설명하는 것을 보았는데, 필자의 뫼비우스 띠 모형도 그러한 설명을 할 수 있는가? 각자가 한번 생각해 보자(답은 각주에).[25]

---

25) 답은 이렇다. 파국이론적 모형이 설명하는 것에 해당하는 실패 요인을 필자는 숨은 이야기가 충분히 숨겨지지 않은 경우로 설명하였다. 하지만 필자의 경우에는 웃음이나 재미가 실패하는 이유가 이 한 가지 이유뿐이 아님을 상세히 설명하였다. 역시 실패 사례 분석이나 개념적 변형 분석 부분에서 필자가 설명한 내용을 상기해 보자.

3 부실한 코언의 이론

수학자인 파울로스 외에도 코언(Tedd Coan)이라는 철학자가 우스갯소리에 대한 이론을 제시했다.[26] 이제 그 내용을 개괄하고 비판적으로 고찰해 보자. 코언은 먼저 순수한 우스개와 조건부 우스개를 다음과 같이 구분한다.

조건부 우스개 : 특정 수용자들에게만 효과가 있는 우스개를 말한다. 전형적인 조건부 우스개는 특정 수용자 이외의 사람들에게는 별다른 감흥을 주지 못한다.

순수한 우스개 : 수용자에 대한 전제를 갖지 않기 때문에, 모든 사람들이 즐길 수 있는 좀더 '보편적인' 우스개라고 할 수 있다.[27]

---

26) 테드 코언 지음, 강현석 옮김, 『농담 따먹기에 대한 철학적 고찰』, 이소출판사(2001).
27) 테드 코언 지음, 위의 책, 37~38쪽.

조건부 우스개의 예는 다음과 같은 것들을 들 수 있다.

페미니스트의 전구 갈아 끼우기
물음 : 전구 하나를 갈아 끼우는 데 페미니스트 몇 사람이 필요할까?
답 : 여섯 사람. 한 사람은 전구를 갈아 끼우고, 세 사람은 소켓의 입장에서 전구의 행동을 성토하며, 한 사람은 내심 자기가 저 소켓이었으면 하고, 마지막 한 사람은 자기가 전구였으면 하고 생각한다.[28]

여기서 이 이야기를 듣고 웃으려면, 페미니스트들에 대해서 좀 알아야 한다. 페미니스트가 여성 인권 운동가, 혹은 양성 평등론자라는 사실, 그리고 그런 사람들에 대해서 속설적으로 평가하는 여러 가지 이야기들, 즉 페미니스트들 중 상당수는 스스로 남성이 되고 싶어한다는 평을 듣기도 하고 어떤 페미니스트들은 그런 남성들에게 선택받는 여성이 되고 싶어하기도 한다는 속설을 알고 있어야 하는 것이다. 그래서 위 이야기는 코언의 말대로, '특정 수용자들에게만 효과가 있는' 우스갯소리가 된다. 즉 페미니스트에 대해서 잘 아는 사람들만이 즐길 수 있는 우스갯소리, 그래서 페미니스트에 대해서 잘 안다는 것이 그 우스갯소리를 즐기기 위한 조건이 되는 우스갯소리가 조건부 우스갯소리인 것이다. 필자가 앞에서 제시한 개념을 가지고 논의하자면, 모든 우스갯소리는, 특히 그것이 짧은 것일수록, 공유경험을 기반으로 하는데 이 경험이 공유되어야 한다는 것이 조건부

---
28) 테드 코언, 위의 책, 24쪽.

우스갯소리의 조건이 된다고 할 수 있다.

한편 순수한 우스개란 그러한 제한점이 없는 우스갯소리를 말한다. 그런데 공유경험은 우스갯소리가 우습기 위한 경험적 토대이다. 그러므로 그러한 조건이 요구되지 않는 우스갯소리는 있을 수가 없다. 코언도 "순수한 우스개라고 부를 만한 우스개는 없는 듯하다. '순수한 우스개'는 일종의 이상형으로, 실제로 존재하지는 않는다."라고 말한다.[29] 이러한 순수한 우스개가 일종의 이상형이라고 하더라도 우리는 이것이 전혀 무의미한 것은 아니라고 생각할 수 있다. 즉 우스갯소리가 필요로 하는 공유경험이 매우 보편적인 것이어서 특별히 어떤 사람들만이 그것을 공유하는 것이 아니라 모든 사람이 공유하는 경험인 경우, 그것은 이상형에 가까운 순수한 우스개가 될 수 있을 것이다. 다음의 예는 그와 같이 순수한 우스개에 가까운 것으로 볼 수 있다.

한 번 더

어떤 연주가가 이스라엘에서 독주회를 열었다. 마지막 곡을 마쳤을 때 청중들은 우레와 같은 박수와 함께 "한 번 더!"를 연발했다. 그러자 그는 앞으로 걸어 나가 인사를 한 다음 이렇게 말했다.

"이렇듯 뜨거운 성원을 보내 주시니 몸둘 바를 모르겠습니다. 보답하는 뜻에서 기꺼이 마지막 곡을 다시 한 번 들려 드리겠습니다."

그리고 또 한 번의 연주를 마쳤음에도 객석의 반응은 수그러들 줄 몰랐

---

29) 테드 코언, 위의 책, 24쪽.

고, "한 번 더!"라는 고함 소리도 그치지 않았다.

연주가는 다시 앞으로 걸어 나가 웃으며 말했다.

"감사합니다. 지금껏 많은 나라로 연주 여행을 다녔지만 이처럼 감격스런 경험은 처음입니다. 한 번 더 연주를 해 드려야 마땅하지만 시간이 없군요. 오늘 밤 텔아비브로 떠나야 한다는 게 너무나 아쉽습니다. 다음을 기약하며, 여러분 안녕히……."

연주가가 돌아서려는 순간, 객석 뒤편에서 들려온 고함 소리가 뒤통수를 때렸다.

"가긴 어딜 가! 제대로 연주할 때까지 계속하란 말야."[30]

한편 다음의 이야기는 <페미니스트의 전구 갈아 끼우기>와 <한 번 더>의 중간 정도로 공유경험(코언의 '조건')을 강하게 요구하는 예라고 볼 수 있을 것이다.

가상 전쟁 토론

아랍과 이스라엘 간의 6일 전쟁이 끝난 지 얼마 되지 않은 어느 날, 소련 육군 사관학교의 한 강의실에서 열띤 토론이 벌어졌다. '중국과의 가상 전쟁에서 어떻게 하면 이길 수 있느냐'가 토론 주제였는데, 황당한 표정으로 앉아 있던 몇몇 생도들 가운데 한 명이 손을 들었다.

"중국과 전쟁을 한다는 게 말이나 됩니까? 우리 조국이 전선에 투입할 수

---

30) 테드 코언, 위의 책, 57~58쪽.

있는 병력이라곤 1억 5,000만 명, 많아 봐야 2억 명입니다. 그런데 적은 10억 가까운 군대를 만들 수 있지요. 한마디로 가망 없는 전쟁입니다."

"꼭 그런 것만은 아니지."

유능한 지휘관으로 이름을 날리던 교관이 말했다.

"적은 군대가 전쟁에서 이긴 사례는 너무나 많아. 얼마 전 끝난 중동 전쟁을 생각해 보라고. 200~300만의 병력이 전부였던 이스라엘이 1억의 대군을 자랑하던 아랍을 이기지 않았나 말이야."

"물론 그렇지요."

조금 전의 생도가 대꾸했다.

"하지만 우리 조국이 200~300만 명이나 되는 유태인을 어디서 끌어 모은다죠?[31]

이러한 구분은 필자의 개념인, 공유경험론과 같은 측면을 지적한다는 사실을 무시하더라도, 어느 정도 설득력 있는 구분이라고 할 수 있겠다. 그런데 코언은 이러한 우스개의 말하지 않아도 공유되는 부분, 즉 그의 조건(필자의 개념으로는 '공유경험')의 측면을 집중적으로 분석한다.

그래서 조건적인 우스개들 중에서 듣는 이의 기분과 기호, 선입견 등에 의존하는 조건적인 우스개를 '정서적인 우스개'라고 부르고, 또한 조건부 우스개 중에서 그 우스개의 배경 조건이 지식이나 신념일 때, 그러한 우스개를 '닫힌 우스개'라고 부르면서 구분한다.[32] 그러고는 결국 이 측면에만

---

31) 테드 코언, 위의 책, 56쪽.

집중하고 그것만으로 우스갯소리를 분석한다. 결과적으로 코언은 우스갯소리가 갖는 사회적 기능의 측면, 즉 '친교'에 논의의 초점을 맞추는 것이다. 즉 "두 사람이 함께 우스개 속에 들어와 있다는 의식이 배경에 깔려 있을 때, 우스개는 시작되는 것이다. 이것이 바로 우스개의 기반이 되는 '친교'이다."[33]

친교는 "공동체에 속한 사람들이 함께 나누는 어떤 느낌"인데, 아마도 코언의 이론 전체에서 가장 중요한 개념일 것이다. 우스개에 초점을 맞출 경우 공동체의 친교는 두 가지 요소를 가진다. 첫 번째 요소는 신념, 성향, 선입견, 기호 등으로 이루어진 공통 분모이고, 두 번째 요소는 어떤 일에 대한 공통된 반응이라는 의미의 공통의 느낌이다. 코언에 따르면 우스개의 효과는 첫 번째 요소를 통해서 두 번째 요소를 확대시킨다는 데에 있다. 그의 설명을 좀더 직접 들어 보자.

"우리가 우스개를 만들기 위해서는 화제가 있어야 하는데, 그러다 보면 때로 은밀하거나 난해한 화제로 우스개를 만들어야 할 때도 있다. 일단 화제가 정해지면 남은 과제는 그 화제에 어울리는 이야기를 찾는 것이다. 또 어떤 종류의 우스개들은 배경, 즉 수용자들이 당연히 알고 있을 거라 가정할 수 있는 상황이나 화제를 필요로 한다. 경우에 따라서는 우스개의 효과를 높이기 위해, 수용자 스스로 특정한 정보를 제공하지 않으면 우스

---

32) 테드 코언, 위의 책, 38, 54쪽.
33) 테드 코언, 위의 책, 68쪽.

개를 이해할 수 없도록 만드는 것도 도움이 된다. 이렇게 함으로써 그들을 끌어들여 전체 작업의 일부로 참여시키는 것이다."[34]

그리고 코언은 맨 마지막에서는 웃음에 대한 일반 이론을 포기한다. 즉 코언이 보기에 "우스개에 대한 일반 이론은 있을 수도 없고, 설사 있다 해도 그것은 잘못된 것이다. 그러한 단색의 이론들은 언제나 한두 가지 종류의 우스개에만 집착하여 다른 종류의 것들은 무시해 버리기 일쑤다."[35]

그런데 필자가 여기에서 제시한 웃음에 대한 이론은 바로 코언이 불가능하다고 지적한 그런 일반 이론에 해당한다. 필자의 이론이 성공적일지 어떨지는 모른다고 하더라도 적어도 필자는 그러한 일반 이론을 목적으로 하는 개념을 제시하는 것이다. 그리고 필자의 이론은 적어도 코언이 제시하는 예들을 모두 분석할 수 있다는 점에서 분명하고, 동시에 그런 분석 속에서 왜 특정 민족이 소재가 되는지를 또렷이 설명할 수 있다는 점에서 명확하다. 그뿐만 아니라 웃음에 대해서 언급한 많은 학자들이 파악한 내용들이 필자의 이론 속에 조직적으로 통합되어 있음을 여러분들은 이 책에서 확인할 수 있다.

그럼에도 불구하고 필자의 이론, 즉 네 가지 요소로 구성되는 웃음의 일반 이론은 코언이 지적하는 단색의 이론일 수도 있을 것이다. 즉 코언이 말하는 단색의 이론이란, 한두 가지 종류의 우스개에만 집착하여 다른 종

---

34) 테드 코언, 위의 책, 100쪽.
35) 테드 코언, 위의 책, 104쪽.

류의 것들은 무시해 버리기 일쑤인 그런 이론이다. 코언이 말하는 '단색의 이론'이란 또한 다음과 같이 설명된다.

"예를 들어 많은 사람들은 우스개의 주종을 이루는 것은 어디까지나 스스로 우월하다고 생각하는 사람들이 열등한 사람들을 대상으로 만들거나, 권력을 가진 자들이 권력을 갖지 못한 사람들을 대상으로 만든 우스개라고 생각한다. 그리고 그러한 우스개가 많이 존재하는 것 또한 사실이다. 그러나 그 정반대 주장 또한 성립될 수 있다."[36]

코언은 또한 우스개들에게서 정상이 아닌 합리성, 도를 넘어선 논리적 경직성이라는 의미에서의 '광적인 논리'를 발견하고 이를 징검다리로 삼아 부조리의 개념으로 나아간다. 즉 "우스개에 담긴 논리가 도를 넘게 되면 그 우스개는 일종의 부조리를 낳게" 되는 것이다.[37] 하지만 이것은 우스갯소리가 갖는 일반 구조인 2중구조의 한 축을 이루는 것에 대한 단편적인 파악에 불과하다. 그리고 이러한 맥락에서 코언은 유태인 우스개나 폴란드인 우스개, 영국인 우스개 등에 대해서도 분석한다.[38] 하지만 이러한 분석은 그 자체 가치가 없는 것은 아니겠지만, 우스개(웃음) 자체에 대한 분석에 제대로 논점을 맞추지 못하고 지엽 말단적인 것에 논의를 지나치

---

36) 테드 코언, 위의 책, 104쪽.
37) 테드 코언, 위의 책, 118쪽.
38) 테드 코언, 위의 책, 109~157쪽.

게 할당한다는 점에서 균형을 잃은 논의로 보인다. 달리 생각하면, 코언은 우스개의 일반 이론을 발견하지 못하였기 때문에 각 민족별 우스개를 분류하는 일에 몰두하게 되는 것이다.

 이렇게 보았을 때, 코언의 이론은 우스갯소리를 구성하는 여러 측면을 모두 파악하지는 못하고 공유경험의 조건만을 파악한 상태에서 그러한 우스갯소리가 사람들 간에 회자될 때 사회적인 '친교'의 효과를 나타낸다는 결론으로 끝나는 것이라고 정리할 수 있겠다. 그리고 이러한 한계를 분명히 지적하는 것은 코언에 대한 더할 나위 없는 비판이기도 할 것이다. 결국 코언의 이론은 웃음에 대한 이론으로서나 재미에 대한 이론으로서나 매우 부실한 이론이 아닐까 한다.

4 웃음과 해학에 대한 이론 몇 가지

방금 살펴본 파울로스와 코언의 이론들이 재미나 웃음에 대한 이론으로서 제일 먼저 살펴볼 내용들을 가진 것들이다. 그 밖에 베르그송(Henri Bergson)이 쓴 『웃음』이란 책이 있지만 그 내용이란 것을 정리하면 잠시 후에 간단히 언급할 여러 사람들의 단편적인 언급들과 같이 단순하게 정리된다. 그래서 이제는 '재미' 자체에 대한 관심이 아닌, '웃음', '해학' 등을 주제로 한 몇 가지 논의들을 간단히 정리하고 비판해 보겠다. 이런 논의들을 정리하는 까닭은 이 후에 유사한 주제에 관심을 가진 사람들에게 도움을 주기 위해서이다.

웃음의 종류를 어떻게 나눌 것인가

먼저 살펴볼 논의는 웃음의 종류를 구분한 이명수의 논의이다. 필자는 지금까지 재미있거나 흥겨움을 느끼면서 깔깔거리고 웃는 그런 웃음에 대해서 관심을 기울였다. 하지만 그 밖에도 여러 웃음들이 있다는 것을 우리는 경험을 통해서 쉽게 알 수 있다. 그래서 일단 웃음 전반을 생각해 볼 필요가 있다. 그 안에서 재미있는 웃음이라는 주제가 어떤 위치를 점하는지 살펴보기 쉬워질 것이다. 그렇다면 어떻게 웃음들 전반을 고찰할 것인가? 이명수는 웃음을 가리키는 용어들에 따라서 웃음들을 다음과 같이 구분하고 있다.[39]

미소 : 소리를 내지 않고 빙긋이 웃는 웃음.
실소 : 알지 못하는 사이에 툭 터져 나오거나 참아야 할 자리에서 터져 나오는 웃음.
홍소 : 크게 입을 벌리고 떠들썩하게 웃는 웃음.
폭소 : 여럿이 폭발하는 갑자기 웃는 웃음.
목소 : 눈으로만 웃는 웃음, 눈웃음.
비소(鼻笑) : 코끝으로 가볍게 비웃는 웃음, 코웃음.
비소(誹笑) : 비난의 뜻으로 웃는 웃음, 비웃음.
냉소 : 쌀쌀한 태도로 업신여겨 웃는 웃음.
고소 : 어이없어서 웃는 웃음, 쓴웃음.
조소 : 조롱하는 태도로 웃는 웃음.

웃음의 종류에 대한 이상과 같은 구분은 대체로 웃음을 표현하는 한국

---

39) 이명수, 『화술과 유머센스』, 지성문화사(1996), 21~23, 89, 99~100쪽.

어 단어에 따라서 구분된 것이다. 따라서 똑같은 이유에서 똑같은 내용 때문에 웃더라도 어떤 사람이 살짝만 웃는다면 그것은 미소가 될 수 있고 다른 사람이 큰 소리로 웃는다면 홍소가 될 수도 있다. 즉 정도의 차에 따라서 말은 얼마든지 바뀐다. 그러므로 개인에 따라 감정을 표현하는 정도가 다르다는 점을 고려한다면 미소와 홍소의 차이 같은 것은 웃음을 좀더 체계적으로 이해하는 데에는 도움이 되지 않을 듯싶다.

한편 폭소와 홍소의 차이도 한 사람이냐 여러 사람이냐의 차이에 불과한 것인데, 이러한 구분은 웃음을 지칭하는 한국어 단어들의 적절한 용례를 설명하는 데에 도움이 될 뿐, 웃음 자체를 이해하는 데에는 별로 도움이 되지 않을 것이다. 일반적으로 단순히 용어의 차이에 근거해서 마구잡이로 개념 구분이 이루어지면 오히려 혼란스러울 뿐이다. 그러므로 필자의 입장에서 보면 이명수가 제시한 웃음의 종류들은 사실 다시금 분류될 필요가 있다.

필자는 웃음의 종류를 구분할 때 인간이 웃음을 보일 때의 행위가 아닌, 웃는 사람의 내적인 기준에 따를 필요가 있다고 본다. 그것은 어떤 웃음이 감정적으로 중립적인지, 혹은 호의적인지, 아니면 부정적이거나 악의적인지를 기준으로 삼는 것이다. 그런데 대체로 웃음은 호의적이지 않으면 악의적이다. 즉 아무런 악의가 없는 웃음은 대체로 호의적인 기능을 하고, 또한 그렇게 간주되는 것이다.

한편 감정적으로 중립적인 상태에서 웃다 보면 그 웃음을 제공한 다양한 이유들에 대해서 사람들은 대체로 호의적이게 된다. 이것이 또한 호의적인 웃음과 중립적인 웃음을 동일시할 수 있는 하나의 근거이다. 그러므로 우리는 웃음을 호의적인 웃음과 악의적인 웃음으로 나누면 충분할 것 같다.

이명수가 제시한 웃음의 구분을 단순한 사전적 설명으로 간주하고, 이 용어들을 웃음의 감정적 기준에 따라서 다시 구분해 보면 다음과 같다.

호의적 웃음 : 미소, 비소(鼻笑), 실소, 홍소(폭소), 목소
악의적 웃음 : 비소(誹笑), 냉소, 고소, 조소

여기에서 '폭소'는 홍소에 포함시켰는데, 그것은 폭소는 단지 개인의 웃음이 아니라 대중의 웃음이라는 뜻이 들어 있는 홍소이기 때문이다. 만약 폭소가 홍소보다 더 강한 폭발적 웃음이라면 그것을 호의적 웃음 속에 넣을 수 있을 것이다. 하지만 이렇게 구분한 웃음들의 또 다른 차이가 있다. 그것은 웃음을 표현하는 행위의 세기에 따른 차이다. 때때로 우리는 여기에서도 중요한 의미를 발견하므로 이러한 기준에 따라서 다음과 같이 구분할 수 있다.

이상에서 우리는 두 개의 기준으로 웃음들을 구분해 보았다. 그런데 우

구분	약한 표현 ↔ 강한 표현
호의적 웃음	목소, 비소, 미소, 실소, 홍소, 폭소
악의적 웃음	비소, 냉소, 고소, 조소

리는 이러한 구분의 두 기준이 다른 여러 기준들보다 더 중요하고 의미 있는지에 대해서 따져 볼 필요가 있다.

먼저 웃음을 호의적·악의적 웃음으로 나누는 것이 의미있는 까닭은, 원래 웃음이 하나의 감정 표현이기 때문이다. 그리고 모든 감정은 좋고 싫음에 근거한다. 슬픔이나 기쁨, 분노나 공포 혹은 즐거움 등의 모든 감정이 좋아하거나 싫어하는 어떤 감정 상태에 기반하는 것이다. 그리고 웃음과 같이 그 감정이 표현되는 행위를 접하면 우리는 그 감정이 내적으로 다소 강하게 생성되어 있음을 짐작할 수 있다. 그런 감정 상태 혹은 정서 상태가 강할수록 그것은 그 사람의 행위에 영향을 미칠 것이다. 특히 그 웃음이 우리 자신을 향한 것이라면 그 웃음이 기반하는 감정 상태에 따라 곧 우리는 호의적이거나 악의적인 행위를 보일 것이다. 이것을 중요하지 않게 생각하는 사람은 별로 없을 것이다.

한편 웃음의 표현이 강한가 약한가 하는 것도 역시 그 웃음이 기반하고 있는 감정 상태의 세기를 표현할 것이다. 그리고 그 감정 상태는 위에서 살펴본 것처럼 호의적이거나 악의적인 행위를 수반할 것이다. 역시 이것도 누구에게나 관심거리가 될 것이다. 특히 재미있는 웃음으로 상대를 즐겁게 만들고자 하는 사람이라면 상대로부터 호의적인 웃음, 그리고 강한 웃음을 이끌어 내고자 할 것이다. 즉 사람들에게서 홍소나 폭소가 터지는 것을 본다면 스스로 만족할 것이 틀림없다. 그러므로 웃음의 종류 역시 이러한 관점에서 적절하게 분류될 수 있다.

해학 형성의 열두 가지 조건

그 다음 살펴볼 것은 해학 형성의 조건에 대한 이상근의 견해이다. 이상근은 해학 형성의 조건으로 다음과 같은 열두 가지 항목들을 제시했다.[40]

1. 신선할 것
2. 청중의 수준에 맞출 것
3. 자신이 먼저 웃지 말 것
4. 대등한 관계를 유지할 것
5. 헤아림 없는 해학은 하지 말 것
6. 이해가 쉽도록 표현할 것
7. 공유된 지식이나 정보를 선정할 것
8. 격조 높은 해학을 창조할 것
9. 짧은 이야기로 해학을 할 것
10. 여유 있는 생활을 할 것
11. 인격 함양에 힘쓸 것
12. 가급적 우회적인 방법을 사용할 것

이러한 내용에 대해서는 몇 가지 기준에서 비판해 볼 수 있다.

첫째, 항목들이 너무 많다. 너무 많은 항목들을 조건으로 제시한다는 것은 조건 제시의 본래 의미를 퇴색시킨다. 해학 형성의 조건을 나열하는 목

---

40) 이상근, 『해학 형성의 이론』, 경인문화사(2002), 227~254쪽.

적은 그 항목들을 생각하여 해학을 형성하도록 하는 데에 있을 것이다. 그런데 그때 고려해야 할 사항들이 너무 많다면 실제로는 사람들이 그런 조건을 고려하여 해학을 쉽게 형성할 수 없게 된다. 원래 적절하게 선정된 조건들이라면 목적(해학 형성)을 달성할 수 있는 범위 내에서 그 수는 적으면 적을수록 좋다. 빠짐 없도록 하기 위해서 항목을 무조건 많이 나열한다면 그 항목은 정곡을 찌르는 핵심 개념이 아니기 때문이다.

둘째, 위의 열두 항목들은 그 내용에 있어서 중복되거나 해학과의 관련성이 약한 것들이 많다. 예를 들어서 '청중의 수준에 맞출 것'과 '헤아림 없는 해학은 하지 말 것'은 중복되는 내용을 담고 있다. '이해가 쉽도록 표현할 것'과 '짧은 이야기로 해학을 할 것'도 중복된다. 짧은 이야기로 해학을 하면서 이해가 어렵도록 표현할 수는 없기 때문이다. 그런가 하면 '신선할 것', '격조 높은 해학을 창조할 것', '인격 함양에 힘쓸 것'과 같은 항목들은 해학 형성과 연관성이 별로 없어 보인다. 이것들은 오히려 해학을 형성할 때 이렇게 하는 것이 더 좋을 것이라는 도덕적 방향 제시 같다.

셋째, 이 조건들이 어떻게 결합되어 하나의 해학을 형성하는지에 대해서 설명하기가 어렵다. 해학 형성의 조건을 제시했다면 그것은 대체로 분석적인 작업이라고 할 수 있다. 즉 이상근은 해학 형성을 위한 조건을 열두 가지로 분석한 것이다. 그런데 모든 분석은 단지 분석만으로 끝나서는 그 의미가 적거나 불분명하다. 적절한 분석 다음에는 그 분석된 개념들을 조직화하여 원래 이해하고자 하는 현상을 정확하고 효율적으로 파악하고 활용하거나 조절할 수 있어야 하는 것이다. 그렇다면 위에서 제시된 해학 형성의 열두 가지 조건은 어떻게 조직화되는가?

위의 열두 가지 조건들이 서로 어떻게 짜맞추어져서 하나의 해학을 형성하는가? 혹은 열두 가지 조건들이 항상 모두 짜맞추어져서 하나의 해학을 형성하는 것이 아니라면, 그 중 몇몇이 서로 짜맞추어져서 하나의 해학을 형성하는 방식이 있는가? 예를 들어서 1, 3, 5, 7번 항목이 서로 결합하여 하나의 해학을 형성하는 경우도 있고 또 2, 4, 6, 7번 항목들이 서로 결합하는 경우도 있다든지 등등. 이런 것이 아니라면, 열두 가지 조건들 중에서 어느 것이 더 중요하고 어느 것이 덜 중요한가? 이상근의 설명에서 이러한 측면에서의 설명은 찾아보기 어려운데, 이럴 경우 위에서 제시된 개념들은 매우 불충분하고 효율적이지 못한 개념들이라고 간주될 수 있을 것이다.

이제, 몇 가지 예들이 이상과 같은 조건들을 적용할 수 있는지, 또 적용할 수 있다면 얼마만큼 효율적으로 적용할 수 있는지에 대해서 살펴보자. 다음의 두 이야기를 보자.

좋은 말이지만 해서는 안 되는 말들

1. "당신은 살아 있는 부처님입니다."
   ▷ 목사님에게
2. "할머니, 100살까지 사셔야 해요!"
   ▷ 올해 연세가 아흔 아홉이신 할머니께
3. "당신은 정직한 분이군요"

▷ 직구밖에 못 던져 좌절하고 있는 투수에게

4. "참석해 주셔서 자리가 빛났습니다."

▷ 대머리에게

5. "남편께서 무병장수하시기를 빕니다."

▷ 매일 구타당하는 아내에게

6. "당신의 화끈함이 마음에 듭니다!"

▷ 화상 입은 환자에게

7. "당신이 그리워질 것 같습니다. 다시 한번 꼭 들러 주세요."

▷ 간수가 석방돼 나가는 전과자에게

국회를 100명이 사는 마을이라고 한다면?

95명 이상은 자기의 생각을 국민의 뜻이라고 생각한다.

98명 이상은 뒤로 자신의 재산을 쌓고 있다.

80명 이상은 자식을 군대 안 보냈거나 보내지 않으려고 발악을 한다.

85명 이상은 대통령과 영부인이 대학을 안 나왔다고 자기보다 못하다고 생각한다.

60명 이상은 자신이 관심 없는 일이라면 국회에 가지 않는다. 가끔 가더라도 자신이 관심 있는 부분만 통과되면 바로 기차 탄다.

99명 이상은 자신이 정말 일을 잘한다고 생각한다.

마지막으로 99명은…….

자신이 위의 이야기들 중에 들어가지 않는 사람이라고 생각한다.

이 이야기들이 신선한가(1번)? 신선하다는 것이 정확히 무엇을 의미하는가? 기존에 논의되지 않았던 새로운 것을 말하는 것일까? 흔히 말하는 '참신함'으로 이 '신선함'을 이해할 수 있을지 모른다. 어쨌든 이 '신선할 것'이라는 용어는 애매모호한 점이 있는데, 이 조건을 적용하는 데에는 그 모호함이 더 커진다는 것이다. 위의 두 이야기는 신선한가? 필자가 관찰한 많은 사람들의 의견에 따르자면 두 번째 이야기가 첫 번째보다 신선하다고 할 수 있다. 그런데 정확히 어떤 점에서 더 신선하다고 말할 수 있는지는 불분명하다. 좀더 개념에 대한 명확한 정의가 필요하겠다.[41]

청중의 수준에 맞추어졌는가(2번)? 이것은 이야기의 내용에 관한 것이 아니라 이야기를 제시할 때 상황을 판단하는 기준이 된다. 따라서 단순히 이야기 자체만을 가지고 논의할 수 있는 조건이 아니다.

이렇게 하나씩 따져 보자면 지루할 것이므로 두 번째 '청중의 수준에 맞출 것'과 같은 요소들을 먼저 정리해 보자. 즉 '자신이 먼저 웃지 말 것(3번)', '대등한 관계를 유지할 것(4번)', '헤아림 없는 해학은 하지 말 것(5번)'의 세 가지는 모두 이야기를 제시하는 상황 판단의 기준이다. 그러므로 이들 모두(2, 3, 4, 5번 조건들)는 다른 조건들과 개념적으로 이질적이다.

'이해가 쉽도록 표현할 것(6번)'은, 정확히 웃음이나 해학(저자가 사용한

---

41) 필자가 지나치게 지루한 분석을 피하기 위해서 비판을 짧게 하고 있다. 그래서 어떤 사람은 두 이야기 중 앞의 이야기가 뒷이야기보다 덜 신선하다고 하는 전제에 대해서 의문을 제기할지 모른다. 하지만 필자의 논의의 핵심은 어떤 우스갯소리가 더 신선하다고 할 때 그 기준이나 특징이 정확히 지적될 수 없음을 지적하는 것이다. 그러므로 지루한 논쟁을 각오한다면 여러분은 분명하게 진부한 여러 우스갯소리와 분명하게 참신한 여러 이야기들을 나열해 놓고 그 공통된 기준들을 한 번 설명해 보라. 그러한 시도는 실패할 것이라는 것이 필자의 핵심적 주장이다.

용어대로)에 적용할 기준이 될 수 있을지가 의문스럽다. 즉 너무나 많은 것에 적용될 수 있는, 그래서 해학이 아닌 다른 많은 부분에서도 요구하는 조건인 것이다. 하지만 이보다도 결정적인 것은, 오히려 쉽지 않은 표현을 사용해서도, 그리고 바로 그러한 어려운 표현을 사용하기 때문에 멋진 해학이 되는 예들이 있다는 사실이다. 다음이 그 예다.

마징가 제트 : 馬嗔巨 乙

기운 센 천하장사 무쇠로 만든 사람
高精力 天下之壯 爲鋼鐵 製造 人間
(고정력 천하지장 위강철 제조 인간)

인조인간 로보트 마징가 제트
人造人間 鐵戰士 馬嗔巨 乙
(인조인간 철전사 마진거을)

우리들을 위해서만 힘을 쓰는 착한 이
斷爲吾等 精力浪費 善人間
(단위오등 정력낭비 선인간)

나타나면 모두모두 덜덜덜 떠네
一斷出現 男女老少 全身之 痙攣
(일단출현 남녀노소 전신지 경련)

무쇠팔 무쇠다리 로케트 주먹

鋼鐵腕 鋼鐵脚 遠隔操縱 之拳
(강철완 강철각 원격조종 지권)

목숨이 아깝거든 모두모두 비켜라

輿生命 危殆直感 男女老少 急避身
(여생명 위태직감 남녀노소 급피신)

마징가 쇠돌이 마징가 제트

馬嗔巨 金石君 馬嗔巨 乙
(마진거 금석군 마진거 을)

 이 <마징가 제트> 이야기를 '이해가 쉽도록 표현할 것'이라는 조건에 잘 맞춘 이야기로 보기는 어렵다. 왜냐하면 이 이야기에서의 핵심은 쉬운 우리말 가사를 그와 유사한 한자 표현으로 바꾼 것이기 때문이다. 그 한자 표현 역시 별로 쉽지 않은 한자들을 상당수 포함하고 있다. 한편 모호하긴 하지만, 위의 두 이야기들에는 '이해가 쉽도록 표현할 것'이라는 조건이 다소 적용될 수 있을 것 같다.

 '공유된 지식이나 정보를 선정할 것(7번)'은 필자의 이론에 있는, 공유경험론과 일맥상통한다. 그러므로 크게 비판할 여지는 없을 것 같다. 그러나 '짧은 이야기로 해학을 할 것(9번)'은 비판의 여지가 있다. 나중에 보겠지만 재미있게 우스운 이야기들, 그래서 대체로 '해학'의 범주에서 배제하기 어려운 이야기들의 상당수가 상당히 긴 이야기로 되어 있기 때문이다.

대체로 나열식 우스갯소리들이 길어지는 경향이 있다. 앞에서 본 <한석봉전>과 곧 제시될 <엽기 상담원>, 그리고 뒤에서 볼 <TOKIC 정기 시험>은 길지만 뛰어난 해학이라고 판단되는 예들이다.

그러면 '가급적 우회적인 방법을 사용할 것(12번)'은 어떤가? <좋은 말이지만 해서는 안 되는 말들>이나 <국회를 100명이 사는 마을이라고 한다면?>의 이야기들은 우회적인 방법을 사용했는가? 별로 그렇지는 않다. 오히려 <마징가 제트>의 경우가 우회적인 방법을 사용한 것 같다. 어쨌든 이 조건은 '가급적'이라는 단서가 붙어 있어서 처음부터 애매한 조건이라고 할 수 있다.

끝으로 '격조 높은 해학을 창조할 것(8번)', '여유 있는 생활을 할 것(10번)', '인격 함양에 힘쓸 것(11번)'은 모두 약간 도덕적인 분위기를 풍기는, 유머와는 거의 직접적인 상관이 없는 조건들이다.

이렇게 세부적인 고찰을 통해서 보았을 때에도 우리는 해학 형성의 열두 가지 조건이 별로 훌륭한 분석이 되지도 못하고, 다른 이론적 가치가 뛰어난 항목으로 보기도 어렵다는 결론을 얻게 된다.

끝으로 조금 전에 언급한 대로 길지만 훌륭한 해학으로 판단되는 예를 하나 소개하겠다.

엽기 상담원

(Q)

안녕하세요? 저는 22세의 대학생입니다. 제 자랑 같지만 저는 얼굴도 이

쁘고 몸매도 잘 빠져서 인기가 많습니다. 그래서 킹카 이외에는 상대를 하지 않습니다. 그런데 같은 동네에 사는 한 멍청하게 생긴 남학생이 저에게 루주를 선물로 주고 도망갔습니다.
그 분수를 모르는 바보에게 루주를 돌려주고 싶습니다.
어쩌면 좋을까요?

(A)

만날 때마다 입술에 발라서 조금씩 돌려주세요.

(Q)

안녕하세요? 저는 언어를 연구하고 있는 대학원생입니다. 요즘 들어 저에게 한 가지 의문점이 생겼습니다. '사랑에 눈 멀다'라는 표현은 우리나라뿐만이 아니라 세계 도처에서 쓰이고 있다는 것입니다.
사랑을 하면 눈이 먼다는 표현…… 왜 그런 말이 나오게 됐을까요?
궁금합니다. 알려주세요.

(A)

사랑을 하게 되면 낮에도 더듬게 되지요(비디오방에 한번 가 보세요).

(Q)

안녕하세요? 저는 강원도 산골에서 의원을 하고 있는 사람입니다. 맑은 공기와 깨끗한 물에 취해서 이곳에 정착한 지 어언 10년째입니다. 그런데 손님이라 봤자 가끔 뱀에게 물려서 오는 사람 정도인 조그만 병원이라 벌이가 신통치 않습니다. 뱀한테 물려서 온 손님들도 많은 편이 아닙니다. 그나마 겨울철에는 그런 손님도 아예 없지요.

이번 겨울이 걱정됩니다. 무엇을 해야 할까요?

(A)

뱀을 기르세요.

(Q)

안녕하세요? 저는 30세의 보통 직장인입니다. 제 문제는 제 애인입니다. 얼굴값을 한다는 말이 어울릴까요? 선물을 무지하게 밝힙니다. 이번 생일에는 다이아몬드가 들어 있는 선물을 하지 않으면 헤어지겠다고 합니다. 하지만 저 같은 보통 직장인이 무슨 돈이 있겠습니까?

이 일을 어쩌면 좋을까요?

(A)

트럼프를 선물하세요.

(Q)

23세의 고민남입니다.

그녀를 정말 이대로 보내기가 싫습니다. 마음이 너무 아파요. 전 이제 어떻게 살아야 할까요? 이 고통의 날들을 어떻게 보내야 할까요? 삶의 의미가 사라져 버렸습니다.

아마 전 미쳐 가고 있나 봐요. 내 모든 것인 그녀……. 보내기 싫습니다. 보낼 수 없습니다.

이대로 보낸다면…… 전 자살할지도 모릅니다. 어쩌면 좋죠?

(A)

가위나 바위를 내세요.

(Q)

안녕하세요? 전 일곱 살 난 아이를 키우고 있는 기혼 여성입니다.

그런데 요즘 들어서 아이가 자꾸 빨간 딱지가 붙어 있는 비디오 테이프를 보려 합니다. 녹색 딱지와 빨간 딱지를 구별하는 방법을 가르쳐 줬지만 이해를 못하는 것 같습니다. 아이에게 뭐라고 설명해야 할까요?

(A)

목욕탕에서 '빨간 때밀이 수건'으로 피가 나도록 때를 밀어 주십시오. 그러면 아이는 다음부터 때밀이 수건도 녹색만 쓸 것입니다.

(Q)

5년 동안 사귀던 여자와 헤어졌습니다. 전화를 해도 받지 않고, 집 앞까지 찾아가도 만나 주지를 않습니다.

그래서 매일매일 편지를 쓰기 시작했습니다. 오늘로 편지를 쓴 지 200일이 되는 날입니다.

그녀에게는 아무런 연락이 없군요. 정말 끝난 걸까요?

(A)

집배원과 눈이 맞았을 확률이 높습니다.

(Q)

안녕하세요? 전 이제 막 중학교에 입학한 학생입니다.

영어 숙제가 산더미 같은데 모르는 게 너무 많습니다. 단어를 찾아오는 숙제인데 '작은 배' 라는 단어는 사전에 안 나와 있습니다.

배가 ship인 것은 알겠는데 작은 배는 도무지 알 수가 없습니다.

가르쳐 주세요.

(A)

'ship 새끼' 라고 쓰세요.

(Q)

안녕하세요? 전 결혼한 지 1년이 약간 지난 여성입니다.

얼마 전에 첫 아이를 낳았습니다.

그런데 아기가 아빠를 닮지 않고 옆집 아저씨를 더 닮았습니다. 남편은 어찌된 일이냐고 노발대발합니다.

저는 결백하지만 주위의 시선이 괴롭습니다. 어떻게 해명해야 할까요?

(A)

'환경의 영향'이라고 하십시오.

(Q)

전 명문 여대에 다니고 있는 (그것도 인기학과에) 23세의 여성입니다.

올해 졸업을 앞두고 있는데 결혼이 걱정입니다. 전 머리도 좋고 지적인 여성이라고 자부하지만 남자들은 저를 별로 좋아하지 않아요. 남녀가 결혼해서 아이를 낳으면 머리는 엄마를 닮고 얼굴은 아빠를 닮는다는데 왜 그걸 모르는 걸까요.

전문대에 다니는 제 친구는 머리는 깡통인데 얼굴 좀 예쁘다고 남자들한테 인기 만점입니다.

우리나라 남자들은 언제쯤 진정한 여성관을 갖게 될까요? 선생님의 현명한 견해를 듣고 싶어요.

(A)

많은 남성들이 외모만으로 여성을 평가하는 잘못된 습관을 가지고 있는 것은 사실입니다. 당신은 최고의 신부감이니 앞으로 자신감을 갖고 살아가십시오.

그건 그렇고 친구 분 전화번호 좀 알려 주세요.

해학 형성의 기법

구분	세부 내용
거시적 방법	1. 연구와 개발의 자세 2. 실험정신과 환류 3. 경청 4. 독특한 표정과 몸짓 5. 독서
미시적 방법	1. 인식론적 차원 2. 천성·본능적 차원 3. 초월적 차원

이어서 이상근이 논의한 해학 형성의 기법을 비판적으로 살펴보자. 이상근은 해학 형성의 기법을, 필자가 다음의 표에서 정리한 것처럼, 거시적 방법과 미시적 방법으로 나눈다.[42]

이 중에서 필자는 미시적 방법 중 인식론적 차원에서의 방법들 외에는 고찰의 필요성을 크게 느끼지 못한다. 이상근의 구분에서 거시적 방법의

---

42) 이상근, 위의 책, 254~375쪽.

내용은, 이른바 '좋은 말들'로 채워져 있을 뿐 구체적으로 꼬집어서 핵심을 집어내거나 자세한 분석이 들어 있지는 않다고 보며, 미시적 방법의 2), 3) 항목들도 마찬가지로 본다.

미시적 방법의 인식론적 차원에서 열거되고 있는 항목은 여섯 가지인데, 그것은 논점 회피, 논점 일탈, 전위, 사고의 오류, 모방, 과장이다. 이에는 각각의 예들도 덧붙어 있으므로 그 예들을 통해서 개념들을 더 쉽게 이해할 수 있을 것이다. 이것들을 하나씩 살펴보겠다. 논점 회피란 대화에서 의도적으로 대화의 초점을 피하는 것을 말한다. 다음이 그 예다.

어떤 사람이 링컨에게 "사람의 다리 길이는 어느 정도가 가장 적당할까요?"라고 물었다. 거기엔 키가 크고 깡마른 링컨의 볼품없는 외모에 대한 은근한 조롱이 담겨져 있었다.
링컨은 빙그레 웃으며 이렇게 말했다.
"글쎄요, 허리에서 발목까지면 적당하지 않을까요?"(김진배 1998:46)[43]

논점 일탈이란 대화의 초점에서 벗어나는 경우를 말한다. 이것은 고의성이나 의도성이 없는 경우다. 다음이 그 예다.

부부가 함께 영화관엘 갔다. 마침 남녀가 열렬히 키스하는 장면이 나왔다. 그 장면을 보고 있던 아내가 옆에 앉아 있는 남편의 허벅지를 살짝 꼬집

---

43) 이상근, 위의 책, 279쪽에서 재인용.

으며 말했다.

"당신도 저런 식으로 해 줄 수 있어요?"

"무슨 소리야, 저 사람이 저렇게 하는데 영화사로부터 돈을 얼마나 받고 하는지 알아?"(김막동, 차귀담 편저 2000:143)[44]

전위란 가치가 뒤바뀌거나 본질과 현상이 뒤바뀐 것 등을 말한다. 다음 예를 보면 쉽게 이해할 수 있다.

배우 존·두루는 맡은 역할 때문에 콧수염을 깎아 버렸다.
극장의 로비에서 만화가인 맥스·비아봄(1872~)의 어깨를 두들기자 그는 의아한 얼굴로 보고 있더니, 이렇게 말했다.
"난 또 누구라고? 두루 군 아닌가? 수염을 깎았으면서도 용하게 나를 알아보았군 그래."(장수철 1979:79)[45]

사고의 오류란 논리적으로 합당한 것 같으나 실은 논리가 못 되고 또 아무 관계가 없으면서도 근거 있는 관계가 있는 것처럼 나타내는 것을 말한다. 여기에는 현학적 사고의 오류와 자동적 사고의 오류가 있다.

다음이 그 예들이다. 첫 번째가 현학적 사고의 오류이고, 두 번째가 자동적 사고의 오류이다.

---

44) 이상근, 위의 책, 281쪽에서 재인용.
45) 이상근, 위의 책, 279쪽에서 재인용.

어떤 남자가 제과점에 들어와 파이를 주문한다. 그런데 그는 그것을 곧 반환하고 그 대신 브랜디 한 잔을 요구한다. 다 마신 후 그가 돈을 내지 않고 가려 하자 가게 주인이 잡는다.

"왜 이러는 거죠?"

"술값을 내야죠."

"그 대신 파이를 주지 않았소?"

"그 파이값도 내지 않았잖아요?"

"나는 그 파이를 먹지도 않았는데요."(프로이드 지음 . 임인주 옮김 1999:80)[46]

신랑감은 신부가 한쪽 다리가 짧고 절름거린다고 중매인을 비난한다. 중매인이 반박한다.

"그건 그렇지 않아요. 당신이 건강하고 멀쩡한 사지를 가진 여자랑 결혼한다고 가정해 보세요. 거기서 덕볼 게 뭐 있습니까? 당신은 그 여자가 넘어져서, 다리가 부러지고 평생 불구가 되지 않을까 하루도 편안하지 않을 겁니다. 그 다음으로 닥치는 것은 고통, 소란, 치료비 청구서! 그렇지만 당신이 '그 여자를' 아내로 맞으면 그런 일은 없을 것입니다. 당신에겐 '모두 끝난 일이니까'."[47]

모방이란 흉내를 말한다. 즉 대상과의 유사성에 의해서 해학의 효과를

---

46) 이상근, 위의 책, 281쪽에서 재인용.
47) 이상근, 위의 책, 291쪽에서 재인용.

내는 것이다. 따라서 이 유사성이 클수록 해학의 효과는 커진다고 한다. 예를 들어서 어린아이가 앙증맞게 유명인의 가수나 배우를 흉내 낼 때 우리가 웃음을 터뜨리는 것, 또한 학창 시절 선생님의 태도나 습관 또는 말투를 흉내 내면서 웃는 것이 이러한 모방에 의한 해학의 예이다.

끝으로 과장이란 사태의 한 측면을 과장하는 것이다. 이상근에 따르자면, "허무맹랑한 이야기나 진실이 결여되었지만 듣는 이가 일단 인정하고 들어가는 이야기는 웃음을 유발하게 된다. 과장이 왜 웃음을 유발하느냐 하면 듣는 이가 과장으로 상황 설정된 세계를 충분히 인지하고 자신이 우월감을 느끼기 때문이다. 만일 상황 판단도 못한 사태라면 웃음은 결코 창조될 수 없는 것이다."[48] 다음이 그 예다.

마크 트웨인이 유럽에서 강연 여행을 하고 있을 때 이 호인(好人)인 유머리스트가 갑자기 죽었다는 소문이 본국에 널리 퍼졌다. 즉시 런던에 확인을 하기 위하여 전보를 쳤다. 그러자 장본인은 다음과 같이 답전을 쳤다. "나의 죽음에 대한 보도에는 지독한 과장이 있음."(장수철 1979:7)[49]

이상과 같은 해학 형성의 여섯 가지 기법에 대해서 필자가 하고 싶은 비판도 앞에서의 해학 형성의 열두 가지 조건에 대한 비판과 비슷하다. 즉 기법들을 분류한 후 조직화하지 못하고 있으며, 또 조직화할 수 있도록 분

---

48) 이상근, 위의 책, 281쪽.
49) 이상근, 위의 책, 292쪽에서 재인용.

류되지도 못한 것 같다는 점이다. 예를 들어 논점 회피와 논점 일탈, 전위, 오류, 모방과 과장 등을 배합하거나 혹은 이들 중 최소한 하나만을 사용하면 무조건 해학이 형성되는가? 그렇게 될 것 같지는 않다. 논점 회피와 논점 일탈은 적절히 사용되지 않으면 대화에서 초점을 잃는 멍청한 사람으로 전락할 수 있을 것이고, 과장도 적절히 되지 않으면 해학보다는 허풍으로 끝날 수도 있을 것이기 때문이다. 그렇다면 그 '적절함'을 위해서 또 다른 무엇이 더 필요한가? 이에 대한 추가적인 설명이 없다면 여섯 가지 기법에 대한 분석은 무책임한 것이다. 결국 설명처럼 보이지만 실속없는 설명으로서 말잔치에 불과하다.

또 각각의 기법들에 대한 설명 및 그 명칭을 들여다보면 적합하지 않은 것도 몇 가지 발견할 수 있다. 예를 들어서 사고의 오류는 정확한 명칭으로 보기 어렵다. 이른바 '오류'라고 하는 것은 논리적인 오류를 가리킨다. 그런데 예화에서 제시되는 내용들을 볼 때, 논리적인 오류가 아니다.

여섯 번째인, '과장'도 좀 어색한 명칭이다. 마크 트웨인의 마지막 말은 무엇을 과장했는가? 마크 트웨인의 말은, 그 말 속에 '과장'이란 용어가 들어 있을 뿐, 그 전체 내용은 어떤 것에 대해서도 과장이 없다. 우리가 알고 있는 과장이란, 어떤 것이 많이 쌓여 있을 때 '산더미처럼 많이 쌓여 있다'라고 하거나 화장실에 물이 넘치거나 했을 때 '물바다가 되었다'라고 할 때의 표현을 가리킨다. 즉 웬만큼 많아도 그 더미가 산만큼 크기는 어렵지만 '산더미'라고 말하거나, 물이 다소 넘치더라도 바다처럼 넓지는 않겠지만 '물바다'라고 하는 것이다. 그러한 과장이 마크 트웨인의 예에 있는가?

전혀 없다.

여섯 번째 기법에 대해서 좀더 들여다보자면, 또한 과장이 해학 형성의 기법이 되는 이유에 대한 설명도 쉽게 이해되지 않는다. 과장이 웃음을 유발하는 까닭은 듣는 이가 과장으로 상황 설정된 세계를 충분히 인지하고 자신이 우월감을 느끼기 때문이라고 하는데, 과장으로 상황 설정된 세계에서 어떻게 우월감을 느끼게 되는지, 그 연관관계가 별로 설득력이 없는 것이다. 다른 기법들에 대해서는, 이러한 설명 자체가 부족하고 단지 논점 회피와 논점 일탈과 같은 것들이 해학의 형성 기법이라고만 단정하고 있을 뿐이다.

물론 이상과 같이 해학 형성의 기법들을 나열해 보는 것이 전혀 무의미하지는 않을 것이다. 하지만 동시에 그럴듯한 설명이라도 그것이 얼마나 신빙성이 있도록 잘 짜여진 것인지 따져 볼 필요는 있다.

5 그 밖의 유머에 대한 입장

그 밖에도 유머를 중심으로 웃음에 대해서 논의한 많은 사람들이 있다. 그것들은 파울로스의 책에 잘 소개되어 있는데, 그 책에서 정리된 내용을 중심으로 대강을 간추려 비판해 보겠다.[50]

순서대로 하자면 플라톤과 아리스토텔레스와 같은 대철학자들이 언급한 내용도 빠뜨리면 안 되겠지만 그 내용은 통찰의 깊이보다는 그 철학자들의 이름에 의한 후광 효과에 크게 기대고 있는 듯하다. 예를 들어서 플라톤은 웃음 속에 고통과 쾌락이 섞여 있다고 말했는데, 사실 고통과 쾌락이 섞여 있는 예는 웃음 외에도 여러 형태의 비극과 희극에 다 적용 가능

---

50) 존 앨런 파울로스, 박영훈 역, 『수학 그리고 유머』, 경문사(2003).
한편, 필자는 이 책에 언급된 여러 사람들이 유머에 대해서 논의한 원서를 찾아볼 필요는 없다고 생각한다. 왜냐하면 그들이 유명한 학자이긴 하지만, 유머에 대한 논의가 매우 단편적인 경우가 많고, 또 유머의 구조에 대해서 통찰한 깊이가 매우 얕아서 깊이 있게 탐구할 가치는 없어 보이기 때문이다. 한편 베르스송의 『웃음』이라는 책은 직접 읽어보긴 하였으나 그 논의 수준도 매우 피상적인 부분에 머물러 있다고 판단하였다.

할 것이다. 그러므로 학자들의 유명세에 무조건 기댄다고 논의의 성과가 보장되지 않는다면 그런 언급들을 다 살필 필요는 없을 것이다. 그런 측면에서는 파울로스에 의해서 먼저 비판되고 있는 홉스(Thomas Hobbes)의 주장도 크게 논의할 가치는 없어 보인다.

한편 베아티(James Beattie)는 다음과 같이 주장했다. "웃음은 둘 이상의 일관성 없고 부적절하며 서로 모순되는 상황 또는 그 일부를 우리의 독특한 인지 방식에 의해 이것들이 서로 복잡하게 얽혀 있거나 일종의 상호관계가 있음을 인식할 때 발생한다."[51]

그러나 이러한 베아티의 주장은 불충분한데, 부적절한 두 요소가 상호 연관되어 있음을 인식하는 우리의 독특한 인지 방식이 무엇인가에 대해서 설명하지 않으면 충분한 분석이 되지 못하기 때문이다. 그것은 마치 돌을 허공에 던지면 그 돌은 어떤 궤도로 항상 운동한다고 말하는 것과 같다. 그것이 포물선 궤도라는 것을 말하지 않고 특정한 궤도로 운동한다고 말하는 데에 그친다면, 그 주장은 충분한 정보와 분석을 담고 있지는 못할 것이다. 베아티의 논의가 그런 정도에 그칠 만큼 불충분하다고 본다.

하즐릿(Willam Hazlitt)은 "웃기는 것의 본질은 상호 부조화, 한 가지 생각이 다른 생각으로부터 차단됨, 한 감정과 다른 감정과의 부딪침이다."[52]라고 했다. 하즐릿의 이 주장은 필자가 주장한 설명 모형에서 숨은 이야기가 드러난 이야기와 만난다는 점을 애매하게 설명한 것으로 볼 수 있는데, 그

---

51) 파울로스, 위의 책, 14쪽에서 재인용.
52) 파울로스, 위의 책, 14쪽에서 재인용.

점에서는 하즐릿이 제대로 지적했다고 평가할 수 있다. 하지만 하즐릿의 주장 역시 불충분하다. 즉 상호 부조화와 두 감정의 부딪침은 우습지 않은 많은 사례에서도 발견될 수 있기 때문이다. 흔한 경우에 상호 부조화는 웃음이 아니라 부조화스러운 이야기나 상황을 유발한다. 그러므로 단순히 상호 부조화나 두 감정의 부딪침만을 말하는 것은 실질적으로 웃음의 중요한 부분을 지적한 것으로 보기도 어렵다.

"웃음은 긴장되었던 기대가 갑자기 아무것도 아닌 것으로 변형되는 데서 일어나는 꾸밈이다."라고 말한 칸트의 언급은 베아티나 하즐릿의 통찰보다 웃음의 본질에 더 가까이 간 것 같다. 하지만 긴장되었던 기대가 아무것도 아닌 것으로 변형되는 많은 예들은 별로 우습지 못하다는 점을 우리는 생각해야 한다. 예를 들면, 미팅에서 폭탄을 만난 여대생이 남학생에게 담배를 물리고 불을 붙이는 것은 우습지만 그 남학생에게 동전 한 닢을 주는 이야기는 별로 우습지 않다는 것을 칸트의 입장에서는 설명하지 못한다. 웃음을 위한 중요한 무언가가 빠진 것이다. 그것은 칸트가 긴장의 축적과 해소는 파악했지만, 숨은 이야기와 드러난 이야기의 2중구조 그리고 공유경험 등은 파악하지 못했기 때문이다.

이와 같은 비판은 "둘 혹은 그 이상의 실제 대상을 하나의 개념을 통하여 생각하다가 그 개념이 오직 하나의 관점에서만 그 사물에 적용되었다는 사실이 전체 눈에 들어오면서 서로 다른 차이점들이 확실하게 드러나는 것이다."라고 말한 쇼펜하우어에게도 적용된다. 쇼펜하우어의 경우는 어렴풋이 2중구조를 파악한 것으로 보이지만 그 통찰이 분명하지 못하고 다른 요소들에 대한 포괄적인 이해는 부족하다.

한편 스펜서(Herbert Spencer)는 웃는 사람의 진지한 기대가 충족되지 않고 시시한 어떤 것으로 그의 주의가 전환될 때, 혹은 '의식이 부지중에 중요한 것에서 사소한 것으로 옮겨질 때' 잉여분의 정신 '에너지'가 갈 데가 없으면 웃음으로 나오는 것이라고 주장한다. 이것은 그럴듯해 보이는 설명이지만 필자의 관점에서는 좀 납득하기 어려운 측면이 있다. 앞에서 본 비슷한 이야기 둘을 생각해 보자. 소복을 입은 여자가 택시를 탔는데, 하나는 코를 후비다 코피를 흘렸고 다른 하나는 귀신으로 판명이 났다. 두 이야기 모두 긴장이 축적되지만 나중의 이야기는 맨 마지막에 웃음이 아니라 공포가 엄습한다. 즉 스펜서는 감정방향 요소를 파악하지 못한 것이다. 앞에서 본 <엄마 나 예뻐?>도 반증의 사례가 될 것이고, 다음의 예[53]도 스펜서의 주장에 대한 반증의 사례가 될 것이다.

아빠! 왜?

어떤 집에 엄마, 아빠 그리고 아기 세 식구가 같이 살고 있었다. 행복하게 잘 살던 어느 날 엄마와 아빠는 심하게 싸웠다. 싸우다가 아빠는 홧김에 엄마를 죽여 버리고 말았다. 갑자기 겁이 덜컥 난 아빠는 엄마의 시체를 몰래 숨기고 아기에게는 아무 말도 하지 않았다.

그 집 식구들은 매일 아침만을 같이 먹곤 했는데, 그 후부터는 동그란 식탁에 아빠와 아기만 마주 보고 앉아서 밥을 먹게 되었다. 그런데 이상한

---

53) 이현비, 위의 책, 지성사(1997), 173쪽.

것은 아기가 엄마를 찾지 않는다는 것이었다. 어쩌면 다행일는지도 모르지만.

그런데 그 다음 날 아침에 밥을 먹다가 아기가 문득 아빠를 불렀다.

"아빠!"

"왜?"

"아니야."

아빠는 괜히 겁이 났지만 아무것도 아니겠지 하고 넘어갔다. 그런데 그 다음 날도 아기는 아침을 먹다가 또 아빠를 불렀다.

"아빠!"

"왜?"

"……아니야."

아빠는 아기가 좀 이상해졌다는 생각이 들면서 겁이 좀 났다. 하지만 어쩌면 그럴 수도 있겠지 하고 생각했다. 하지만 그 다음 날도 또 아기는 밥을 먹다가 똑같이 아빠를 불렀다.

"아빠!"

"왜?"

"……아니야."

그러자 아빠는 아기가 왜 자꾸 그러는지를 꼭 알아야겠다고 생각했다.

"얘, 도대체 왜 매일 아무것도 아니라고 말하면서 날 이상하게 쳐다보고 부르니? 무슨 말을 해도 괜찮으니까 속 시원하게 말을 좀 해 봐. 응?"

그렇게 아빠가 다그치자 아기가 하는 말,

"아빠는…… 왜 매일 엄마를 등에 업고 밥을 먹어?"

이 이야기에서도 보통의 짧은 우스갯소리에서 볼 수 있는 만큼의 긴장이 축적되고 그 후에 해소된다. 그런데 그 끝에서 웃음이 나오지는 않는다. 잉여분의 정신 에너지가 갈 곳이 없으면 웃음이 나온다고 했으니 이 경우에도 그러해야 할 것이다. 이 경우에는 잉여분의 에너지가 웃음이 아니라 공포가 되었다고 말할 수도 있을까? 그럴 수도 있을 것이다. 하지만 그렇다면 잉여분의 정신 에너지가 언제 웃음이 되고 언제 공포가 되는지에 대해서도 설명해야만 한다. 즉 스펜서는 여전히 웃음에 대해서 충분히 설명하지 못한 셈이 되는 것이다.

메레디스(George Meredith)는 희극의 정신이 일종의 사회적 중화제로 작용한다고 주장했다. 즉 그는 사람들이 지나치게 극단적이고 가식적이며 우쭐대고 허풍 떨고 위선적이며 현학적으로 될 때마다, 즉 사람들이 자기를 기만하고 눈가림하고 맹목적 신앙으로 극단적 행동을 하고 또 근시안적으로 계획하고 제 정신을 잃고 일을 꾸미는 모습들을 볼 때마다 바로 작용한다고 말했다. 하지만 이것이 희극에 대한 언급이면서 웃음에 대한 언급이라면 이것은 바로 한 10년 전쯤에 텔레비전에서 우리가 보고 (폭소를 터뜨린 것이 아니라)간간히 쓴웃음을 지었던, 수준 낮은 코미디에 대한 언급일 뿐이다. 웃음이란 "인간이 스스로 우월하다는 생각의 결과물이다."라고 말하는 보들레르(Charles-Pierre Baudelaire)의 통찰이나 웃음의 원인을 "살아 있는 어떤 것 위에 기계처럼 덮여 있는 껍데기"라고 강조한 베르그송의 주장 역시 같은 맥락에 있다.

그 밖에 정상적인 상황의 흐름에서 벗어나는 것이 유머의 핵심이라고 주장한 이스트만(Max Eastman)이나 새롭고 신선함 속에 있는 기쁨과 권태와 단조로움 속에서 탈출하려는 욕망이 유머가 지니는 중요한 측면이라고 말하는 몬로(D.H. Monro)도 유머의 일면만을 파악한 것에 불과하다. 그나마 쾨스틀러(A.O.Koestler)가 다소 복합적인 통찰을 제공했다. 그는 유머가 서로 상반된 두 준거의 틀인 양극 간의 결합에서 발생하며, 웃음은 갑자기 몰아치는 막강한 여세 때문에 일어난다고 주장한다.[54] 그리고 그 막강한 여세는 다른 형태의 논리나 경기의 새로운 규칙으로 갑작스레 아이디어를 전환시킬 수 없는 생각보다도 빠르지 못하고, 그래서 웃음 속에서 출구를 찾는 감정 에너지의 방출이라고 하였다. 이렇게 볼 때 쾨스틀러도 어렴풋이 2중구조론과 긴장이론을 포착한 듯하지만 감정방향론은 분명하게 포착하지 못한 듯하다.

마지막으로 파국이론적 모형을 제시한 파울로스의 유머 이론을 살펴보도록 하자. 파울로스는 파국이론적 모형과는 별도로 두 요소, 즉 요점을 가지고 인식될 수 있는 부조화와 적당한 정서적 분위기가 유머에 필요충분조건이라고 말한다.[55]

여기서 우리는 '필요충분조건'이라는 말에 초점을 맞출 필요가 있다. 즉 부조화와 정서적 분위기가 그것으로 충분하고 또 필요한 부분만을 엄선한

---

54) 파울로스, 위의 책, 21~22쪽.
55) 파울로스, 위의 책, 25쪽.

요소이라는 말이다. 하지만 정말 그러한가?

독도에 대해서

한 남자가 어느 회사에 면접을 보러 갔다. 면접관이 그 남자에게 질문을 던졌다.

"일본 사람들은 독도를 무엇이라고 합니까?"

면접관은 당연히 그 남자가 '다케시마'라고 할 줄 알았다.

그런데 그 남자가 한 말은,

"네, 자기네 땅이라고 합니다."

이 예를 이해하기 위해서는 단순히 부조화와 정서적 분위기만으로 충분한가? 그렇지 않다. 독도 문제에 대한 한일 국민 간의 입장 차이를 잘 알고 있어야 한다. 즉 필자가 주장하는 공유경험론을 배제하고서 파울로스가 말하는 부조화와 정서적 분위기만으로는 이 유머가 어떻게 우스운지를 이해할 수 없는 것이다.

만약 공유경험이 없이도 이 유머를 이해할 수 있다면 영국 사람이나 미국 사람도 이 유머를 듣고 웃어야 할 것이다. 그러나 실제로는 그렇지 않다. 이렇게 보았을 때 파울로스의 이론은 앞에서 본 코언이 포착한 웃음의 요소, 즉 친교를 위한 공감대를 파악하지 못한 것이다. 잠시 후에 파울로스는 이 점을 인정하는 언급을 한다. 즉 "유머는 그것이 형식적 장치들을 사용할 수 있다 해도 궁극적으로는 다양한 의미 '수준들' 사이의 상호 작용

형태 전이의 예. 이 그림은 술잔으로도 보이고 마주 한 두 사람의 옆얼굴로도 보인다.

에 대한 사람의 감수성에 의존한다"는 것이다.[56] 하지만 그것을 단지 '매우 복잡한 기술'이라고 말하며 무마시키고 만다.

파울로스에게서 안타까운 점은 자신이 어느 정도 포착한 유머의 다양한 측면들을 스스로 결합해서 하나의 더 완전한 개념적 형태로 조직화하지 못한다는 데에 있다. 예를 들어서 파울로스는 드러난 이야기와 숨은 이야기가 만나는 지점에서 일어나는 형태전이적 측면을 분명히 이해하고 있었다. 그것은 일종의 반전으로 나타나는데, "이러한 종류의 반전은 우리들에게 익숙한 관계와 익숙하지 않은 관계들을 짧은 순간에 즉각 연속해서 인지할 수 있도록 하기 때문에 종종 유머스럽게 다가온다."라고 말하는 것이다.[57]

또한 "관계의 전환은 주어진 상황과 그 반전이 빠르게 연속적으로 우리에게 보여지는 일종의 네커(A.L.Necker)의 정육면체(동일도형이 두 종류 이상으로 보이는 것)로 간주된다. 이 경우에는 서로가 반대로 다른 한편이 가지는 새로운 다른 의미를 매우 대조적으로 강조하고 있다. 이때 서로 다른 의미들이 부조리하고 감정적 분위기가 맞아떨어지면 이것이 유머로 귀결된다"[58]는 점도 지적한다.

---

56) 파울로스, 위의 책, 84쪽.
57) 파울로스, 위의 책, 97쪽.

이러한 사실을 모두 종합하면 파울로스가 파악한 내용은 필자의 이론 가운데 2중구조, 긴장이론, 공유경험의 세 요소(여기서 감정방향은 빠진다)와 유사하게 된다. 그런데 이미 언급했듯이 이것은 필자가 7년 전에 다소 애매하게 파악한 것에 불과하다. 현재에 더 발전시킨 개념에 따르면 이 세 요소로 설명할 수 있는 것, 그래서 파울로스도 유사하게 파악한 듯한 그 내용은 사실은 단지 유머의 논리적 구조가 아니라, 정확히 말하자면 '재미'의 논리적 구조다.

---

58) 파울로스, 위의 책, 97쪽.

6 '부조리' 개념에 대한 비판

다른 이론들에 대한 개괄을 끝으로, 서양에서 발달한 웃음에 대한 이론에서 가장 흔히 나오는 '부조리'라는 개념을 비판하고자 한다. 이 개념을 비판하고자 하는 까닭은 다음과 같다.

첫째, 이 개념이 웃음을 설명할 때 서양에서 특히, 매우 흔하게 사용되기 때문이고, 둘째, 그럼에도 불구하고 이 개념은 웃음을 형성하는 2중구조를 파악하지 못한 데에서 오는, 웃음의 피상적인 구조 표현에 근거한 용어이며, 셋째로는 그래서 이 개념을 사용함으로써 웃음을 이해하는 데에 불필요한 오해를 유발한다고 보기 때문이다.

일단 이러한 부조리나 그와 유사한 불합리 등의 개념이 웃음을 이해하고 설명하는 여러 입장들에 어떻게 나타나는지를 다시 살펴보자. 먼저 플라톤은 웃음을 고통과 쾌락의 혼합으로 이해하려 했음을 기억할 것이다. 또한 베아티는 웃음 속에서 둘 이상의 일관성 없고 부적절하며 서로 모순되는 상황 또는 그 일부가 얽혀 있음을 지적한다는 것도 기억할 것이다. 마찬가지로 메레디스는 다소 간접적이지만 극단적이고 가식적이며 우쭐대고 허풍 떨며 위선적인 어떤 것을, 베르그송은 인간의 경직됨과 기계적인 반복을 웃음의 주된 원인으로 파악한다. 코언은 우스개에 담긴 논리가 도를 넘어 부조리로 나아간다고 말하고 있으며, 파울로스는 인식될 수 있는 부조화와 적당한 정서적 분위기가 웃음의 필요충분조건이라고 말하고 있다.

이러한 부조리, 부조화, 불합리 등의 개념이 웃음을 이해하는 서양인들의 생각 속에서 일관되게 지속되어 온 정확한 원인을 필자가 당장 알 수는 없다. 하지만 중요한 것은 이렇게 부조리나 불합리를 웃음의 중요한 측면으로 파악하는 학자들이 많음에도 불구하고 그것은 웃음을 이해하기에 적절한 중요 개념이 못 된다는 것이다. 이들이 말하는 부조리나 불합리가 무엇을 말하는지 좀더 구체적인 사례를 통해서 알아보자. 코언이 제시하는, 부조리로 이해할 수 있는 우스갯소리는 다음과 같다.

그냥 5달러만

가난한 유태인이 부자 유태인의 집에 손을 벌리러 찾아갔다.

"그냥 돈을 줄 순 없지."

부자가 딱 잘라 거절하며 말했다.

"하지만 우리 집 잔디 깎는 이교도에게 20달러를 주는데, 자네는 같은 유태인이고 하니 잔디를 깎아 주면 특별히 25달러를 주겠네."

"저 또한 그 불쌍한 이교도의 밥줄을 빼앗을 수는 없습죠."

가난한 유태인이 고개를 저으며 말했다.

"그냥 5달러만 주세요."

한편 파울로스가 드는 예는 앞에서 본 club이라는 단어와 관계된 것이다. '친목단체'라는 뜻과 '몽둥이'라는 뜻을 함께 갖고 있는 용어 club을 사용한 문답 말이다. 이와 유사한 한국적인 예는 "죽을 준비해"라는 귀신에게 "밥밖에 없어"라고 대답하는 만득이 이야기나 다음과 같은 이야기가 있다.

왜? 기분 나쁘냐?

지금의 국가정보원이 안기부('안전기획부'의 약자)였던 적이 있었다. 이때 독재정권은 학생운동을 친북활동으로 몰아서 심하게 탄압했다. 그때 덩달이가 학생운동을 하다가 경찰에 잡혔다. 수사관은 고문을 해서 그가 간첩이라는 사실을 일부 자백받고 안기부로 넘겼다.

안기부 취조실.

무섭게 생긴 거구의 남자가 덩달이에게 오더니 덩달이 머리를 주먹으로 쥐어박았다. 덩달이가 열받아서 그 거구를 쳐다보자 거구가 말했다.

"왜? 기분 나쁘냐?"

그러자 덩달이가 하는 말,

"안기분 나빠요!"

이 이야기가 더 이해하기 쉽다면 이 이야기를 가지고 생각해도 좋다. 즉 위의 <그냥 5달러만>은 코언이 드는 유머의 예이고, 아래 <왜? 기분 나쁘냐?>는 파울로스가 드는 예의 한국적 사례인데, 각자가 이 이야기들이 우스운 이유를 이해하기 위해서 부조리, 혹은 불합리의 개념을 사용하는 것이다.

여기서 무엇이 부조리하거나 불합리한가? 그들이 지적하는 것은 구걸하는 유태인에게 노동에 대한 대가를 지불하겠다고 했더니 그 표면적인 논리만을 따라서 구걸인이 5달러만 그냥 달라고 했다는 것, 그리고 안기부 직원이 "기분 나쁘냐?"라고 물었을 때, 그 말소리의 2중성을 이용하여 다른 대답을 하는 것이다(더 정확한 예는 만득이의 <죽을 준비해?> 이야기를 생각해도 좋다). 둘 다 어떤 표면적인 논리를 따라서 본질을 호도했다는 점이 핵심이다. 그런 면에서 여기에는 불합리나 부조리가 있는 것은 사실이다. 하지만 그러한 불합리나 부조리는 그 이야기 속의 주인공에게 주어지는 불합리나 부조리이다. 그러면 이야기 속의 주인공에게 부조리가 주어지는 것이 웃음을 위해서 결정적으로 중요한가?

티코의 의미

신혼부부가 있었다. 하루는 남편이 회사에서 아주 재미있는 이야기를 들었다. '티코에서 카섹스를 한다'를 여섯 자로 줄이면 '작은 차 큰 기쁨'이라는 이야기였다.

남편은 집에 오자마자 아내에게 문제를 냈다. 물론, '티코에서 카섹스를 한다'를 여섯 자로 줄이라는 것이 그 문제였다.

아내는 한참 동안 얼굴을 붉히더니 답을 말했다.

"좁은데 욕봤다."

　이 이야기는 좀 우스울 수 있다. 아마도 코언이나 파울로스가 제시한 예들보다는 우스울 것이다. 그렇다면 이 이야기 속의 주인공에게 부조리나 불합리가 있는가? 글쎄…… 남편이 기대했던 것과는 다른 대답이 나왔지만 그 대답도 남편이 제시한 모든 조건이 만족되었다. 이것이 불합리나 부조리라는 말로 설명되어야 할까? 오히려 이 사례를 '불합리'나 '부조리'라는 말로 설명하고자 하는 것이 오히려 불합리하거나 부조리하다고 본다. 뭔가 다른 설명이 더 적절할 것 같다.

　필자는 이것을 2중구조와 긴장이론으로 설명하는 것이 훨씬 더 낫다고 생각한다. 이것은 부조리라는 개념이 웃음을 설명하는 데 필요한 요점을 제대로 표현하지 못한다는 사례가 될 것이다. 더욱이 우리가 앞에서 보았던, <담배인삼공사>의 표어나 <국외의원과 똥개의 공통점>에 대한 유머, 혹은 전두환 노태우의 3행시 등을 대한다면 그 안에서 어떤 점을 정확히 꼬집어서 부조리라고 할 수 있는지, 그리고 그것을 정말 부조리라는 말로 잘 표현할 수 있는지 묻지 않을 수 없다.

　다음은 부조리가 있지만, 웃음이 유발되지 않는 예를 들어보자. 앞에서 본, 폭탄 남학생에게 담뱃불을 붙여 주는 대신 동전을 주는 <동전 한 닢의 의미>나 <전자오락광의 유언>의 이야기는 어떤가? 이 이야기들은 별로 우습지 않다. 하지만 한 가지 조건은 갖추고 있다. 그것은 그 안에 코언이나 파울로스가 말하는 그런 부조리, 즉 이야기 속의 주인공에게 주어지는 부조리가 있다는 것이다. 하지만 그 이야기들은 별로 우습지 않다. 즉 이러한 비교를 통해서 볼 때, 부조리 개념은 웃음의 핵심을 제대로 포착하는 것도 아니고, 빠뜨려서는 안 되는 필수적인 요소를 가리키는 말이라고 할 수도 없다. 다음의 이야기는 어떤가?

콩가루 집안

어느 고속도로에서 교통경찰이 속도위반 차를 잡았다. 운전수는 술에 취해 있었다. 경찰이 말했다.

"면허증 좀 봅시다."

그러자 옆에 타고 있던 아내가 말했다.

"한 번만 봐 주세요. 이 이가 아직 면허증이 없어서……."

경찰은 놀라며 소리쳤다.

"아니, 음주운전에 무면허까지!"

그러자 뒤에 타고 있던 할머니가 끼어들었다.

"거 봐라 에미야, 내가 훔친 차로 얼마 못 간다고 했지!"

경찰은 입을 다물지 못하고 있었다.

그때 할머니 옆에 타고 있던 아이가 한 말을 들은 경찰은 그만 까무라치고 말았다.

"아까 은행 털 때부터 알아봤다니까……."

이 이야기에서는 코언이나 파울로스가 예로 든 것보다 더 분명하고 심각한 '부조리'나 '불합리'가 있다. 달리 말하자면, 그들이 든 것보다 더 정확한 '부조리'가 이 이야기의 구조에 있는 것이다. 그런데 이 이야기는 별로 우습지 않다. 재미있는 웃음보다는 조금 냉소적인 웃음을 짓게 될 뿐이다. 쉽게 말해서 '썰렁한' 이야기인 것이다. 인물들의 너무나 바보스러운 언행이 이야기를 구성하고 있고, 그래서 전체 이야기는 우습다기보다는 우스꽝스러울 뿐이다. 이때의 우스꽝스러움은 재미있게 우습지는 않고 조소에 가까운 웃음을 억지로 자아내는 특징을 가리킨다. 그리고 그 우스꽝스러운 진정한 이유가 '부조리'나 '불합리'라는 말로 가장 잘 표현될 수 있는 것이다. 경찰 앞에서 드러내서는 안 될 자기 가족의 문제점들을 하나씩 드러낸다는 부조리 말이다. 그리고 사실은 그 부조리 때문에 이 이야기는 재미있지도 우습지도 않다.

　따라서 단지 서양의 여러 학자들이 불합리, 부조리, 부조화 등의 말을 많이 쓴다고 해서 그런 부적합하고 부정확한 개념에 매달려서 웃음을 이해하려는 우를 범해서는 안 될 것이다.[59]

---

59) 서양의 학자들이 쓴 개념들이면, 그 개념이 정확하고 적합한지에 대한 비판 없이, 무조건 앵무새처럼 따라하면서 무슨 보물단지나 되는 듯이 되뇌이는 교수나 학생들을 많이 보았기 때문이다. 예를 들어서 독일어의 독특한 특성에 근거해서 여러 철학적인 개념들을 만들어 낸(그래서 보편성이 없는) 하이데거의 철학에서 나오는 여러 말들을 붙잡고 고심하는 사람들이나, 이와 유사하게 라캉이 말한 '응시(Gaze)'와 같은 개념들을 붙잡고 미술에 대해서 이러쿵저러쿵하면서 말잔치를 늘어놓는 사람들이 그 예일 것이다. 라캉은 위상수학과 정신분석학을 충분한 근거도 없이 마구 연관시켜서 현학적인 주장을 한 것으로 악명이 높다.

제 5 장

뫼비우스 띠 모형과 그 외의 측면에서 살펴본 재미

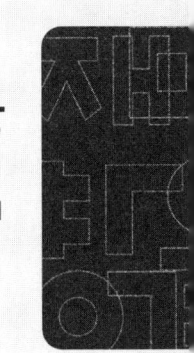

1 뫼비우스 띠 모형의 여러 측면들

이 장에서 논의할 내용은 재미와 웃음에 대한 순수 이론적 고찰들이다. 이 장의 내용은 크게 두 부분으로 나뉜다. 그것은 뫼비우스 띠 모형의 순수 이론적 측면들을 이모저모 살피는 것과, 뫼비우스 띠 모형 이외의 측면에서 살펴보는 재미의 여러 측면을 반성하는 것의 두 부분이다.

이상과 같은 순수 이론적 논의는 왜 필요한가? 그것은 금방 어디에 쓸 수 있는 실용성의 입장에서는 불분명하더라도 차후의 발전을 위해서 필요할 것이다. 학문 분야에서는 단지 이론적인 발전이 먼저 있고 나서 그 실용적인 응용의 의미를 획득한 경우들이 여럿 있다. 특히 이러한 예는 수학에서 많이 발견할 수 있는데, 재미에 대해서 순수 이론적으로 고찰하고자 하는 측면이 바로 수학적이거나 논리적인 측면들이다.

한편 뫼비우스 띠 모형 이외의 측면에서 살펴보는 재미의 측면들에는 묘한 일치나 반복에 의한 긴장 축적, 재미와 현실과의 관계 등을 논의할 것이다. 이 중에서 재미와 현실과의 관계는 '재미'라는 것이 사실은 우리의 삶과 직간접적으로 깊이 연관되어 있다는 점을 보여 줌으로써 재미가 단지 보고 즐기는 것에 그치는 것이 아니라 사실은 그 안에 거부할 수 없는 삶의 무게도 담겨 있음을 말할 것이다. 이러한 논의는 재미 바깥에서 보는 재미의 의미를 조금이나마 담아낼 수 있을 것이다.

'거짓말쟁이 역설'의 모순

필자는 재미의 형식적 구조의 결론으로서 뫼비우스 띠 구조를 제시하였다. 그런데 뫼비우스 띠의 형식과 상당히 정확하게 일치하는 한 가지 주제가 있다. 그것은 바로 '거짓말쟁이 역설'이라고 불리는 모순의 형식이다. 이 거짓말쟁이 역설에 대해서는 아는 사람들이 많겠지만 모르는 사람들을 위해서 그것을 간단히 소개하도록 하자.

거짓말쟁이 역설1

크레타 사람이 이렇게 말했다. "모든 크레타 사람들은 거짓말쟁이다."
이것이 역설인 까닭은 다음과 같다.
여기서 '거짓말쟁이'라는 말은 '항상 거짓말만 한다'는 뜻으로 본다. 모든 크레타 사람이 거짓말쟁이라면 이 말을 한 크레타 사람도 거짓말쟁이일 것이다. 그렇다면 "모든 크레타 사람이 거짓말쟁이다."라는 이 말도 크레타 사람이 한 말이므로 거짓말이다. 그런데 이 말이 거짓말이라면 크레타 사람들 중의 어떤 사람은 거짓말쟁이가 아니다. 그 사람이 이 말을 한 사람이라면, "모든 크레타 사람은 거짓말쟁이다"라는 말을 했다면 이 말은 참말이다. 그런데 이 말이 참말이라면······.

거짓말쟁이 역설2

"이 문장은 거짓이다."

이것이 역설이 되는 까닭은 다음과 같다.

"이 문장이 거짓이다"라는 것이 참이라고 해 보자. 그렇다면 이 문장은 거짓일 것이다. 그런데 이 문장이 거짓이라면 "이 문장이 거짓이다"라는 것이 거짓이다. 즉 이 문장은 참이 된다. 그런데 이 문장이 참이라면 ······.

<거짓말쟁이 역설2>는 <거짓말쟁이 역설1>의 단순화된 형태이다. 즉 논리적인 구조는 같다. 여기서 중요한 것은 다음과 같다. 즉 각 부분에서는 아무런 문제가 없어 보이는데, 그 연관 고리를 따라가면 나중에는 전혀 반대의 결과가 나타난다는 것이다. 분석을 한번 해 보자. <거짓말쟁이 역설2>가 더 단순하므로 이것을 분석하기 위해서 각 문장에 번호를 매겨 보면 다음과 같다.

거짓말쟁이 역설2

"이 문장은 거짓이다."

이것이 역설이 되는 까닭은 다음과 같다.

①"이 문장이 거짓이다"라는 것이 참이라고 해 보자. ②그렇다면 이 문장

은 거짓일 것이다. ③그런데 이 문장이 거짓이라면 "이 문장이 거짓이다"라는 것이 거짓이다. ④즉 이 문장은 참이 된다. ⑤그런데 이 문장이 참이라면…….

여기서 ①번 문장과 ③번 문장을 잘 보자. 이 두 문장은 전적으로 반대가 된다. 즉 ①과 ③은 같은 문장에 대해서 참과 거짓이라고 정반대의 이야기를 하는 것이다. 즉 서로 모순이 된다. 그런데 각각의 문장에서 다음의 문장으로 넘어갈 때에는 아무런 문제가 없다.

이것이 중요하다. 즉 각 부분에서는 문제가 없는데, 계속해 나가면 나중에는 전혀 반대의 결과가 생긴다. 그래서 이것이 '역설'이라는 이름을 갖는 것이다.

그리고 이것은 곧 뫼비우스 띠의 수학적 구조와 동일한 것이다. 즉 뫼비우스 띠에서는 한 면을 계속 따라가면 각 부분에서는 아무런 문제가 없는데 나중에는 안과 밖이 뒤집혀 있는 것이다. 이렇게 각 부분에서는 아무런 문제가 없는 것에 '단계별 정합성'이라는 이름을 붙이도록 하겠다.

그리고 이것은 곧 뫼비우스 띠와 거짓말쟁이 역설의 중요한 성질을 지칭하는 것이다. 즉 뫼비우스 띠도 각 부분에서는 단계별 정합성이 있는데 어느 단계에서는 안과 밖이 바뀌는 결과가 나타나고, 거짓말쟁이 역설에서도 결론에 이르는 각 단계에서는 단계별 정합성이 나타난다. 하지만 최종적으로는 서로 모순인 결과가 나타난다.

이 단계별 정합성이 곧 거짓말쟁이 역설을 탐구한 많은 논리학자들과

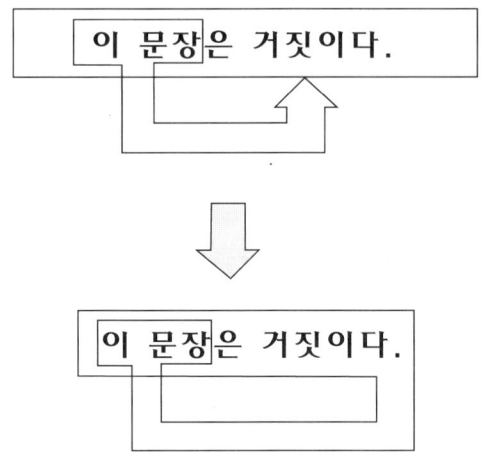

거짓말쟁이 역설 문장.

언어학자들을 괴롭힌 점이다.[60] 그리고 이 단계별 정합성은 재미에 있어서도 중요하다. 왜냐하면 그것이 긴장 해소의 국면에서 그 해소(특히 반전)에 충분한 이유가 맞물려 있음을 의미하기 때문이다.

실제로 거짓말쟁이 역설 문장의 의미를 위의 그림과 같이 표현해 보면 거짓말쟁이 역설에서 곧바로 뫼비우스 띠의 모습이 나타난다는 것을 알 수 있다.

위의 그림에서 두 번째 그림을 보면 안과 밖이 서로 연결되어 있음을 알

---

60) 논리학자들과 언어학자들을 단계별 정합성이 괴롭힌 까닭은 다음과 같이 말할 수 있다. 각 추론의 단계에 어떤 문제가 있기 때문에 최종적으로 모순이 생기는가? 그런 모순이 생기지 않도록 하기 위해서 얼마나 추론 규칙을 엄격하게 할 것인가? 이때 모순이 생기지 않도록 하기 위해서 추론 규칙을 너무 많이 제한하면 합당한 많은 추론이 불가능하게 되고, 또 지나치게 많이 허용하면 다시 모순이 생긴다는 것이 갈등의 요점이다.

수 있다. 이것은 뫼비우스 띠의 수학적 성질을 시각적으로 드러낸다. 어떤 사람들은 이것이 뫼비우스 띠보다는 클라인 병(Klein bottle)에 더 비슷하다고 말할지도 모르겠다. 왜냐하면 뫼비우스 띠에서는 한쪽 면이 다른 쪽 면과 이어지는 성질을 갖는 반면, 클라인 병은 안과 밖이 서로 이어지는 특징을 갖기 때문이다.

하지만 뫼비우스 띠와 클라인 병은 단지 전자가 2, 3차원적 성격을 가지고 있고 후자는 3, 4차원적 성격을 가지고 있다는 점만 다를 뿐 위상수학적 의미는 동일하다는 것은 수학적 상식이다. 즉 클라인 병은 아래의 그림에서 보는 바와 같이 뫼비우스 띠의 양쪽 가장자리를 서로 이어 붙여서 만들어진 것이다. 달리 말하면 클라인 병을 자르면 뫼비우스 띠가 두 개 생기는 것이다.[61]

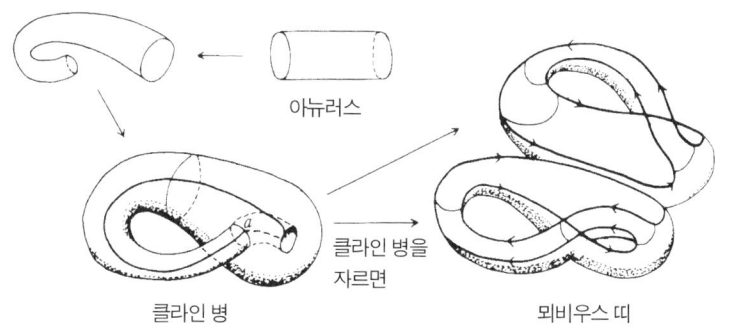

뫼비우스 띠와 클라인 병(김용운 · 김용국, 『토폴로지 입문』, 우성문화사(1995), 179쪽에서 인용)

---

61) 김용운 · 김용국, 『토폴로지 입문』, 우성문화사(1995), 179쪽.

파울로스는 뫼비우스 띠와 재미와의 관계를, 뫼비우스 띠와 웃음과의 관계로 잘못 파악했다. 하지만 어렴풋하게나마 파악했던 공로는 인정해야 하지 않을까 싶다.[62] 그는 "이런 타입(거짓말쟁이 역설)의 유머는 실제로 매우 퍼져 있다. 거의 모든 종류의 예술 작품을 그 내용과 모순되게 만듦으로써 익살스럽게 만들어 낼 수 있다."라고 주장한다. 아마도 파울로스가 생각한 모든 종류의 예술 작품에는 대표적으로 에셔[63]의 그림과 바흐의 「음악의 헌정」이 포함되지 않을까 싶다.[64] 바흐의 음악을 지금 들려줄 수는 없지만 에셔의 대표적인 그림 중 하나를 여기에 제시하겠다.

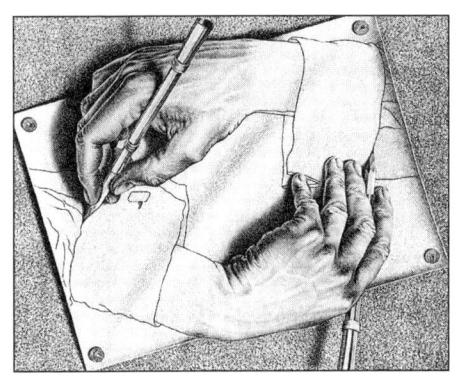

에셔의 「그리는 손」.

그림을 잘 보면, 두 개의 손이 서로를 그리고 있다. 그런데 위의 손이 아

---

62) 파울로스, 위의 책, 제3장 : 「자기모순과 패러독스」에서 파울로스는 전적으로 역설과 유머와의 관계를 논의한다고 했다. 그런데 사실은 수학자로서의 파울로스가 역설과 관련된 수학적 사실들을 더 많이 열거하고 있다.
63) 에셔(Maurits Cornelis Esher)는 네덜란드의 화가이다.
64) 에셔의 그림과 바흐의 음악, 그리고 이들이 갖는 패러독스의 구조를 괴델의 불완전성 정리와 관련시켜서 자세히 설명한 책은 더글러스 호프스태가 쓴 『괴델, 에셔, 바흐』(박여성 옮김, 까치, 1999)를 보면 된다. 하지만 이 책이 쉽고 재미있게 쓰여졌다는 말을 듣고 읽으려 했지만 쉽게 쓴다는 명목하에 너무나 지루하게 설명을 늘어놓아서 필자는 읽기를 그만두었다. 혹시나 조금 더 어렵긴 하지만 박진감 넘치게 설명된 책을 원한다면 필자는, 모리스 클라인이 지었고, 박세희가 번역한 『수학의 확실성(MATHEMATICS : The Loss of Certainty)』(민음사, 1984)을 권하고 싶다. 이 책에서는 바흐나 에셔에 대해서는 설명하지 않는 대신에 역설의 문제에 대해서 아주 잘 설명하고 있다. 단, 아쉽게도 이 책은 절판되었다. 대학 도서관에서는 쉽게 찾을 수 있을 것이다.

래의 손을 그리고 아래의 손이 위의 손을 그리는 이 상황에서 만약 어느 한 손이 다른 한 손을 그리지 않았다면 그 그려지지 않은 손은 존재할 수 없을 것이고, 그래서 그 손을 아직 그리지 않은 손도 존재할 수 없다는 역설적 구조를 가지고 있다. 이러한 역설적 구조는 기본적으로 거짓말쟁이 역설과 같은 것이다. 하지만 조금은 달라 보일 것이므로, 에셔의 그림과 더 유사한 거짓말쟁이 역설의 변형판을 제시할 수 있다.

거짓말쟁이 역설3

어떤 엽서의 앞면에는 이렇게 씌어 있다.

"이 엽서의 뒤에 적힌 말은 참말이다."

그 엽서의 뒷면에는 이렇게 씌어 있다.

"이 엽서의 앞에 적힌 말은 거짓말이다."

이 거짓말쟁이 역설에 대한 분석을 또 제시할 필요는 없을 것이다. 이렇게 에셔의 그림은 거짓말쟁이 역설을 논리적인 토대로 하고 있는 경우가 많은데 아니나 다를까, 에셔는 다음 그림과 같은 뫼비우스 띠도 작품으로 그렸다. 만약 여러분들이 에셔의 그림을 보면서, '단지 아름다운 것이 아니라 어떤 점에서 재미있는 그림들이다.'라고 생각한다면, 여러분은 재미

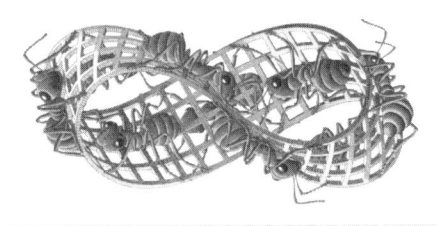

에셔의 「뫼비우스 띠2」.

에 대한 뫼비우스 띠 모형을 제시한 필자의 주장을 지지하게 될 것이다.

필자는 앞에서 웃음을 '부조리' 혹은 '불합리' 등과 같은 일련의 개념으로 이해하는 것은 적절하지 못하다고 주장했다. 하지만 파울로스는 역설과 유머의 관계를 지적했다고 생각하고 다음과 같이 말한다.

"어떤 명제의 내용이 그 형식이나 표현 방식과 일치하지 않을 때 농담의 형태를 갖춘다. 다시 말해서 어떤 명제의 표현 양식이 그 내용을 잘못 전하고 그래서 생긴 부조화 때문에 익살맞을 때가 종종 있다."[65]

이러한 파울로스의 주장을 신중하지 못하게 받아들이면 다시 여러분들은 웃음과 부조리의 관련성을 인정하게 될지도 모른다. 하지만 다시 강조하건대, 여러 학자들이 웃음을 이해하면서 생각한 부조리의 많은 부분은 우스꽝스러운 불일치를 말한다. 거기에서 뫼비우스 띠 구조나 거짓말쟁이 역설의 핵심적인 부분, 즉 각 단계별 정합성은 빠져 있다. 그러므로 파울로스가 역설을 이야기하면서 언급하는 부조리는 다른 많은 사람들이 웃음을 분석하면서 언급하는 부조리나 불합리와 다른 뜻을 가지고 있다. 게다가 파울로스가 지적하는 부조리는 역설에서 드러나는 모순을 가리킨다고 하더라도, 이제 여러분은 거짓말쟁이 역설의 구조는 웃음에 직접 관련된 것이 아니라 재미에 직접 관련된 것임을 이해할 것이다.

재미를 즐기기는 쉽지만 만들기는 어렵다

다음으로 살펴볼 주제는 차원의 증가 문제이다. 앞에서 필자는 뫼비우

---

65) 파울로스, 위의 책, 71쪽.

스 띠와 클라인 병은 단지 전자가 2, 3차원적 성격을 가지고 있고, 후자는 3, 4차원적 성격을 가지고 있음을 언급했다. 왜 뫼비우스 띠는 2차원이 아닌 2, 3차원의 성격을, 클라인 병은 3차원이 아니고 3, 4차원의 성격을 갖는 것일까? 그것은 뫼비우스 띠를 보면서 조금만 생각해 보면 어렵지 않게 이해할 수 있다.

뫼비우스 띠는 각 부분이 모두 면으로 되어 있다. 그래서 각 부분은 모두 2차원이다. 그런데 뫼비우스 띠 전체는 2차원 안에 존재할 수 없다. 3차원 안에서만 존재할 수 있다. 클라인 병도 마찬가지이다. 클라인 병의 각 부분들은, 어느 부분을 끄집어 내더라도 3차원 안에 존재할 수 있다. 하지만 전체는 결코 3차원 안에 존재할 수 없다. 오직 4차원 이상의 공간에서만 존재할 수 있는 것이다. 뫼비우스 띠나 클라인 병이 재미의 위상수학적 구조를 드러낸다는 관점에서 볼 때 이것을 어떻게 해석해야 할까?

필자는 그 의미를 이렇게 추측해 본다. 즉 작품에서의 재미를 구현한다면 (어떤 의미에서든)한 차원 높은 복합적인 사고를 요구한다는 것이다. 즉 재미있는 작품을 구현할 때 작품의 각 부분에서는 저차원의 단순한 사고를 요구하지만, 작품 전체에서는 고차원의 복합적인 사고가 요구된다. 이것의 의미를 다시 추측하는 것은, 충분한 근거 없이 상상력을 발휘하는

뫼비우스 띠 모양의 반지. 이 반지의 두께가 없다더라도 이것을 2차원 평면 안에 집어넣을 수는 없다.

공상이 될 가능성이 있어서 어느 정도 제한해야 할 필요가 있다. 하지만 이와 유사한 우리의 경험이 있다는 점을 지적하는 것은 근거 없는 추론이나 추측은 아닐 것이다. 즉 재미있는 작품을 이해하고 즐기는 것은 단순한 사고를 가진 사람들도 할 수 있는 일이지만, 재미있는 작품을 창작하는 것은 단순한 사고를 가진 사람들은 결코 할 수 없는 일이란 사실이다. 결국 재미있는 작품을 보고 즐기는 것은 쉽다. 그러나 그러한 재미있는 작품을 만드는 일은 어렵다.

특히 차원이 상승할 때 난이도가 얼마나 증가하는지를 수학이나 철학 등에서 경험한 사람들이라면[66] 단지 한 차원 높은 사고를 요구하는 재미있는 작품의 창작 작업이 단지 한 차원 낮은 사고를 요구하는 감상 작업보다 얼마나 어려운가를 이해할 수 있을 것이다. 그렇기 때문에, 대부분 작품을 감상하면서 느끼는 그 '재미'라는 것은 단순하게 느낄 수 있는 쉬운 것이지만, 그 재미를 이해하기 위한 지금의 논의는 또한 쉽지 않고 복잡하다.

---

66) 대수기하학을 보더라도 2차원 평면에서의 대수기하학과 3차원 입체공간에서의 대수기하학의 난이도는 상당히 차이가 난다. 예를 들어서 원의 방정식을 이해하는 것과 구의 방정식을 이해하는 것을 생각해 보라. 혹은 뫼비우스 띠의 한 차원 높은 모형, 클라인 병을 분명하게 생각하는 것은, 단지 한 차원 높아졌을 뿐임에도 불구하고 상당히 많이 어려워진다.

2 묘한 일치, 반복의 형식 그리고 현실

뫼비우스 띠 모형 다음으로 필자가 논의하고자 하는 것은 뫼비우스 띠 모형이 아닌 다른 관점에서 발견할 수 있는 재미의 여러 가지 측면들이다. 그것의 구체적인 주제는 묘한 일치, 반복의 형식 그리고 현실의 의미 세 가지다.

이러한 논의가 이루어진다는 것은 뫼비우스 띠 모형을 중심으로 하는 이론으로 잘 포착되지 않거나 포착하기 불가능한 측면들이 있다는 것을 뜻한다. 달리 말하면 지금까지 필자가 제시한 재미에 대한 이론의 불완전한 부분을 보여 주는 것일지도 모른다. 하지만 필자는 그런 부분들조차도 어느 정도 뫼비우스 띠 모형으로 포착할 수 있다는 주장을 펼 것이다. 이런 점에서 다소 무리가 있지는 않는지, 독자 여러분은 필자의 주장을 조금은 의심스러운 눈으로 보아도 좋다. 어차피 그런 또 다른 비판을 통해서 발전이 이루어질 테니까 말이다.

'묘한 일치'와 그 형식화

재미있는 작품들 중 많은 것은 필자가 지금까지 제시한 재미의 요소들과 그것의 결합체인 뫼비우스 띠의 구조에 맞지 않아 보인다. 우스갯소리들 중에 그런 것이 많다. 하지만 그러한 것들은 대부분 중요한 부분이 은닉되어 있기 때문이며 그것들을 다 따져 보면 실제로는 뫼비우스 띠 모형에 잘 맞는다는 것을 필자는 밝힐 것이다.

먼저 예로 들 수 있는 두 사례는 다음과 같다(더 많은 예가 있지만, 다른 주제들을 설명하면서 이 책 전체에서 천천히 소개하겠다).

TOKIC 정기 시험

미국에서 한국어 토익을 실시한다면 이를 일러, TOKIC(Test of Korean for International Communication)이라고 하겠습니다.

* 문제 1~5까지는 듣기 시험입니다. 잘 듣고 물음에 답하시오.

문제 1. 다음 문장을 잘 듣고 옳은 대답을 고르시오.

엄마 : 철수야! 더 안 먹을 거 아니지?

(가) 네, 더 안 먹을 거예요.

(나) 아뇨, 더 먹을 거예요.

(다) 네, 더 주세요.

문제 2. 다음의 대화에 이어질 말로 적당한 것은?

깡패 : 야! 너 이리 와 봐!

범생 : 저요?

깡패 : 좋은 말할 때 있는 돈 다 내 놔 봐.

범생 : 여, 여기요. 2,000원밖에 없어요.

깡패 : 짜식! 너 내가 돈 뜯었다고 꼽냐? 꼽냐고!!?

(가) 아니 꼬운데요.

(나) 꼬운데요.

(다) 아뇨! 안 꼬와요.

문제 3. 짧은 대화를 듣고 내용이 맞는 것을 고르시오.

덕희 : 야! 너 지난 토요일에 지오디 콘서트 갔어?

민진 : 아니, 나가다가 아빠한테 걸려서 맞아 죽을 뻔했어.

(가) 그들은 신을 만나고 싶었는데 못 만났다.
(나) 민진이의 아빠가 그녀의 발을 걸어 넘어뜨렸다.
(다) 민진이는 토요일의 대중가수 공연에 가지 못했다.
(라) 덕희는 맞아 죽은 민진이의 장례식장에 갔다.

* 문제 4에서 5까지는 다음의 문장을 듣고 물음에 답하시오

삐리리리릿~~

지금 열차가 들어오고 있습니다. 승객 여러분은 안전선 밖으로 한 걸음

물러나 주시기 바랍니다. 이번 역은 승강장이 곡선구간이오니 승하차시 주의하시기 바랍니다.

문제 4. 지금 방송이 나오는 곳은 어디인가?
(가) 지하철 역 (나) 버스정거장 (다) 공사장 (라) 야구장

문제 5. 이 방송을 듣고 나서 해야 할 일은?
(가) 안전선에서 한 걸음 앞으로 걸어간다.
(나) 옆에 서 있는 일본인을 발로 찬다.
(다) 곡선을 피해 직선을 찾는다.
(라) 뒤로 한 걸음 더 물러난다.

* 문제 6에서 10까지는 읽고 답하는 문제입니다.
문제 6. 다음 문장에서 틀린 곳을 고르시오.
철수는 어제 친구 영철이에게 똥침을 맞아서 실신하였다.
   (가) (나) (다) (라)

문제 7. 빈칸에 들어갈 옳은 단어를 고르시오.
_____ 볼 때, 박경림이 미인이라고 생각할 수 없다.
(가) 반항적으로 (나) 홍건적으로
(다) 공상적으로 (라) 객관적으로

문제 8. 밑줄 친 부분과 뜻이 같은 말을 고르시오.

누가 내일 미팅을 가자고 하면 "당근이지!"라고 대답해야지.

(가) 캐롯이지! (나) 오이로 하지! (다) 야채 먹지! (라) 당연하지!

* 문제 9에서 10까지는 다음의 지문을 읽고 물음에 답하시오.

병수 : 여보세요? 거기 만리장성이죠?

경호 : 네? 아닌데요. 전화 몇 번 거셨어요?

병수 : 어? 거기 중국집 아니에요?

경호 : 아뇨. _____.

병수 : 앗! 죄송합니다.

문제 9. 밑줄 친 부분에 들어갈 말로 적당한 것은?

(가) 한국집인데요.   (나) 방석집인데요.

(다) 과부집인데요.   (라) 가정집인데요.

문제 10. 전화를 끊고 병수는 무엇을 했을까?

(가) 씩씩대며 욕을 한다.

(나) 전화번호부를 찾아본다.

(다) 경호를 패 주러 떠난다.

(라) 라면을 끓여 먹는다.

선생님을 졸도시킨 답안지

S중학교 국어 시험

[문제] 문장호응관계를 고려할 때 괄호 안에 알맞은 말은 ?

"내가 (   ) 돈은 없을지라도 마음만은 부유하다."

[정답] (비록)

[그 학생] 내가 (씨발) 돈은 없을지라도 마음만은 부유하다.

K중학교 가정 시험

[문제] 찐 달걀을 먹을 때는 (   )을(를) 치며 먹어야 한다.

[정답] (소금)

[그 학생] 찐 달걀을 먹을 때는 (가슴)을 치며 먹어야 한다.

E여고 중간고사 생물 시험

[문제] 괄호 안에 알맞은 단어를 쓰시오.

곤충은 머리 - 가슴 - (   )로 나뉘어져 있다.

[정답] (배)

[그 학생] 곤충은 머리 - 가슴 - (으)로 나뉘어져 있다.

S초등학교 글짓기 시험

[문제] "(   )라면 (   )겠다"를 사용해 완전한 문장을 지어 보세요.

[정답] "(내가 부자)라면 (가난한 사람들을 도와 주)겠다" 등등.

[그 학생] (컵)라면 (맛있)겠다.

S초등학교 체육 시험

[문제] 올림픽의 운동 종목에는 (　) - (　) - (　) - (　)가 있다

[정답] (육상) - (수영) - (체조) - (권투) 등등.

[그 학생] 올림픽의 운동 종목에는 (여) - (러) - (가) - (지)가 있다.

S초등학교 자연 시험

[문제] 개미를 세 등분으로 나누면 (　) - (　) - (　)

[정답] (머리) - (가슴) - (배)

[그 학생] 개미를 세 등분으로 나누면 (죽) - (는) - (다).

앞에서 필자는 나열식 유머에 대해서 언급하였다. 그리고 그 나열식 유머를 분석한 내용 중에서 가장 중요한 특징은 나열식 우스갯소리 속에 있는 2중구조가 서로 다른 두 이야기의 '묘한 일치'라는 것이었다. 그리고 지금 우리가 살펴보고 있는 틀에 맞지 않는 듯한 재미있는 이야기들도 바로 이러한 방식에서 해석할 수 있다.

그런데 이러한 '묘한 일치'를 파울로스는 수학적인 개념으로 형식화해 내었다. 그것은 다음과 같다.[67]

---

67) 파울로스, 위의 책, 48~49쪽.

농담꾼 : 공리 1, 2, 3은 어떤 모형(모델)에서 참이지?

듣는 사람 : 모델 M에서.

농담꾼 : 아니야, 모델 N이야.

이것은 수학적 사고나 지식에 익숙한 사람들에게는 쉽고 분명한 이야기겠지만 일반 사람들에게는 지나치게 현학적인 표현일 것이다. 그러므로 필자는 일반인들이 똑같은 의미로 사용할 수 있는 다음의 표현으로 고치겠다.

농담꾼 : 조건 1, 2, 3을 만족시키는 구체적인 대상은 어떤 것이지?

듣는 사람 : M이야.

농담꾼 : 아니야, N이야.

파울로스가 재미를 웃음과 혼동하고 있다는 사실을 덮어 둔다면 이것도 좋은 통찰이라고 필자는 생각한다. 그리고 위의 두 이야기들은 그러한 측면에서 재미있다. 즉 <선생님을 졸도시킨 답안지>에는 각 [정답]과 [그 학생]의 답이 각각 동일한 조건들을 만족시키는 답이지만 매우 이질적인 답이다. 너무나 이질적이어서 엉뚱하지만 조건들을 이상 없이 만족시킨다는 점에서는 별 문제가 없다. 물론 이러한 이질적인 답도 충분히 이해할 수 있도록 듣는 사람과 농담꾼이 서로 M과 N에 대한 경험을 충분히 공유해야 한다는 조건은 당연히 따라붙는다. 파울로스가 든 예를 들어 보겠다.

노인의 질문

더러운 옷차림의 늙은이가 어리고 순진한 아가씨를 짓궂게 바라보며 말한다.

"딱딱하고 마른 상태로 들어갔다가 부드럽고 젖은 상태가 되어 나오는 것은 뭘까?"

아가씨는 얼굴을 붉히며 더듬거린다.

"글쎄요. 저 ……음……."

그 말에 그 늙은이는 "껌이지."라고 짓궂게 대답한다.

파울로스와 우리가 문화적 배경의 차이가 있어서 그런지, 파울로스의 예는 좀 썰렁하지만 다음의 예들은 (적어도 한국 사람들에게는) 좀더 재미있다.[68]

성교육 시간에

○○여자고등학교에 엄청나게 밝히는 남자 선생님이 한 명 있었다. 이 남자 선생님은 툭하면 여학생들에게 이상한(?!) 질문을 하곤 했다.

그날도 어김 없이 밝히는 선생님이 질문을 했다.

---

68) 필자도 외국에 나가서 유럽 사람들과 여러 번 잡담을 나누면서 우스갯소리를 들려 주고 또 듣곤 했었다. 그런데 한국 사람들이 깔깔거리는 우스갯소리를 그들에게 잘 말해 주면 그들도 엄청나게 깔깔거리고 웃었다. 예외는 없었다. 그런데 그들이 깔깔거리는 우스갯소리들은 별로 우습지 않았고, 그들조차도 그런 우스갯소리들에 대해 한국의 우스개들보다 덜 우스워하고 덜 재미있어 했다. 그들에게 우스개를 말해 줄 때에는 웃음의 네 가지 요소들이 잘 구현되도록 제시해야 한다.

남선생 : 넣기 전에 설레지만 넣었을 때는 황홀하고, 이리저리 흔들었을 때 그 소리! …… 뺄 땐 아쉬움이 남아서 더 넣고 싶은 것은 무엇일까? (은근히 야한 질문하는 것을 즐김!)

그때 엄청 순수해 보이는 범생이가 자신 있게 손을 들었다.

범생이 : 저 ~ 욥!!

남선생 : 그래! 그것이 무엇이냐??

그러자 범생이가 한참을 고민하다가 말을 했다.

범생이 : 혹시…… 저금통 아닌가요?

남학생들의 변화

1학년 : 꽃뱀(순진하고 깨끗하다. 먹음직스럽다.)

2학년 : 까치독사(사회 현상에 눈뜨기 시작하여 톡톡 쏘기 때문에 다루기 힘들다.)

3학년 : 코브라(판단이 예리하고 시비 거는 일이 잦으며 이성관계에서도 끝장을 내려 한다.)

4학년 : 능구렁이(본심을 잘 털어놓지 않고 다른 이에게도 싫은 소리를 하지 않는다.)

반복에 의한 긴장 축적

그런데 이와 같이 동일한 조건들을 만족시키는 두 대상을 생각하는 2중 구조 외에도 앞에서 필자가 제시한 예들, 즉 <TOKIC 정기 시험>과 <선생

님을 졸도시킨 답안지>에는 어떤 다른 것이 있다. 방금 본, <편지>나 <남학생들의 변화>와 같은 예들에는 없는 것이다. 그것은 반복이다. <TOKIC 정기 시험>은 열 개의 질문으로 구성되어 있다. 만약 그 중의 하나만을 떼어 내어서 제시하면 재미가 있을까? 그렇지는 않을 것이다. <선생님을 졸도시킨 답안지> 역시 마찬가지다. 그 중 하나만을 떼어 내어서 제시한다면, 그것이 여섯 개 중의 하나를 떼어 낸 것일 때, 재미가 6분의 1로 줄어들까 아니면 그 이하로 줄어들까? 필자는 재미가 그 이하로 줄어들어서 6분의 1보다 작을 것이라고 본다. 만약 필자의 생각이 옳다면 왜 그러한가? 그것은 반복에서 오는 긴장의 축적 때문이다.

여기서 필자는 다시 초점을 잠시 동안만 긴장이론으로 옮기겠다. 몇 가지 오해의 여지에 대해서 미리 답하기 위해서다. 위에서 <노인의 질문>은 우스운가? 별로 우습지 않을 것이다. 그것은 필자가 지적한 대로 반복에 의한 긴장의 축적이 없기 때문이다. 그런데 <성교육 시간에>는 그러한 반복이 없어도 우습다. 이 차이는 왜 생기는가? <성교육 시간에>는 긴장을 포함하고 있다. 그것은 범생이가 고민을 하다가 천천히 말하는 것이다. 즉 궁금증이 일종의 긴장으로서 작용한다. 하지만 <노인의 질문>은 그러한 긴장이 약하다. 이렇게 약한 긴장들을 우리는 <TOKIC 정기 시험>과 <선생님을 졸도시킨 답안지>의 처음이나 중간 부분들에서 발견할 수 있다. 하지만 반복에 의해서 후반부에 강력한 재미가 생성되고 웃음이 생겨난다. 즉 강력한 재미의 성패에는 재미의 요소들, 웃음의 요소들이 복합적으로 작용하는 것이다.

조금 반복되지만, 정확히 설명하기 위해서 초점을 다시 반복으로 옮겨 보자. 각각의 단위 이야기들은 사소한 긴장의 축적, 그리고 공유경험에 의한 2중구조, 그리고 해소로 구성되어 있다. 그런데 이러한 단위 이야기들이 반복되면서 각각의 단위 이야기들에서 기대감이 증가한다. 이 기대감은 긴장의 일종이기 때문에 저 나열식 이야기들을 읽거나 듣게 되면 사람들은 나중에 웃는다. 즉 부분의 위치를 재배열해서 여러 가지로 순서를 바꾸어 보아도 뒤쪽에서 웃는 사람들이 대부분인 것이다. 그것은 뒤쪽에서 재미가 커진다는 것을 의미한다. 왜냐하면 감정방향은 일정하므로 나머지 세 요소, 즉 재미의 크기가 큰지 작은지에 따라서만 웃음의 크기가 달라진다고 판단할 수밖에 없기 때문이다. 다음의 예에서도 이와 같은 사실을 확인할 수 있다.

컨닝의 여섯 가지 도(道)

도(道)란 만물에 뻗어 있어서 그 미치지 않는 바가 없으니 마침내 컨닝에도 그 마땅한 도가 있는 법이다. 그 내용을 살펴보면,
감독자의 공갈에 굴하지 않으니 이를 가리켜 '용(勇)'이라 한다.
항상 우등생과 감독자의 위치를 파악하고 있으니 이를 가리켜 '지(智)'라 한다.
컨닝하다 들켜 F를 맞는 학생을 내 일처럼 불쌍히 여기니 이를 가리켜 '인(仁)'이라 한다.
자기는 들켜도 끝내 공범자를 불지 않으니 이를 가리켜 '의(義)'라 한다.

답을 보여 주는 사람의 답이 정답임을 굳게 믿으니 이를 가리켜 '신(信)'이라 한다.

답을 보여 주는 사람보다 더 높은 점수를 받지 않으니 이를 가리켜 '예(禮)'라 한다.

이와 같은 인, 의, 예, 지, 신, 용의 도를 얻어 컨닝을 하면, 한때 '신속, 정확, 시치미 뚝'의 3요소에 의지하던 학생들이 높이 우러러보며 배움을 청하기 위하여 신발 벗고 뛰어오고, 매일을 미팅과 음주로 보내더라도 마침내 얻지 못할 학점이 없다. 다만 졸업 후에 패가망신까지는 막지 못하니 깊이 새겨야 하느니라.

하지만 단순히 나열을 통해서 긴장을 축적해 나가는 구조를 가진 작품들만이 필자의 뫼비우스 띠 모형에 맞지 않는 것으로 보이는 것은 아니다. 다음의 <백수시>는 그 속에 별로 2중구조가 없는 듯이 보이지만 그런 대로 재미있다. 왜 그런가?

백수시

있는 것은 체력이요,

없는 것은 능력이니,

늘어나는 것은 한숨이요,

줄어드는 것은 돈이구나.

기댄 것은 방바닥이요,

보이는 것은 천장이니,

들리는 것은 구박이요,

느끼는 것은 허탈감이다.

먹는 것은 나이요,

남는 것은 시간이니,

펼친 것은 일간지요,

거는 것은 전화다.

혹시나 한 것은 기대감이요,

역시나 한 것은 허망함이니,

오는 것은 연체료요,

가는 것은 돈이로다.

죽은 것은 삐삐요,

산 것은 건전지니,

처량한 것은 삐삐멘트요,

불쌍한 것은 수신된 메시지 없음이다.

다가오는 것은 바캉스요,

떠난 것은 가족들이니,

지키는 것은 집이요,

곁에 있는 것은 개다.

또 다른 예를 찾자면 기록적인 관객몰이에 성공한 한국영화 「실미도」이다. 「실미도」에는 별다른 복잡한 구조가 없다. 영화 속 이야기의 진행은 직선적이고 별다른 복선도 깔려 있지 않다. 이와 달리 「태극기 휘날리며」에서는 중요한 복선과 2중구조를 찾아낼 수 있다. 그것은, 한국전쟁이 일어나기 전에 진태(장동건 분)의 약혼자로 나오는 영신(이은주 분)이 '보도 연맹'에서 쌀을 타기 위해 명단에 이름을 올렸다는 대화의 장면이 나온다. 그러고는 이것이 이유가 되어서 서울이 수복된 후 우익단체 청년들은 영신을 죽이려고 한다. 그 지점에서 영화의 이야기는 크게 반전된다. 진태가 이 반전을 통해서 북한의 깃발부대장이 되기 때문이다.

하지만 「실미도」에서는 이와 같은 구조가 거의 없다. 특히 영화 속 이야기가 반전될 때마다 거기에서 주어지는 반전의 계기는 뚜렷한 복선 없이 진행된다. 인물들이 실미도로 모여들 때, 그리고 훈련을 받는 도중의 갖가지 갈등이 축적되고 해소될 때, 그 후에 비 오는 밤에 북한으로 침투할 때, 혹은 북한으로 가다가 결국에는 되돌아올 때, 또 실미도 요원들에 대한 사살 명령이 내려질 때 등, 거의 모든 반전의 계기들에서 전형적인 2중구조는 나타나지 않는다.

필자가 볼 때에는 「실미도」에서 가장 2중구조가 필요했던 부분이 있다. 그것은 평소에는 요원들에게 관대했던 중사가 실미도 부대의 제거 문제가 토론될 때 가장 극단적으로 냉혹하게 요원들의 사살에 앞장서겠다는 의지를 드러내는 대목이다. 왜 그 중사는 평소에 요원들에게 관대했다가 실미도 부대를 제거하라는 상급 기관의 명령이 주어지자 가장 냉혹하게 돌변

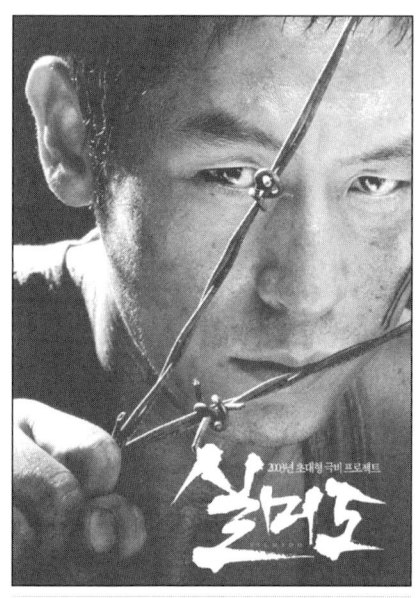

영화 「실미도」는 이야기의 진행이 직선적이고 별다른 복선이 없다.

하는가? 영화 속에서는 자신도 아내와 곧 태어날 자식이 있다는 이유만을 제시한다. 그러나 그 이유가 처음부터 복선으로서 제시되지도 않고 반전의 대목에서 직접적으로 제시된다. 그리고 이유가 약하기도 하다. 왜냐하면 그때 제시되어야 하는 이유는, 그 중사가 실미도 부대를 제거하는 데 동조하지 않을 수 없는 이유가 아니라 평소에는 유별나게 요원들에게 온정적이었다가 상황이 바뀌자 그들을 냉혹하게 버릴 수 있는 2중적인 인물이라는 사실에 대한 이유여야 하기 때문이다.

그러나 그럼에도 불구하고 「실미도」는 어떤 의미에서든 재미있다는 점이 어느 정도 증명되었다고 할 수 있다. 「실미도」의 기록적 관객몰이는 충분한 재미없는 작품성이나 예술성만으로는 불가능하다고 보아야 하기 때문이다. 그렇다면 영화 「실미도」의 재미는 어디에서 발견할 수 있는가가 문제이다. 그리고 그때 재미를 발견한다는 것은, 필자의 개념에 따라 재미의 3요소가 어떻게 배치되어 있는지를 알아보는 것이다.

먼저 「실미도」에 있어서 공유경험의 요소는 매우 분명하다. 「실미도」가 세인들의 관심을 끌었던 이유, 그리고 필자가 제시한 방식이 아닌 다른 어떤 방식으로라도 재미있었던 이유는 그 영화가 상당 부분 역사적 사실에 근거하고 있다고 알려져 있기 때문이다. 그 다음에 「실미도」의 이야기 속에 있는 긴장구조는 매우 뚜렷하다. 그것은 사람들의 목숨을 담보로 하는 갈등구조이고 결국에는 많은 사람들이 억울하게 죽임을 당하면서 끝나는 이야기이므로 긴장의 축적·해소의 요소를 갖추고 있다는 점도 분명하다.

그렇다면 재미를 위해서 부족한 나머지 요소는 2중구조뿐이다. 「실미도」에는 이 2중구조가 다소 특이한 방식으로 구현되어 있어서 그것이 잘 보이지 않을 뿐 재미있을 수 있다고 생각한다. 여기서의 2중구조는 관객이 모두 (어렴풋이라도)알고 있거나, 혹은 이 영화가 실화를 바탕으로 한 영화라는 가정 위에서 영화 속 이야기에서 주어지는 모든 반전의 계기들이 나름의 규칙을 가지고 있다고 믿는다는 데에 있다. 즉 영화가 실화를 토대로 하기 때문에 관객이 몸담고 있는 현실과 영화 속의 이야기가 현실의 거의 전부를 공유하고 있다는 점, 그래서 영화 속의 모든 계기들이 자의적이지 않다는 가정에 2중구조가 있는 것이다. 따라서 영화는 영화이고 현실은 현실로서 인지적으로 구분되지만 동시에 현실과 영화 속의 이야기는 상호 작용할 수 있다. 영화 속의 이야기와 현실이라는 두 이야기가 구분되면서도 상호 작용하는 것은 2중구조의 형식에 분명히 들어맞는다.

재미에 대한 현실의 의미

하지만 비판적인 사람들은 이러한 필자의 주장이 지나치게 일반화하는 것이 아닌가 하는 혐의를 둘지도 모른다. 그러한 의심도 긍정적으로 받아들일 필요가 있다. 왜냐하면 웃음의 주된 요소가 부조리라는 많은 사람들의 견해가 겉으로는 그럴듯해 보일지 모르지만 자세히 따져 보면 그렇지 않다는 점을 필자도 앞에서 비판했기 때문이다. 그러므로 필자는, 전적으로 현실을 숨은 이야기로 포함하는 2중구조의 경우가 뫼비우스 띠 모형에서 제시하는 특수한 사례일 뿐이라는 주장을 옹호할 필요가 있다. 두 가지 점에서 이러한 옹호 논변을 펼칠 것이다.

첫째로는 짧은 형태의 우스갯소리에서 공유경험이 의미하는 바를 재고해 본다면 현실이 숨은 이야기로 포함되는 것이 별로 특이한 경우가 아니라는 점이다. 달리 말한다면 「실미도」의 재미를 구성하는 2중구조의 한 축이 현실 전체라는 것은, 현실이 재미있는 이야기 속의 숨은 이야기를 제공한다는 사실의 조금 특이한 경우일 뿐이라는 것이다. 어떤 점이 특이한가 하면, 숨은 이야기의 한 단면이 아니라 복잡한 현실의 전체가 숨은 이야기를 구성한다는 점이 특이하다. 결국 차이점은 양의 문제, 혹은 정도의 문제에 국한된다. 재미와 현실의 관련성에 대해서는 필자가 예전에도 지적한 바가 있다. 다만 이때에는 재미와 웃음을 혼동하고 있었다. 이 부분을 인용을 통해 반복하자면 다음과 같다.

"이러한 재미(웃음)와 현실과의 관계를 좀더 재미(웃음)에 대한 이론적인 시각에서 따져 보면 다음과 같다.

재미(웃음)는 어쨌거나 2중구조를 필요로 한다. 그 중 한 갈래는 숨은 이야기로서 이미 사람들이 알고 있는 이야기여야 한다. 만약 이 숨은 이야기가 공유되지 않으면 어떤 이야기도 우스울 수가 없다. 예를 들어서 다대포 이야기[69]를 했는데 상대방이 부산에 가 본 적도 없고 '다대포'란 데가 있다는 것도 모른다고 생각해 보자.(중략)

현실은 언제나 우리의 삶을 한계 지으며 우리 생활의 곳곳에 침투해 있는 그물망이다. 또한 그것을 떠나서 우리는 정상적인 생활을 할 수가 없다. 재미(웃음) 역시 마찬가지이다.

재미(웃음)는 현실과 연결되어서만 자연스럽게 나올 수가 있고 훌륭한 재미(웃음)일 수 있다. 그것은 주어진 현실을 받아서 소화하고 새로운 현실적 노력을 산출하는 하나의 힘으로 재생산되어야 한다. 그 현실은 나 혼자만의 현실이 아닌, 나와 다른 사람이 같이 공유한 현실, 즉 공동체여야 한다."[70]

둘째로는 2중구조가 재미있는 작품들에서 굉장히 많이 구현되고 있음

---

69) 참고로 다대포 이야기를 제시하면 다음과 같다.
옛날 부산에 간첩이 침투한 적이 있었다. 그 간첩이 밤에 몰래 해변에 침투해서는 장비들을 숨기고 조심조심 길을 찾아서 가고 있었는데, 멀리서 조그만 불빛이 보였다.
혹시나 하는 마음에 정찰을 하러 다가간 간첩은 무척이나 놀랐다. 왜냐하면 꼭 술집같이 생긴 허름한 가게 간판에 '대포집'이라고 적혀 있었기 때문이다.
"남조선 애미나이들이 이런 곳에 대포를 숨겨 두고 있었구만. 경비도 삼엄하지 안카서?"
그래서 간첩은 멀리 돌아서 다른 길을 찾아 나섰다. 그런데 가다 보니 또 비슷한 불빛이 보였다. 혹시나 하고 가까이 가 보니 이번에는 간판에 '왕대포집'이라고 적혀 있었다. 더 놀란 간첩은 다시 아예 훨씬 멀리, 아무런 불빛도 없는 곳으로 갔다. 그런데 가다가 보니까 웬 팻말이 하나 있어서 읽어 보고는 기절해 버렸다. 그 팻말에 화살표와 함께 다음과 같이 쑥어 있었다.
"여기서부터 다대포임."
70) 이현비, 위의 책, 200~201쪽. 원래 글에서의 '웃음'을 여기서는 '재미'로 고치고 괄호 속에 '웃음'을 넣었다.

은 확인되고 있고, 또 지금 확인하고 있는 중이란 점이다. 그러므로 이것을 일반화해서 사례를 검토하는 것, 즉 2중구조가 잘 보이지 않는 사례에서도 2중구조가 포함되어 있을 것이라고 가정하고 검토하는 것은 억지 추측이라기보다는 가설연역법(몇 개의 일반 가설로부터 연역적으로 추리된 명제체제에 의해 경험적 현상을 설명하는 방법)과 비슷한 합리적인 탐구 방법이다. 그리고 더군다나 현실이 숨은 이야기에 참여하는 정도가 다소 많다는 특이점 이외에는, 여러 사례들에 이러한 일반화를 적용하지 못할 이유는 없다. 적어도 정확한 반대 사례를 찾을 때까지는 이렇게 조금 확장된 일반화를 받아들이는 것에 무리는 없다고 본다.

그리고 실제로 반대 사례보다는 필자의 일반화를 뒷받침하는 사례들을 더 많이 찾아볼 수 있다. 개그맨들이 나와서 벌이는 「개그 콘서트」 같은 쇼에서 볼 수 있는 재미있는 장면들의 많은 부분이 바로 현실의 총체를 숨은 이야기로 포함하는 사례들이다. 개그맨들이 관중들의 앞에서 다른 사람들과 대담을 나누거나 관중들과 함께 대담을 나누면서 재미있게 웃기는 경우들은 대부분 재치있게 순간순간의 긴장을 생성하고 반전시키는 해소의 언행이다. 이때 그 숨은 이야기는 그 자리에 있는 모든 사람들이 공유하는 분위기와 구체적인 현실적 상황들이다. 하지만 그것은 너무나 구체적인 것들이어서 만약 글이나 말로 옮긴다면 많은 부분이 제거되기 쉽다. 그래서 개그맨들이 「개그 콘서트」에서 했던 재미있게 웃긴 이야기를 다른 사람들에게 글이나 말로 전달하면 그 우습고 재미있는 정도는 극도로 감소하는 경우가 많다. 어떤 경우는 전혀 우습지도 않다. 다음의 예를 보자.

한 개그맨이 어떤 행사의 사회를 보면서 말한다.

"이 행사에 참여해 주신 많은 분들을 위해서 저희가 다양한 경품을 준비했습니다. 모든 참석자들에게는 ○○ 백화점에서 사용하실 수 있는 무료 에스컬레이터 이용권을 나눠 드릴 것이며, (이때 웃음) 조금 전의 퀴즈 대회에서 1등 하신 분에게는 거금 1만 달러짜리의 위조 지폐, 사실은 1만 달러짜리는 없어요~,(여기서 웃음) 하여튼 그 지폐의 사본을 정교한 컬러 복사기로 복사할 수 있는 A4 용지 한 장을(여기서 웃음) 드릴 것입니다."

또 그 개그맨이 한 쌍의 연인을 앞으로 불러냈다. 그리고는 남자에게 여자 앞에 가볍게 꿇어앉게 하고는 뒤에서 사랑고백의 대사를 대신 읊어 준다. 그러다가 문득 그 남자의 목 부분을 뒤에서 가리키며 관중을 보고 말한다.

"야, 이 목살 접히는 것 좀 봐!"(여기서 웃음)

위와 같은 개그맨의 말과 행동을 직접 보고 있으면 상당히 우습겠지만 그것을 지금 독자 여러분들이 보듯이 글로 옮겨 놓으면 그 웃음과 재미의 정도는 상당히 떨어진다. 왜 그런가? 숨은 이야기를 구성하는 현장감이 공유되지 않기 때문이다. 특히 목살 접히는 것을 가리키는 사회자의 행동에 있어서는 더욱 그러할 것이다.

필자는 전작『원리를 알면 공자도 웃길 수 있다』에서 다른 사람을 자연스럽게 웃길 수 있는 사람은 다른 사람을 배려하고 분위기를 포착할 수 있는 사람이어야 한다고 주장한 적이 있다. 곧 현실과 같이 숨쉬며 현실로부터 등 돌리지 않는 사람을 말하며, 그런 사람은 다른 사람들에게 꾸준히 관심을 갖고 그들을 기쁘게 한다는 것을 의미한다. 이 말은 그대로 재미에 대해서도 적용된다. 재미있는 작품을 만들 수 있는 사람은 현실과 같이 숨쉬며 현실로부터 등 돌리지 않는 사람, 그래서 다른 사람을 배려하는 사람이어야 한다. 오랫동안 사람들이 쉬쉬하면서 눈감아 왔던, 그렇지만 어떤 사람들은 결코 잊을 수 없는 악몽 같은 과거사의 한 단면을 기억하고 그것에 대해서 당사자만큼 고통스러워하지 않았다면「실미도」라는 영화를 만든 사람은 그 영화를 그렇게 흥행시키지 못했을 것이라고 생각한다. 별로 재미있는 작품을 만들 수 없었을 테니까. 영화 「오아시스」를 만든 사람들도 지체장애자처럼 사회에서 소외받고 냉대받는 사람들에 대해서 따뜻하고 깊이 이해하는 마음이 없었다면 그 영화와 같은 표현을 해 내지 못했을 것이다. 그래서 「오아시스」역시, 우리가 그 영화를 보면서 뼈저리게 확인할 수 있는, 우리가 돌아보기 싫어하는 현실을 숨은 이야기로 포함하고 있다.

영화「오아시스」는 우리가 돌아보기 싫어하는 현실을 숨은 이야기로 포함하고 있다.

끝으로, 다음의 이야기는 이 글을 읽는 당신이 존재하는 현실을 2중구조로 강력하게 포함하여 재미있을 수 있는 이야기이다. 단 그 재미는 당신이 아닌 다른 사람, 혹은 당신을 바라보는 또 다른 당신에게 주어지는 재미일 수 있다.

성향분석

자신의 성향을 알아보는 테스트입니다.

덧셈이 좀 까다롭긴 하지만, 매우 정확한 결과가 나오네요.

한 문제씩 풀어 나가면서, 답에 해당하는 점수를 더해 나가면 됩니다.

A. 당신은 당신의 지갑을 주로 어느 쪽 주머니에 넣습니까?

가. 바지 오른쪽 뒷주머니 (+3)

나. 바지 왼쪽 뒷주머니 (+2)

다. 바지 오른쪽 앞주머니 (+1)

라. 바지 왼쪽 앞주머니 (-1)

마. 재킷 주머니 (+5)

B. 당신은 식사를 할 때 무엇부터 먹습니까?

가. 밥 (+2)   나. 반찬 (+3)   다. 국 (+5)

C. 당신은 잠을 잘 때 이불을 어느 부위까지 덮습니까?

가. 배 (-2)   나. 가슴 (-3)

다. 목 (+1)   라. 얼굴 (+1.5)

D. 당신은 옷을 갈아입을 때 어디부터 벗습니까?

　가. 상의 (+3.2)　　　　　　나. 하의 (-2.3)

E. 당신은 신발을 신을 때 어느 쪽부터 신습니까?

　가. 오른쪽 (+3.6)　　　　　나. 왼쪽 (+1.7)

F. 두 손을 깍지껴 보십시오. 어느 쪽 엄지손가락이 위로 올라옵니까?

　가. 오른손 (+2)　　　　　　나. 왼손 (+4)

G. 편하게 앉은 상태에서 자연스럽게 다리를 꼬아 보십시오. 어느쪽 다리가 위로 올라옵니까?

　가. 오른쪽 (+1)　　　　　　나. 왼쪽 (+3.4)

H. 당신은 어떤 종류의 음악을 좋아합니까?

　가. 댄스 (-2.3)　　　나. 발라드 (+1)

　다. 힙합 (-3.2)　　　라. 재즈, 블루스 (+5.1)

　마. 클래식, 오페라 (+5.5)　바. 록 (-1.2)

　사. 트로트 (-4)

I. 당신이 감동을 느낄 때는 언제입니까?

　가. 애절한 로맨스 (+2.5)

나. 그림처럼 아름다운 자연 풍경 (+3.1)

다. 광활하게 펼쳐진 우주 (+5.7)

J. 당신은 아침에 일어나서 먼저 무엇을 합니까?

가. 소변 (-2.3)   나. 칫솔질 (+3.9)

다. 세수 (+2.1)   라. 목욕 (+4.3)

K. 만약 누군가 당신의 골수를 필요로 한다면, 당신은 모든 고통을 감수하고 골수를 제공할 생각이 있습니까?

가. 그렇다. (+5.7)   나. 아니다. (-1.1)

L. 윈도 바탕화면의 배경은 어떤 것이 낫습니까?

가. 멋진 자연 풍경 사진 (+2.1)

나. 세련된 그래픽 (+1.2)

다. 특정 인물의 사진 (-0.3)

라. 애니메이션이나 기타 영화 등의 포스터, 혹은 일러스트 (-2.1)

마. 평범한 푸른색 바탕 (-3.3)

M. 손톱을 깎을 때는 길이를 어느 정도로 합니까?

가. 아주 짧게 (+1.2)

나. 짧게 (+2.3)

다. 적당히 (+0.4)

자, 모두 더했나요?

결과분석.

40 ~ 44 : 수고하셨습니다. s(ˉ▽ˉ)/ˇ

30 ~ 39 : 이것으로(ㅎ~ㅎ)a

20 ~ 29 : 오늘의 덧셈 공부를 마치도록 하겠습니다. s(ˉ3ˉ)z

10 ~ 19 : 그럼 다음에 또 봅시다. s(ˉ▽ˉ)/ˇ

ㄴ(ˉ~ˉ)ㄱ =3=3=3 샤샥~ 혼자 당할 수 없징… 캬캬캬

제6장

전체적으로 살펴본 재미의 구조

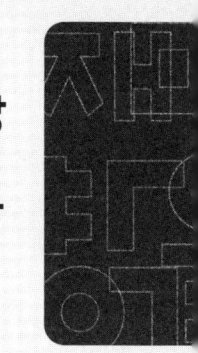

1 장편에도 적용되는 뫼비우스 띠 구조

지금까지는 재미의 구성 요소가 되는 세 요소를 자세히 설명했다. 당연히 이러한 세 요소가 서로 어떻게 결합하는지에 대해서도 앞에서 설명이 되었다. 그 결합의 기본적인 형태가 뫼비우스 띠이다.[71] 하지만 많은 독자들에게 재미에 대한 필자의 이론이 너무나 단순해서 장편영화나 장편소설에 적용하기에는 부족해 보일지도 모른다.

이것은 오해라고 생각한다. 장편영화나 장편소설과 같은 규모가 큰 작품들에도 이러한 뫼비우스 띠 구조는 훌륭하게 적용이 되며, 다만 그것이 때때로 다양한 구조로 적용되어 복잡한 이야기 구조를 형성한다는 것이 필자의 입장이다. 하지만 이러한 설명은 조금 부족한 것일 수 있다. 왜냐하면 뫼비우스 띠 구조가 반복적으로 또는 여러 겹으로 적용됨에 따라서 파

---

71) 그리고 뫼비우스 띠는 재미의 세 요소의 모든 결합 형태의 기본 단위가 된다. 즉 복잡한 구조를 갖는 모든 재미있는 작품들은 뫼비우스 띠의 결합들이 서로 얽혀 있는 것이다.

생되는 요소들이 많기 때문이다. 이제부터 이러한 주제들에 대해서 살펴보겠다. 그러면서 재미 주변의 요소들이지만 재미를 이해하기 위해서 알아야 하는 몇 가지 요소들도 분석하게 될 것이다. 예를 들어서 병렬적 이야기 구조와 종속적 이야기 구조의 형식이나 3국면 형식과 같은 더 구체적인 요소들이 그런 것이다.

  이를 위해서 이제부터는 단순하고 짧은 작품이 아니라 본격적으로 충분히 복잡한 구조를 가진 큰 작품들을 주된 대상으로 논의를 이끌겠다. 다음의 두 예를 보자.

모텔 탈출기[72] (전체 이야기 요약)

주인공인 나는 종합병원장의 아들이자 의학도이며 '정화'라는 여자와의 결혼을 앞둔 남자다. 두 시간 전 채팅에서 가출 소녀와 20만 원에 밤을 같이 보내기로 하고 '파라다이스'라는 이름의 모텔에 들어왔는데, 이 가출 소녀가 화장실에서 미끄러져 뇌진탕으로 죽은 것이다. 그래서 나는 고민에 빠지게 되었다.

경찰에 신고하려니 원조교제 혐의로 인생을 망칠 것이 너무나 분명했으므로 나는 여러 가지 방안을 생각했다. 인적이 드문 모텔이라는 점, 그리고 모텔의 외벽이 울퉁불퉁해서 바깥에서 다시 들어올 수 있다는 사실, 모텔의 입구에서 빨간 머리의 종업원이 기억하고 있음 직한 가출 소녀의

---

72) 이 이야기는 언더프리(www.underfree.com) 메인 작가 중 한 사람인 박동식 님의 글이다. 그 사이트에 가면 이 글의 전문을 볼 수 있다. 여기서는 내용의 일부만 발췌했다.

외모와 다양한 가능성 등을 타진해 보고는 이 위기에서 벗어날 방안을 생각해 내었다. 그것은 여자애 시체를 뛰어난 해부학 실력으로 분해해서 최소한의 부피로 줄인 다음에 나는 나와 키가 비슷한 여자애로 변장하여 모텔을 나간 후 다시 창문으로 들어와서 나의 원래 모습으로 또 모텔을 나간다는 것이다. 여자애 시체를 분해한 내용물은 최대로 부피를 줄인 다음에 가방에 넣어서 메고 나간다는 것이 나의 계획이었다.

그래서 나는 모텔 밖으로 나가서 해부에 필요한 도구들을 준비해 왔다. 그리고는 새벽 세 시까지 시체에서 피를 뽑아 내고 시체의 머리를 가발 마네킹처럼 분리하였다. 그 후 뼈와 살을 분리한 다음 그 안에서 다시 수분을 뽑아 내었다. 그러고 나서 가방에 넣고 나가기에는 부피가 너무 크고 변기에 버릴 수도 없는 내장은 자신의 위장 속에 담았다. 그리고는 화장실 청소를 하였다. 분해된 시체는 두 개의 가방에 나누어 담고 귀걸이와 가출 소녀의 머리에서 분리해서 만든 천연 가발도 준비하였다. 그 다음 나는 가출 소녀의 모습과 최대한 비슷하게 변장하고는 모텔 프런트 앞을 지나서 바깥으로 나갔다. 그리고 다시 모텔 방으로 들어와서 원래의 모습으로 돌아왔다.(이상 전체 이야기 요약)

화장도 지우고, 가발이랑 귀걸이 따위 것들은 무스탕 안주머니에 쑤셔 넣었다. 완벽하게 다시 남자로 변신한 나는 떨리는 마음으로 가방을 집어들고 룸을 나왔다. 프런트가 보였다.

'여기만 빠져나가면 완전한 탈출이다.'

룸 키를 프런트에 놓았다.

"수고하세요."

내 목소리가 떨리고 있었다. 하지만 빨간 머리는 아무렇지도 않다는 듯 룸 키를 받았다.

"다음에 또 오세요."

'다음엔 절대 안 올 거야. 이제 저 현관을 빠져나가면 다음엔 절대 안 올 거야.'

발걸음이 빨라지고 있었다. 현관을 응시하고 있는 나의 눈에 험상궂게 생긴 남자가 갑자기 나타났다. 우리는 격렬히 부딪쳤고, 난 가방을 놓쳤다. 가방이 공중에 뜬 그 1초도 안 되는 순간이 나에게는 10년처럼 느껴졌다. 저 가방이 땅바닥에 떨어져서 쓰레기 봉지가 터진다면…… 그러면, 나의 눈물겨운 노력도 모두 허사가 된다.

탁!

나와 부딪친 남자가 공중에서 가방을 낚아채 주었다. 그리고 징그러운 웃음을 띠며 그것을 나에게 건네주었다.

"어이구, 이거 죄송합니다."

그 남자는 나를 순식간에 지옥으로 끌고 내려갔다가 다시 천국으로 올려주었다. 가방을 든 나는 종종걸음으로 현관을 빠져나왔다. 내 애마에 올라타자마자, 시동을 걸고 모텔을 빠져나왔다. 성공이다! 나의 완벽한 계획과 엄마와 정화의 정신적인 도움으로 자칫 망가질 뻔한 내 인생을 지켜 냈다. 눈물이 났다. 오늘 밤 나는 시체를 분해했고, 인육을 먹어야 했고, 귀를 뚫어야 했고, 두피를 써야 했다. 저 모텔 안에서 일어난 일은 아무도 모를 것이다. 쓰레기봉투에 담겨져 있는 시체는 어디 야산에라도 버려 버리면 그만이다. 워낙 산산이 분해를 해 놔서 신원 확인조차 어려울 것이다. 나의 모텔 탈출 작전은 완벽한 성공이었다.

"저 사람, 왜 저렇게 허둥지둥 나가냐?"

"이런 데 오는 사람들이 다 그렇죠, 뭐."

"그건, 그렇고 오늘은 돈 될 만한 상품이 좀 있었어?"

"말도 마요, 나이 많은 아저씨, 아줌마들만 버글거렸다니까요."

"에이, 오늘도 공쳤네."

"아, 방금 나간 저 남자 손님이랑 같이 온 여자가 끝내 주더라구요. 키도 훤칠한 게, 재미있게 찍혔을 거예요."

"너도 아직 못 봤어?"

"예, 좀 바빠서요. 근데, 저 사람들 룸이 없어서 203호에 묵게 했거든요. 203호에는 카메라가 모자라서 욕실에만 설치를 했잖아요. 그게 좀 아쉽네요."

"괜찮아, 괜찮아. 그런 거 좋아하는 사람들도 있으니까. 어서 한번 확인해 보자."

이 이야기는 인터넷에서 조금 알려진 이야기인데, 방금 보았다시피 마지막에 주어지는 호텔 종업원과 주인 두 사람의 대화로 인해서 이야기가 크게 반전되는 구조가 특징적이다. 하지만 이 이야기가 재미있기 위해서 또 다른 중요한 부분이 있다. 일단 다음 예도 살펴본 후에 그 요소를 설명하도록 하자. 다음 이야기는 유사한 구조를 가졌지만 매우 다른 이야기로 「사랑은 오류다」라는 단편소설이다. 그 내용을 위와 마찬가지로 중간 요약과 일부 인용으로 제시하면 다음과 같다.

사랑은 오류다[73]

나는 매우 논리적이고 냉정한 놈이다. 영리하고 똑똑하고 지성적이며 현명하다는 것은 바로 나를 두고 하는 말일 것이다. 나의 두뇌는 슈퍼 컴퓨터에 못지않은 처리속도와 용량을 자랑하며 화학용 저울만큼이나 정확한 분별력을 가지고 있다. 그런 나의 나이는 겨우 19살이었던 것이다. 나 정도 나이의 남자애가 이와 같은 지적 능력을 가진다는 것은 별로 흔한 예가 아니다. 예를 들어서 나의 방짝인 피티 벨로우를 생각해 보라. 개는 나와 같은 나이에 유사한 경력을 가지고 있지만 상당히 멍청한 놈이다. 물론 괜찮은 친구이기는 하지만 머리에 든 것은 없다는 말이다. 순간순간의 감성에 매몰되고 변덕스러운데, 그 중에서 최악의 특징은 바로 유행에 미친다는 점이다. 유행만 좇으며 산다는 것은 비합리적인 것 중에서도 최악의 경우이다. 생각해 보자. 단지 다른 사람들이 한다는 그 이유만으로 이상한 짓거리를 하고 옷을 바꿔 입으며 그걸 위해서 돈을 쓴다니 이것은

---

[73] 이 이야기는 슐만(Max Shulman)이라는 사람이 쓴 「사랑은 오류다(Love Is Fallacy)」라는 단편소설이다. 대학 1학년 때 영어 교재에 들어 있던 소설이다. 이 소설을 읽으면 논리학을 배우고 싶어질지 모른다. 이 소설은 영어 표현에서도 감각적으로 재미있는 표현들을 많이 포함하고 있다.

정신 나간 놈들이나 하는 짓이다. 하지만 피티는 전혀 다르게 생각하는 것 같았다. 어느 날은 내가 기숙사 방에 들렀을 때 피티 녀석이 침대에 고통스러운 표정으로 누워 있었다.

(중략)(이하 이야기 요약)나는 처음에 피티가 아파서 누운 줄 알았지만, 그 녀석은 새로 유행하는 너구리 털 코트를 사지 못해서 의욕을 상실한 것이었다. 새 학기 교과서를 사는 데 돈을 다 쓴 피티는 "무슨 짓을 해서라도 너구리 털 코트를 갖고야 말겠다."라고 다짐을 했다. 그때 나는 예전에 우리 아버지가 쓰던 너구리 털 코트가 고향 집에 있다는 것을 생각해 냈다. 동시에 피티의 여자 친구가 바로 내가 보아 온 여자애들 중에서 가장 괜찮은 조건을 갖추고 있다는 것도 기억했다.

나는 법대 1학년생이었고, 법률가로서 성공하기 위해서 여자도 잘 골라야 한다고 생각했다. 내가 생각한 훌륭한 아내의 조건은 아름답고 우아하며 지적인 사람이었다. 피티의 여자 친구 폴리는 이 중 아름다움과 우아함이라는 두 가지 어려운 요소를 만족시켰는데, 지적이지는 않았다. 하지만 나는 내가 잘 교육시키면 가능성이 있다고 판단했다.

나는 피티와 폴리가 아직 사귀는 사이가 아님을 확인하고 주말에 고향 집엘 들러서 아버지가 예전에 입었던 너구리 털 코트를 가져왔다. 그리고 다음 날 아침에 피티에게 코트를 보여 줬다. 피티는 반 미쳐 버렸다. 물론 폴리를 나에게 넘겨주는 데에는 심한 심리적 저항이 있었으나 변덕스럽고 감성적인 피티는 눈앞에 있는 멋진 너구리 털 코트의 유혹을 이겨 내지는 못했다. 결국 우리는 거래를 하기로 약속하고 다음 날 폴리를 내게 소개시켜 주었다.

나는 탐색전으로 폴리와의 데이트를 했다. 첫 데이트를 한 후 나는 폴리의 멍청함에 크게 실망했지만 곧 그녀에게 뭔가를 가르쳐 주기 이전에 우선적으로 정보를 처리할 수 있는 사고력을 키울 필요가 있다고 판단했다. 그래서 논리학을 가르치기로 하고 다음과 같은 논리학의 오류들을 설명해 주었다.

▷ 단순 언명의 오류 : 예를 들어서, "운동은 좋은 것이다, 그러므로 모든 사람은 운동을 해야 한다." 이 논변에서, '운동은 좋은 것이다'는 적절히 제한되지 않은 일반화이기 때문에 오류이다. 예를 들어서, 심장병을 가진 사람에게는 운동이 나쁘다. 따라서 '운동은 대체로 좋은 것이'라고 하거나 '운동은 대부분의 사람들에게 좋다'고 말해야 한다.

▷ 성급한 일반화의 오류 : 예를 들어, "나도 프랑스어를 못하고, 너도 프랑스어를 못하고, 피티도 프랑스어를 못한다. 그러므로 우리 학교에 있는 학생들은 모두 프랑스어를 못한다." 이것이 오류인 까닭은 겨우 세 명을 살펴보고 전교생에 대해서 단언하기 때문이다.

▷ 잘못된 귀인의 오류 : "소풍갈 때 빌을 데려가면 안 된다. 왜냐하면 빌과 같이 소풍 갈 때마다 비가 오니까 말이야." 이것이 오류인 까닭은 빌이 실제로 비가 오는 것과 무관하기 때문이다.

▷ 모순적 가정의 오류 : "만약 신이 무엇이든지 할 수 있다면, 신은 자신이 들 수 없을 만큼 무거운 돌도 만들 수 있을까?" 이 질문은 서로 모순적

인 가정을 하고 있다. 즉 신은 뭐든지 할 수 있다는 가정과 함께 어떤 돌을 들 수 없다는 가정을 같이 하고 있는 것이다.

그리고 다음 날에는 이런 오류들을 가르쳤다.

▷ 감정적 호소의 오류 : 회사 사장이 취업자랑 면접을 할 때 사장이 "당신은 어떤 일을 잘 합니까"라고 묻자 그 사람은 이렇게 말했다. "저에게는 아내와 여섯 명의 아이들이 있고 아내는 심각한 불구자이며 아이들은 먹을 것도, 입을 옷도, 신발도 없어요. 집에는 침대도 없고 석탄도 없는데 곧 겨울이 다가오고 있단 말입니다." 이것이 오류인 까닭은 묻는 말에 대답하지 않고 감정적으로 설득하려 하기 때문이다.

▷ 잘못된 비유 : "학생들은 시험 볼 때 교과서를 볼 수 있도록 허락해야 한다. 의사들은 엑스레이 사진을 참조하고 변호사들은 관련 서류들을 참조하며, 목수들은 청사진들을 참조하는데, 왜 학생들만 교과서를 참조하면 안 되는가?" 이것이 오류인 까닭은 학생들과 달리 다른 사람들은 시험을 보지 않기 때문이다.

▷ 사실에 반하는 가설의 오류 : "만약 퀴리 부인이 없었더라면 오늘날의 세계 사람들은 라듐에 대해서 몰랐을 것이다." 이것이 오류인 까닭은 퀴리 부인이 아니라 다른 사람도 충분히 라듐을 발견했을 수 있기 때문이다.

이런 일련의 과정에서 폴리는 대부분의 오류들을 피상적으로만 이해하고 흥분했다. 그래서 실망에 실망을 거듭한 나는 마지막으로 하나의 오류만을 더 제시해 보기로 했다. 이것도 안 되면 포기하겠다는 생각으로 말이다. 그것은 다음의 오류이다.

▷ 원천봉쇄의 오류 : 두 사람이 논쟁을 하고 있다. 첫 번째 사람이 일어서서 말한다. "저 상대방은 지독한 거짓말쟁이입니다. 여러분은 저 사람이 어떤 말을 하더라도 믿으시면 안 됩니다."

그러자 폴리는 잠시 이마를 찌푸렸다가 화난 표정으로 "이건 불공평해!"라고 외쳤다. 거기에서 마침내 희망을 발견하고 나는 5일 동안 열심히 폴리에게 논리학을 가르쳤다. 그리고 폴리는 의외로 빨리 습득하여 매우 영리한 여자애가 되었다. 나는 드디어 만족하고 폴리에게 사귀자고 말하기로 결정했다.(이상 이야기 요약)

"폴리, 오늘은 오류들에 대해서 토론하지 않을 거야."

내가 말하자 폴리는 실망스런 표정으로 대답했다.

"그래?"

나는 그녀의 손등을 다정하게 쓰다듬으며 말했다.

"폴리야, 있잖아…… 우리는 5일 동안이나 저녁을 같이 보냈어. 우리는 아주 멋진 시간들을 보냈지. 우리는 서로 잘 맞는 것이 틀림없어."

그러자 폴리가 대답했다.

"성급한 일반화의 오류. 겨우 5일 동안의 데이트를 가지고 우리가 잘 맞는지 어떤지를 어떻게 알 수 있어?"

나는 싱긋 웃었다. 우리 '자기야'는 내가 가르쳐 준 것을 매우 잘 학습한 것이다.

"자기야, 5일 동안이면 충분해. 말하자면, 케이크가 맛이 갔는지 알기 위해서 케이크를 모두 먹어 볼 필요는 없잖아?"

"잘못된 비유. 나는 케이크가 아니라 여자야."

이것이 폴리의 반응이었다. 나는 좀 씁쓰레하게 웃었다. 어쩌면 이 여자애는 내가 가르쳐 준 것을 너무나 잘 학습한 것일지도 모른다. 나는 전술을 바꾸기로 마음먹었다. 확실히, 단순무식한 고백이 가장 좋을 것이다. 나는 나의 고성능 CPU가 최적의 단어를 검색할 동안 잠시 멈추었다가 말했다.

"폴리야, 나는 너를 사랑해. 너는 나의 전부야. 그러니까 제발, 나랑 사귀어 줘. 그렇지 않다면 내 삶은 모두 무의미해질 거야. 나는 길을 잃고 영원히 어둠 속을 방황하게 될 거야. 제발~~!"

그렇게 말하며 나는 정말 그래야 할 거라고 생각했다. 그러나,

"감성적 호소의 오류."

……! 나는 부드득 이를 갈았다. 갑작스럽게 아무 생각도 나지 않았다. 하지만 정신을 차려야 했다. 냉정해야 했다.

"그래, 폴리! 너는 오류들을 확실히 습득했구나."

나는 억지로 웃으며 말했다.

"아주 잘 아는구나."

"그런데 누가 그걸 가르쳐 줬지, 폴리?"

"네가 가르쳐 줬지."

"바로 그거야. 그러니까 너는 나에게 빚진 것이 있어, 그렇지? 만약 내가 너를 만나지 않았더라면 너는 결코 오류들을 배우지 못했을 거야."
"사실에 반하는 가설의 오류."
폴리가 즉시 대답했다. 내 이마에서는 땀이 확 솟아올랐다. 나는 꽥꽥거리며 소리쳤다.
"폴리! 너는 이 모든 것들을 그렇게 곧이곧대로만 받아들여선 안 돼. 그러니까 이것들은 그저 교과서에서 나오는 거란 말이야. 그런 것들이 인생을 사는 데에는 관련이 없다는 것을 너도 잘 알잖아?"
"단순 언명의 오류."
폴리는 나에게 손가락을 장난스럽게 흔들며 놀리듯 대답했다. 그것이 결정적이었다. 나는 더는 참지 못하고 벌떡 일어서며 울부짖듯 소리쳤다.
"아니, 나랑 사귀겠다는 거니, 안 사귀겠다는 거니? 도대체 뭐야?"
"난 싫어."
"왜?"
"왜냐하면 오늘 오후에 나는 피티 벨로우랑 사귀기로 서로 약속했거든."
나는 정신이 아득해짐을 느꼈다. 몸을 가누기 어려웠다. 그 놈이 나하고 거래하기로 약속했는데, 그렇게 나하고 악수까지 나누었는데도 배반을 하다니!
"이런 쥐새끼 같은 자식!"
나는 발 앞의 풀을 걷어차면서 소리쳤다.
"폴리, 너는 걔랑 사귀면 안 돼. 걔는 거짓말만 하는 놈이야. 그 놈은 사기

꾼이라구. 그 자식은 쥐새끼 같은 놈이야!"

"원천봉쇄의 오류. 그리고 소리 좀 치지 마. 소리치는 것도 일종의 오류라고 생각해."

이것이 폴리의 대답이었다. 나는 최대한의 의지력을 발휘해서 목소리를 가다듬고 말했다.

"좋아, 폴리. 너는 논리적이야. 그건 인정하지. 이제 이 문제를 논리적으로 한번 보자. 어떻게 나보다 피티 벨로우를 더 좋아할 수 있어? 날 봐. 훌륭한 학생에다가 엄청난 지적 능력, 미래도 보장되어 있어. 그런데 피티를 보라구. 아둔한 데다 신경질적이지, 게다가 내일 아침 먹을 밥이 어디에 있을지 항상 걱정해야 하는 놈이야. 네가 나보다 피티 벨로우랑 사귀어야 할 논리적인 이유를 단 하나라도 제시해 줄 수 있어?"

"물론이지."

폴리가 대답했다.

"걔는 멋진 너구리 털 코트를 가지고 있거든."

<모텔 탈출기>와 <사랑은 오류다>라는 두 예에서 설명하려고 하는 내용은 세 가지이다. 첫째는 이 재미있는 이야기들이 재미의 세 요소를 완벽하게 갖추고 있다는 것이다. 둘째는 이 이야기들이 재미의 세 요소들을 완벽하게 갖추기 위해서 매우 정교하게 짜여져 있다는 것이다. 셋째는, 특히 긴 서사적 작품들이 재미를 구현하면서 2단계나 3단계로 구분되는 이야기의 전개 국면을 가진다는 것이다. 이제 그 내용들을 상세하게 설명해 보자.

2 작품의 복합 구조에 대한 세 가지 분석

3요소를 갖추기 위한 정교한 짜임새

 <모텔 탈출기>와 <사랑은 오류다>는 모두 긴장이 축적되었다가 극적인 반전을 통해서 해소된다. <모텔 탈출기>에서의 긴장은 그 자체가 극적인 것이다. 원조교제 과정에서의 사고로 인생을 망칠 위기에 선 의대생이 이 위기를 모면하기 위해서 시체를 분해하고 급기야는 인육을 먹으면서까지 안전하게 탈출하려고 하는 것이 이 이야기 전체를 이끌어 나가는 긴장이다. 그리고 그 긴장의 축적은 마지막으로 모텔을 벗어나기 전에 모텔 주인과 부딪히면서 가방을 놓쳤을 때 극단적으로 강화된다. 한편 <사랑은 오류다>에서의 긴장은 이에 비해서 사소해 보일지도 모르는 것이다. 하지만 이야기의 전체에서 극적으로 잘 제시되어 있다. 너구리 털 코트를 탐내는 친구의 여자 친구를 코트와 교환하려는 주인공의 의도와 그 여자를 똑똑하게 만들어서 완전한 여자를 사귀려는 전체적인 기획이 강한 긴장감을

던져 준다.

긴장 축적의 측면에서 이 두 이야기는 훌륭한 특징을 공통적으로 보여 준다. 그것은 이야기의 시작에서부터 강한 긴장감 속으로 독자를 몰입시키며 동시에 최종적인 반전을 위한 복선을 매우 잘 포함하고 있다는 것이다. 그리고 이 복선은 정말 잘 숨겨진 이야기이다. 참고로 <사랑은 오류다>의 시작 부분을 다시 한번 잘 살펴보자. 이 소설의 시작은 주인공의 오만한 자기 과신의 독백으로 시작한다. 그러면서 자연스럽게 이 독백을 갈등이 증가하는 사건으로 잇는다. 즉 나 자신의 지적인 뛰어남을 나의 방짝 피티 벨로우와 대비시키는 것이다. 한편 <모텔 탈출기>의 시작도 훌륭하다. 그 시작을 인용해 보면 다음과 같다.

이건 정말 큰일이다. 초등학교 때, 엄마가 아끼던 200만 원짜리 도자기를 깼을 때보다 더 혼이 날 것 같다. 물론, 그 도자기보다 비싼 건 아니지만, 욕실에 나뒹굴고 있는 이 육체는 자칫하면 내 인생을 망쳐 버릴 수도 있다. 어쩐지 너무 쉽게 모텔까지 데려왔나 싶더니, 사람 일이란 새옹지마라고 말도 안 되는 일이 터져 버린 것이다. 엄마의 화난 얼굴과 이제 한 달 후면 결혼하게 될 나의 피앙세 정화의 실망한 얼굴이 오버랩되기 시작한다.

두 시간 전, 채팅에서 만난 가출 소녀와 20만 원으로 밤을 같이 보내기로 하고, 약속장소로 갔다. 자동차의 히터를 틀어 놓고 기다리고 있는데, 긴 머리를 찰랑거리며, 내 키 정도 돼 보이는 훤칠한 여자애가 나타났다. 여자애는 나이에 어울리지 않게 커다란 링 귀걸이를 하고 있었고, 그것이 더욱 그 애를 섹시하게 보이게 했다. 차에 여자애가 타자마자, 요즘 성업 중인 신도시 주변의 모텔들을 찾았지만, 룸이 없어 한참이나 헤맨 후, 허름한 '파라다이스'라는 이름의 모텔 203호로 들어왔다.

그때까지만 해도 좋았다. 그런데 먼저 샤워한다며 욕실로 들어간 애가 한 시간이 넘어도 나오지 않아 들어가 봤더니, 욕실 바닥에 쓰러져 있는 게 아닌가. 인공호흡도 10분이나 해 보았지만 소용이 없었다. 의학도인 내가 보았을 때, 완전한 사망이었다. 전혀 소생의 가망이 없는……. 사인은 후두골(後頭骨) 함몰로 인한 뇌진탕으로 보였다. 바닥에 미끄러져 세면대에 부딪힌 것 같았다. 뭔가 소리가 났겠지만, 난 그때 방에서 한창 에로비디오를 보느라 정신이 없었다. 그리고 지금은, 이렇게 욕실 바닥에 주저앉아 이 이름도 모르는 여자애의 시체를 망연히 바라보고 있다.(이하 생략)

긴장의 축적과 반전이 효과적으로 이루어지기 위해서 중요한 것은 적절한 순간에 독자를 갈등구조 속에 몰입시켜야 한다는 것이다. 이 두 이야기는 그러한 과정을 모범적으로 보여 준다. <모텔 탈출기>에서도 마지막 반전을 위한 장치가 철저히 숨겨져 있다. 그 철저한 은닉의 장치는 바로 자연스러움이다. 즉 정말 아무렇지도 않은 구절처럼, 하지만 독자가 잘 인식하고 기억할 수 있을 만큼 반전을 위한 장치가 복선으로 깔려 있는 것이다. <모텔 탈출기>에서는 '파라다이스'라는 이름의 모텔 203호라는 상황 설정이 아주 자연스러우면서도 마지막 반전을 위한 장치를 훌륭하게 잘 숨겨 주고 있고, <사랑은 오류다>에서는 자신의 지적 능력에 대한 과신에 찬 독백이 곧 마지막 반전에 대한 장치를 잘 숨겨 주고 있다.

그러면서도 동시에 마지막 반전에 대한 적절한 기대를 갖게 한다. <모텔 탈출기>에서는 상황 자체가 소설적으로 언급된다는 것에서부터 주인공이 성공적으로 위기를 벗어나지 못할 것이라는 것을 기대할 수 있게 해 주며 <사랑은 오류다>에서는 과신에 찬 독백이 왠지 자기 함정에 자기가 걸리는 우를 범할 것 같은 느낌을 준다. 이것은 어려운 부분인데, 왜냐하면 마지막 반전에 대한 기대를 철저히 숨겨야 한다는 조건을 만족시켜야 하고, 이 조건은 또한 반전에 대한 적절한 기대를 갖게 하는 것과 대립관계에 있기 때문이다. 즉 반전에 대한 기대를 갖게 되면 될수록 독자들은 그 복선을 탐색하게 되고, 미리 반전의 장치를 발견해 낼 가능성도 높아진다.

긴장의 축적과 동시에 반전을 통한 긴장의 해소를 가능하도록 만드는 것이 곧 2중구조임은 여러 번 강조하였다. 이 2중구조의 역할을 조금 더 자세히 설명하자면 이렇다. 즉 이야기에 몰입하는 독자가 마지막 반전의 장치를 미리 알 수 없도록 숨겨진 이야기를 철저히 숨기면서도 동시에 숨겨진 복선이 드러난 이야기의 갈등구조와 이질적이지 않아야 한다는 것이다. <모텔 탈출기>에서는 모텔의 화장실에서 시체를 분리하고 변장을 하는 과정이 맨 마지막에 화장실에 몰카가 숨겨져 있었다는 사실을 철저히 생각하지 못하게 하면서도 동시에 그것이 언급되자마자 이해할 수 있도록 동질적인 면을 가지고 있다.

<사랑은 오류다>에서도 논리적 오류를 자기가 사귀려고 하는 여자애에

게 가르치고 동시에 그 여자애는 끊임없이 감성적으로 반응하는 장면을 통해서 마지막 반전이 결국에는 폴리의 감성적 선택에 의해서 이루어질 것이라는 것을 추측하지 못하도록 차단하지만 동시에 그것이 드러났을 때 금방 이해하고 받아들일 수 있도록 동질적이다.

<사랑은 오류다>에서 인용하는 다음의 장면은 논리적 오류를 폴리에게 처음 가르치는 장면인데, 방금 필자가 설명한 특징을 고려하면서 잘 살펴보자.

"폴리, 오늘 저녁에는 우리가 학교 벤치에 앉아서 얘기를 좀 했으면 좋겠어. 그건 논리에 대한 얘기야."
내가 말하자 폴리가 말했다.
"멋진데!"
그래서 나는 목청을 가다듬고 설명을 시작했다.
"논리는 사고의 과학이야. 우리가 올바르게 생각할 수 있기 이전에 우리는 논리의 일반적인 오류들을 인식할 필요가 있어. 오늘은 이것들에 대해서 얘기할 거야."
"와! 멋져~."
예상 외로 폴리는 환호하며 즐거워했다. 나는 좀 놀랐지만 계속해서 밀어붙였다.
"우선, '단순 언명의 오류'라고 불리는 것을 살펴보자. 단순 언명의 오류란, 적절히 제한을 덧붙이지 않은 일반화에 근거해서 말하는 것을 가리켜.

예를 들어서 운동은 좋은 것이다, 그러므로 모든 사람은 운동을 해야 한다, 뭐, 이런 거지."

그러자 폴리가 진지하게 말했다.

"맞는 말이야. 그러니까 운동은 정말 좋다는 말이지. 운동을 하면 몸도 좋아지고 모든 것이 좋아져."

"폴리."

나는 부드럽게 말했다.

"이 논변은 오류야. '운동은 좋은 것이다'는 적절히 제한되지 않은 일반화야. 예를 들어서, 만약 네가 심장병을 가지고 있다면 운동은 치명적이야. 해서는 안 되지. 많은 사람들이 의사로부터 운동을 해서는 안 된다는 말을 들어. 너는 그 일반화에 적절히 단서를 붙여야 해. 그러니까 '운동은 대체로 좋은 것'이라고 하거나 '운동은 대부분의 사람들에게 좋다'고 말해야 하는 거야. 그렇지 않으면 너의 주장은 '단순 언명의 오류'가 되는 것이지. 이해하겠어?"

"아니, 하지만 이건 정말 멋져! 좀더 가르쳐 줘 봐."

그리고 이러한 예를 우리는 영화에서도 찾을 수 있다.「식스 센스」에서 영화의 많은 부분을 이끌어 나가는 방식이 그러하다. 즉「식스 센스」에서의 많은 장면들은 귀신을 보고 귀신과 대화할 수 있는 아이와 심리 상담사와의 대화, 교감에 대한 것이다. 그러면서 그 영화에서는 심리 상담사의 아내가 바람을 피는 장면을 양념처럼 흘린다. 그러고는 맨 마지막에 이루어지는 결정적인 반전은 역시 '그 사람'이 귀신이라는 것이다.[74] 즉 귀신을 보는 아이와의 대화로 이어지는 「식스 센스」의 많은 부분이 맨 마지막의 반전을 철저히 숨기면서도 동질적이라는 것은 <모텔 탈출기>나 <사랑은 오류다>와 같은 것이다.

영화 「식스 센스」는 맨 마지막의 반전을 철저히 숨기고 있다.

긴장구조의 시작이 2중구조의 시작이기도 하다는 점은 <모텔 탈출기>와 <사랑은 오류다>의 예에서 확인했는데, 「식스 센스」역시 마찬가지이다. 이 영화의 시작은 어떻게 되는가? 누군가가 찾아와서 총을 쏘고 주인공이 총에 맞는다. 결국에는 이것이 마지막 반전을 위한 복선이 된다.

그런데 이렇게만 강조하면 「식스 센스」의 시작 부분은 그 후에 따라오는 다른 장면들과 그렇게 잘 배합되어 있지 않다는 사실이 드러날 것이다. 물론 영화의 도중에 브루스 윌리스가 아이에게 자신이 상담에 실패했던 사실이 자기에게 큰 정신적 충격이자 짐이 되었었다는 이야기를 함으로써 충분히 잘 배합시키고 있기는 하다. 그러나 필자가 보기에는 <모텔 탈출기>나 <사랑은 오류다>의 시작 부분만큼 매끈하게 배합되어 있지는 못한 것 같다. 물론 공정하게 평가하자면, 「식스 센스」는 장편영화이고 다른 두 이야기는 단편소설이라는 점을 염두에 두어야 하겠지만 말이다.

---

74) 영화를 혹시 보지 못한 분을 위해서 '그 사람'으로 칭한다.

<모텔 탈출기>와 <사랑은 오류다>의 이야기 구성에서 반전을 중심으로 한 중요한 이야기의 구조가 우리의 공유경험에 바탕을 두고 있다는 것도 매우 분명해 보인다. 한때나마(어쩌면 여전히) 우리의 여관 및 모텔에 퍼져 있거나 퍼져 있었던 몰래 카메라 및 그것을 통해서 음란물이 몰래 촬영된다는 것은 적어도 한국 사회에서 성인으로 살아온 사람들은 쉽게 인식하고 기억하고 있을 만한 사실이다. 만약 이러한 사실을 모르는 외국인이라면, 설사 한국말을 잘 해서 <모텔 탈출기>를 쉽게 번역할 수 있다고 하더라도 그 마지막 반전이 이루어지는 논리를 이해할 수 없을 것이다.

　<사랑은 오류다>는 좀더 문화적 특수성에 덜 제약받는 공유경험에 바탕을 두고 있다. 즉 사람의 일, 특히 사랑이라는 감정적인 문제는 결코 논리적으로 이루어지지 않는다는 것은 많은 사람들이 강조하는 바다. 그리고 그것이 반전의 토대가 된다. 만약 이러한 경험을 공유할 수 없는 누군가가 있다면(아마도 인조인간 같은 경우?) 결코 <사랑은 오류다>라는 이야기를 읽고 재미있어 할 수 없을 것이다.

　사실 공유경험은 긴장의 축적·반전과 2중구조에 대한 논의 다음에 이야기하기 때문에 자세하게 언급할 사항이 많지는 않다. 왜냐하면 긴장의 축적·반전과 2중구조에 대한 논의를 하는 과정에서 공유경험에 대한 언급을 간접적으로나마 많이 하는 것이 불가피하기 때문이다. 2중구조는 대부분 이미 공유경험을 바탕으로 해서만 가능하다. 예를 들어서 모텔이라는 상황 설정이 몰래 카메라라는 마지막 반전을 위한 복선을 마련하지만 그것은 곧 공유경험 때문에 가능한 것이다.

<사랑은 오류다>에서도 마찬가지로, 자신에 대한 과신은 대체로 자기 함정에 자기가 걸려들 위험이 크다는 일반화된 공유경험, 그리고 사랑의 문제를 논리적이고 계산적인 방식으로 다 해결하려 할 경우에 맨 마지막에 메울 수 없는 간극이 발견되더라는 공유경험이 없으면 그 이야기에서의 2중구조 역시 성립하지 않는다.

정교한 짜임새는 어떻게 짜여져야 하는가?

재미를 구현하기 위해서는 정교한 짜임새가 필요하다. 이것은 재미의 세 요소를 구현하기 위해서 불가피하다는 것을 앞에서도 간접적으로 여러 번 언급하였다. 하지만 거꾸로 우리는 이렇게 생각할 수 있다. 즉 재미있는 작품들이 가진 그 '정교한 짜임새'라는 것이 도대체 어떻게 짜여져야만 하는 것인가를 필자가 제시한 재미의 3요소가 설명한다고 말이다.

정교한 짜임새가 재미를 위해서 필요하다는 것은 여러 사례들을 통해서 알 수 있다. 앞에서 살펴본 많은 예들이 그러하다. 또한 거꾸로 실패한 많은 예들을 통해서도 확인할 수 있다. 저급한 수준을 벗어나지 못했던 예전의 한국영화는 대중들의 관심을 모으고 흥미를 유발하기 위해서 그저 관능적인 장면과 통쾌한 액션 장면을 적절히 섞는 데에만 관심을 두었다. 혹은 당시 관객몰이에 성공한 다른 부류의 영화들의 단편적인 특징들을 흉내 내곤 했었다. 그것이 때로는 할리우드영화들이기도 했고 때로는 홍콩영화들이기도 했다. 그렇게 별로 성공적이지 못한 영화들의 예로 「예스터데이」와 「비천무」 등을 들 수 있다고 필자는 생각한다. 그러면서도 작품을 구성하는 요소요소들의 정교한 짜임새는 흉내 내지 못했다.

하지만 정말 훌륭한 작품의 정교한 짜임새에는 필자가 말한 3요소 이상의 것이 있다고 볼 수도 있다. 또 다른 한편으로는 그것이 우스운 이야기처럼 재미를 구성하는 요소들이 단순하게 한 번 결합한 구조(단일한 뫼비우스 띠 구조)가 아니라 여러 방향으로 중복적으로 결합한 구조가 아닐까 하고 생각할 수도 있다. 하지만 만약 훌륭한 작품의 정교한 짜임새, 잘 짜여진 짜임새에 대해서 단순히 재미의 3요소가 중복적으로 결합되어 있다라고만 말한다면, 그것은 무책임한 설명이 될 것이다. 마치 훌륭한 작품은 정교한 짜임새를 가지고 있다고 말하면서 그 정교한 짜임새가 어떤 것인지에 대해서 말하지 않는 것처럼, 그래서 재미의 3요소와 뫼비우스 띠 구조를 분석해서 말하지 못하는 것처럼 말이다.

그러므로 훌륭한 작품의 정교한 짜임새는 뫼비우스 띠 구조가 중복적으로 결합되었다고 말할 때, 그것들이 중복적으로 결합하는 방식에 대해서 추가적으로 말할 필요가 있다. 그리고 또 그 밖의 요소들로 무엇이 필요한지도 검토해야 한다.

뫼비우스 띠 구조가 중복적으로 결합하는 구조를 '상층구조'라고 부르겠다. 이 상층구조에 대해서 설명하는 것이 다음 단락인, '작품구조 유형분석론'에서 설명하기로 한 세 번째 주제이다. 그러므로 여기에서는 일단 그 밖의 요소들에 대해서 설명하도록 하겠다. 그것은 '다중적인 연관관계', '분위기의 통일', '조밀한 배열', 그리고 '풍부한 상징성'의 네 요소다.

작품 속 장치의 배치에는 여러 이유가 있다

다중적인 연관관계라는 것은 작품 속의 갖가지 장치들이 단순한 한 가지 맥락에서만 작품의 다른 부분과 연관되는 것이 아니라 여러 맥락에서 연관된다는 것을 말한다. 간단히 말하면 작품 속의 한 장치가 거기에 배치되는 까닭에는 하나의 이유가 있는 것이 아니라 여러 이유들이 있다는 것이다. 이것은 다중적 연관관계 속의 어느 요소를 빼거나 바꾸더라도 문제가 생긴다는 것을 말한다.

이것은 인물 구성에서도 잘 드러난다. <모텔 탈출기>에서는 단 네 사람이 나온다. 기억 속에서 나타나는 친구 재찬이와 같은 사람은 제외하자. 그리고 그 네 사람들은 각자 중요한 역할을 한다. 한 사람은 죽어서 분해되고 있고, 다른 한 사람은 시체를 분해한 후 가지고 나가려고 한다. 또 다른 한 사람은 그것을 막는 장애물이 되고, 마지막에 잠깐 나타나는 한 사람은 극적인 반전을 드러낸다. 어느 한 사람이라도 빠지면 이 이야기가 재미있게 구성되기 위해서 필요한 결정적 부분이 빠지는 것이다.

<사랑은 오류다> 역시 마찬가지이다. <사랑은 오류다>에서는 단 세 사람이 나온다. '나'와 '폴리'는 매우 중요한 갈등의 축이다. 따라서 추가적으로 언급할 가치가 있는 것은 피티의 역할이다. 피티는 단지 폴리를 나에게 소개시켜 주는 것에서 역할이 끝나는 것처럼 보인다. 그래서 뒤에 다시 출현하지는 않지만, 실제로는 중요한 역할을 한다. 즉 반전의 계기를 제공하는 것이다. 피티는 변덕스러운 인물이라서 폴리에게 다시 프러포즈를 하고 이것이 반전의 결정적 계기 가운데 일부가 된다. 만약 피티에게 이러한

역할이 없다면, 이야기는 주인공이 우연히 예쁘고 머리 빈 여학생을 만나서 논리적 오류를 가르치는 것으로 이야기가 구성될 수도 있다. 물론 그러면 반전이 어려워질 것이다.

좀더 사소한 장치로 볼 수 있는 것들을 살펴보자. 예를 들어 <사랑은 오류다>에서의 '너구리 털 코트'가 그것이다. 이것이 어떻게 다중적인 연관관계 속에 자리잡고 있는지를 알려면 이것을 다른 것으로 바꾸어 보면 된다. '너구리 털 코트'를 뭘로 바꿀 수 있을까? 이것이 하는 역할은 작아 보이지만 사실은 크다. 다음의 조건을 만족시킬 수 있는 것으로 바꾸어야 한다. 즉 이것은 마지막 반전의 장치이므로, 제일 먼저 이것을 대치하는 것은 폴리가 이것 때문에 피티를 선택하도록 하는 이유가 될 수 있는 것이어야 한다. 예를 들면 스포츠카라든지, 향수라든지 등등.

그런데 스포츠카라고 한다면 여기에도 문제가 있는데, 여자 친구를 위해서 스포츠카를 친구에게 준다는 설정은 너무나 현실과 동떨어져 보인다. 향수는 그럴듯하다. 그런데 향수로 바꾸고자 한다면 그 향수는 예전에 아버지가 쓰던 향수일 수는 없다. 향수는 소모되기 때문이다. 그렇다면 나는 향수를 비싼 돈을 주고 사야 하는데 내가 세 조건을 모두 만족시키는 결정적인 여자도 아닌 폴리를 만나기 위해서 비싼 돈을 주고 향수를 사서 피티와 거래를 한다는 것은 별로 설득력이 없다. 그렇지 않다면 나에 대한 설정이 다소 바뀌어야 할 것이다. 즉 나는 부잣집 아들인 것이다. 그런데 다시 그렇게 된다면 부잣집 아들인 내가, 지성미 있는 여자가 아닌, 지성미가 빠지고 외모가 훌륭한 여자를 만나기 위해서 향수를 폴리와 바꾼다는 것이 별로 설득력 없다. 부잣집 아들 주변에는 주로 예쁘고 머리 빈 여자 애들이 많다는 것이 우리들의 공유된 경험이기 때문이다. 기타 등등…….

내가 던진 너구리 털 코트의 유혹 앞에서 피티가 무너지는 장면도 역시 사소해 보인다. 그리고 이것이 그 이후의 반전에 작용하는 방식은 잘 보이지 않는다. 그러나 실제로는 연관되어 있다. 피티는 왜 너구리 털 코트의 유혹에 넘어가서 나와 거래를 시작하는가? 변덕스럽고 감성적인 성격이기 때문이다. 그리고 또 바로 그 이유 때문에 나와의 약속을 어기고 폴리에게 다시 프러포즈를 했다. 서로 앞뒤가 맞는 것이다.

또한 <모텔 탈출기>에서는 203호라는 방 번호, 그리고 1인칭 주인공인 내가 '재규어'라는 고급차를 타고 다닌다는 것도 매우 잘 짜여진 구조의 요소들이다. 여기서 '재규어'를 '벤츠'나 'BMW'로 바꾸어도 될 것 같지만 실제로는 그러면 작품의 가치가 많이 떨어진다. 특히 주인공이 시체를 방치하고 모텔을 떠날 궁리를 하는 과정에서 재규어 자동차에 대한 고려가 나온다. 모텔 입구는 어두워서 사람들은 서로를 잘 알아보지 못한다. 자동차 번호도 기억하지 못했을 수도 있다. 하지만 재규어 자동차는 기억하기가 쉽다. 그리고 젊은 학생이 재규어 자동차를 가진 사례가 국내에서 얼마나 될 것인가. 왜냐하면 벤츠나 BMW보다는 재규어가 매우 드문 외제차이기 때문이다. 결국 주인공은 화장실에서의 복잡하고 엽기적인 작업으로 내몰리게 된다.

방 번호가 203호라는 것, 그래서 2층이라는 것은 별로 구성적인 의미가 없다고 착각할 수도 있겠지만 필자는 그렇지 않다고 본다. 그것이 2층이기 때문에 주인공은 여장을 하고 나갔다가 창문으로 들어올 때에 고생을 한다. 그리고 그 순간에 엄마와 약혼자 정화를 떠올린다. 그러면서 주인공의 이중인격성을 다시 강조한다. 또한 주인공이 들어간 방은 3층이 아니다. 부잣집 의대생이 3층의 창문으로 벽을 타고 오른다는 것은 매우 비현실적인 내용이 될 것이다.

이러한 다중적인 연관관계의 예들을 영화에서 한번 찾아보자.

쉬운 예로는 영화「집으로」에서의 켄터키 프라이드 치킨을 들 수 있겠다. 이 켄터키 프라이드 치킨이 영화 속에서 만족시켜야 하는 조건들은 의외로 여러 가지이다. 먼저 요즘 아이들이 대체로 좋아하는 것이어야 하고 그래서 외할머니에게 응석 부리면서 사 달라고 할 수 있는 것이어야 한다. 그러면서도 외할머니 입장에서는 그것을 다른 것으로 오해해서 영화 속의 갈등을 고조시킬 수 있는 것이어야 한다. 그렇기 때문에 맥도널드 햄버거는 두 번째 이유 때문에 켄터키 프라이드 치킨을 대치할 수 없다. 동시에 그것은 나중에 상우(유승호 분)가 충분한 이유를 가지고 할머니가 켄터키 프라이드 치킨 대신에 만들어 준 닭 백숙을 받아들일 만한 것이어야 한다. 즉 상우는 나중에 배가 고파서 할머니가 준 닭고기를 먹고 그로써 할머니의 진심을 받아들이게 되는데, 이러한 상우의 행동은 어린아이의 선택이기 때문에 배고픔에 등떠밀려 이루어질 때 자연스럽다. 그렇지 않고 어린 상우가 어떤 이유로든 외할머니의 정성을 이해하고 받아들이게 된다는 것은 조금 부자연스럽다. 그래서 켄터키 프라이드 치킨은 또한 상우가 원하는 로봇 장난감과 같은 것으로 대체되기에도 부적절하다.

영화 「몬스터 주식회사」에서 다중적인 연관관계의 소재는 '문'이다.

한편 애니메이션 영화 「몬스터 주식회사」에서의 '문'도 이러한 다중적인 연관관계를 포함하고 있는 소재이다. 문은 괴물들의 세계와 인간의 세계로 이어지는 통로로서의 직설적인 상징성을 가지고 있다. 하지만 이건 다중적인 연관관계의 관점에서는 사소하다. 작품 전체의 전개에 있어서 이 문은 나중에 주인공 설리와 악당 주인공인 도마뱀 괴물 랜달의 쫓고 쫓기는 장면을 연출할 때 시각적으로 재미있는 영상을 제공한다. 즉 허공에 매달려 이동하는 많은 문들 사이에서 이 문으로 들어갔다가 저 문으로 나오고, 그러면서도 설리가 매달린 문이 떨어지는 위기 상황에서 다시 그 문 속으로 들어가서 사라지며 위기를 모면하는 이야기의 장치를 제공하는 것이다. 따라서 이러한 작품 전체에서 문을, 예를 들어, 터널이나 맨홀과 같은 구멍으로 대치하기는 매우 어렵다. 즉 「몬스터 주식회사」에서 문은 이야기 전체의 다중적인 연관관계 속에 놓여 있기 때문에 그 중 하나의 관계만을 고려해서 적당한 다른 것으로 대체할 수 없는 것이다.

그런데 지금까지 살펴본 단편소설에서 나타나는 여러 소재들의 다중적인 연관관계는 군더더기 없이 매우 깔끔하게 설정되어 있지만 장편의 작품들에서는 항상 그런 것이 아니다. 오히려 일반 영화나 기타의 장편소설에서는 아주 많은 소재들이 나오기 때문에 이 소재들이 모두 작품 전체에서 일관되게 다중적인 연관관계를 보여 주는 경우는 드물다. 따라서 대부분의 경우, 단편소설에서와는 달리 작품 전체에 걸쳐 다중적인 연관관계를 보여 주는 사례를 찾기는 힘들다.

자신의 모든 것을 항상 제 나름의 자리에 둔다

조밀한 배열은 그 표현에 있어서 군더더기가 없는 구성을 말한다. 조밀한 배열이 이루어졌을 때, 각 장면들을 구성하는 여러 사소한 장치들조차도 실제로는 다른 것으로 뒤바뀌기 어려운 고유의 위치를 점한다. 마치 『태권도의 철학적 원리』에서 "자신의 모든 것을 항상 제 나름의 자리에 둔다"는 하늘의 길[75]처럼 말이다.

미리 말해 두지만 조밀한 배열에서 말하는 여러 언급들은 다중적인 연관관계나 분위기의 통일에서 말한 것들과 겹치거나, 혹은 서로 같은 것으로 이해할 수도 있을 것이다. 그것은 자연스러운데, 왜냐하면 분위기의 통일이나 조밀한 배열의 요소는, 재미의 세 요소가 결합하여 뫼비우스 띠 구

---

75) 이창후, 『태권도의 철학적 원리』, 지성사(2000), 6장.

조가 생성되고 이 구조가 중첩적으로 짜여진 작품들의 또 다른 측면들이기 때문이다. 반복하자면, 결국 우리는 '정교한 짜임새'의 여러 특징들을 말하고 있기 때문에 기본적으로 정교한 짜임새에 속하는 많은 부분은 분위기의 통일이나 조밀한 배열에서 모두 공통적일 것이다.

조밀한 배열의 훌륭한 예를 우리는 <사랑은 오류다>나 <모텔 탈출기>의 각 부분들에서 볼 수 있다. 먼저 <사랑은 오류다>의 시작 부분을 보면 다음과 같다.

①나는 매우 논리적이고 냉정한 놈이다. ②영리하고 똑똑하고 지성적이며 현명하다는 것은 바로 나를 두고 하는 말일 것이다. ③나의 두뇌는 슈퍼 컴퓨터에 못지않은 처리 속도와 용량을 자랑하며 화학용 저울만큼이나 정확한 분별력을 가지고 있다. ④그런 나의 나이는 겨우 19살이었던 것이다. ⑤나 정도 나이의 남자애가 이와 같은 지적 능력을 가진다는 것은 별로 흔한 예가 아니다. ⑥예를 들어서 나의 방짝인 피티 벨로우를 생각해 보라. ⑦걔는 나와 같은 나이에 유사한 경력을 가지고 있지만 상당히 멍청한 놈이다. ⑧물론 괜찮은 친구이기는 하지만 머리에 든 것은 없다는 말이다. ⑨순간순간의 감성에 매몰되고 변덕스러운데, 그 중에서 최악의 특징은 바로 유행에 미친다는 점이다. ⑩유행만 좇으며 산다는 것은 비합리적인 것 중에서도 최악의 경우이다. ⑪생각해 보자. ⑫단지 다른 사람들이 한다는 그 이유만으로 이상한 짓거리를 하고 옷을 바꿔 입으며 그걸 위해서 돈을 쓴다니 이것은 정신 나간 놈들이나 하는 짓이다. ⑬하

지만 피티는 전혀 다르게 생각하는 것 같았다.

⑭어느 날은 내가 기숙사 방에 들렀을 때 피티 녀석이 침대에 고통스러운 표정으로 누워 있었다. (이하 생략)

위 단락에서 나의 지적 능력에 대한 자만을 드러내는 문장은 ⑤번 문장까지이다. 별로 길지 않다. 그러고는 ⑥번 문장부터 슬쩍 나의 방짝 피티 벨로우를 소개하는데, 이 과정이 매우 자연스럽다(즉, ⑥번 문장은 자만에 대한 강조이면서 피티에 대한 소개의 시작이다). 누구나 자신을 자랑하는 사람은 자기보다 못한 친구와 비교하기 마련이니까. 그리고 그 친구에 대한 소개는 곧 갈등구조의 중심으로 독자를 끌어들인다. 즉 피티에 대한 소개를 하는 과정에서 ⑨번 문장에서 곧바로, 피티의 유행에 따르는 특성을 예로 든다. 그러고는 그 특성의 예화를 소개한다. 즉 갈등의 핵심으로 자연스러우면서도 곧바로 진입하는 것이다.

<모델 탈출기>에서도 이러한 군더더기 없는 구성이라는 장점들을 발견할 수 있다. 다음은 그 시작 부분을 다시 인용한 것이다.

①이건 정말 큰일이다. ②초등학교 때, 엄마가 아끼던 200만 원짜리 도자기를 깼을 때보다 더 혼이 날 것 같다. ③물론, 그 도자기보다 비싼 건 아니지만, 욕실에 나뒹굴고 있는 이 육체는 자칫하면 내 인생을 망쳐 버릴 수도 있다. ④어쩐지 너무 쉽게 모텔까지 데려왔나 싶더니, 사람 일이란 새옹지마라고 말도 안 되는 일이 터져 버린 것이다. ⑤엄마의 화난 얼굴

과 이제 한 달 후면 결혼하게 될 나의 피앙세 정화의 실망한 얼굴이 오버랩되기 시작한다.
⑥두 시간 전, 채팅에서 만난 가출소녀와 20만 원으로 밤을 같이 보내기로 하고, 약속 장소로 갔다. ⑦자동차의 히터를 틀어 놓고 기다리고 있는데, 긴 머리를 찰랑거리며, 내 키 정도 돼 보이는 훤칠한 여자애가 나타났다. ⑧여자애는 나이에 어울리지 않게 커다란 링 귀걸이를 하고 있었고, 그것이 더욱 그 애를 섹시하게 보이게 했다. ⑨차에 여자애가 타자마자, 요즘 성업 중인 신도시 주변의 모텔들을 찾았지만, 룸이 없어 한참이나 헤맨 후, 허름한 '파라다이스'라는 이름의 모텔 203호로 들어왔다.(이하 생략)

이 시작 부분에서 언급해야 할 첫 번째 것은 전체 갈등구조와 그 전개를 위한 장치들이 모두 함축적으로 소개된다는 것이고 그 다음 요소는 이것들이 매우 자연스럽게 배열되어 있다는 것이다. 자연스럽게 배열되었다는 것은, 별 의도 없이 한탄조로 내뱉는 듯한 문장들 속에 모든 것이 다 군더더기 없이 들어 있다는 뜻이다. 단 없어도 무방한 문장은 ②번 문장이다. 물론 이 문장, 초등학교 때 200만 원짜리 도자기를 깼다는 문장은 주인공의 환경을 드러내 보여 주는 역할이 분명하다. 그래서 간접적인 장치로서의 역할이 있다. 필자가 말하고자 하는 바는 ②번 문장이 없어도 작품의 질이 유지된다는 것이 아니라, 작품의 질이 떨어지더라도 많이 떨어지지는 않을 것이라는 점이다.
③, ④, ⑤번 문장들은 갈등 상황의 핵심이다. 이것이 겨우 두 개의 길지

않은 문장①, ②) 다음에 자연스럽게 제시되었다는 점에 주목하자. 그 다음에 따라오는 내용, 특히 ⑦, ⑧, ⑨번 문장은 단순히 경찰에 자수하지 않고 엽기적인 행각을 통해서라도 모텔을 탈출하려는 기획을 하게 되는 동기를 충분히 제공한다. 즉 여자애의 신체 조건이 자신과 비슷하다는 것, 특징이 있었다는 것, 그리고 '히터를 켜고 있었으므로' 시간이 겨울이라는 점을 자연스럽게 드러낸다. 그래서 주인공은 시체를 분해하려고 마음먹게 된다. 모텔의 위치는, 여자로 나갔다가 다시 들어올 수 있는 조건을 제공한다. 즉 신도시 주변의 모텔이 아니라 더 외진 곳에 있는 모텔이기 때문에 인적이 드물어서 창문으로 다시 방에 돌아올 수 있는 것이다.

조밀한 배열의 매우 훌륭한 또 다른 예는 위에서 필자가 번역해서 인용한 이야기의 끝부분에 있다. 내가 폴리에게 프러포즈를 시작하는 부분에서부터의 문장들을 잘 보자. 장면들을 봐서는 안 되고 문장 하나하나를 잘 봐야 한다. 장면을 보면 대략적으로 보기 쉬우므로 조밀한 배열이 잘 안 보일 수 있다.

먼저 주인공인 내가 본론을 꺼내는 첫 문장에 이어서 '성급한 일반화의 오류'가 지적된다. 역시 군더더기가 없다. 그 다음에는 '잘못된 비유'다. 그리고 그렇게 이어지는 대부분의 대화에서 다음의 두 가지를 발견할 수 있다. 즉 주인공인 나는 한두 줄의 짧은 문장들로 프러포즈를 해 나간다. 그리고 그 모든 것은 상당히 정확히 논리적 오류들만으로 구성된다. 각 부분들이 오류들로 구성된다는 것이 첫 번째 초점이다. 두 번째 초점은, 이렇게 인위적일 정도로 군더더기 없이 오류들로만 구성된 대화들의 맥락이 매우 자연스럽다는 것이다. 예를 들어서 세 번째는 감정적 호소의 오류가 나오는데, 그에 앞서 내가 생각하는 방식은 매우 사실적이다. 즉 두 번 오류에 걸리자 오류에 걸리지 않기 위해서 단도직입적인 방식을 택하는 것이다. 그래서 감정적 호소의 오류로 간

영화 「미션 임파서블」의 한 장면.

다. 이렇게 종횡으로 군더더기 없이 짜인 배열이 이 작품의 질을 매우 높인다고 필자는 생각한다.

그리고 누구나 이미 이해했겠지만 사족처럼 덧붙이자면, 끝부분에서 제시되는 모든 오류들은 이야기의 중간에서 주인공이 폴리에게 가르친 오류들로 구성된다는 것이다. 물론 이것은, 끝부분을 먼저 염두에 두고 중간 부분을 구성한다고 했을 때 상대적으로 쉬운 부분일 것이다.

영화에서 이러한 조밀한 배열의 예를 찾자면 「미션 임파서블」을 들 수 있다. 이 영화의 시작에서는 파티 장면이 나오는데, 관객들이 무심코 스쳐 지나갈 수 있는 아주 평범한 파티 장면의 여러 요소들이 나온다. 그런데 그 요소들은 주인공이 위기에 빠진 나중에는 사람들이 결코 무심코 스쳐 지나갈 수 없는 의미심장한 것으로 고려된다.

여기서도 조밀한 배열의 두 가지 특성이 나타난다. 즉 꼭 필요한 요소들이 밀도 있게 배열되었다는 것과 그것이 무심코 간과할 수 있을 만큼 자연스럽게 배열되었다는 점이다.[76]

추가적인 논의를 하자면 의외로 방대하므로 생략하겠지만, 이와 같이 조밀한 배열이 작품의 질을 높인다는 것은 소설이나 영화 외에도 모든 종류의 작품에 적용할 수 있는 일반 개념이라는 것이 필자의 주장이다.

분위기의 통일이 작품의 수준을 높인다

분위기의 통일은 일정한 정서적 분위기를 창출하고 유지하는 것을 가리킨다. 예를 들면 <사랑은 오류다>에서는 약간 희화적이고, 그래서 심각하지 않으면서 자만에 빠진 1인칭 주인공의 정서적인 특징이 처음부터 표출되고 있으며, 이러한 분위기는 맨 마지막 반전에까지 지속적으로 이어진다. 그리고 거기에 이러한 분위기의 통일을 흐리는 이질적인 요소들이 개입되어 있지 않다.

사고 실험을 위해서[77] 여기에 피티가 매우 가난한 학생이라고 설정하거나 혹은 폴리의 엄마가 다쳐 누웠다는 설정을 삽입해 보자. 그러면 이 작품은 어떻게 되겠는가? 이것을 군더더기로 덧붙여야 한다면 당연히 이 작품이 망가지겠지만, 반드시 그럴 필요가 있는 것은 아니다. 필자는 이 작품을 변형해 보기 위해서 여러 설정들을 바꾸어 본 적이 있다. 예를 들어서 다음의 몇 가지 설정을 변형하려 해 보았다.

---

76) 하지만 「미션 임파서블2」는 이런 점에서 완연히 달라진다. 감독이 바뀌었기 때문이다. 홍콩영화에 버금가는 과도한 액션, 그리고 전편만큼 꽉 짜이지 않은 사건 전개 등을 상대적으로 보여 준다. 너무나 당연한 이야기이지만, 작품의 표현 능력은 작가의 역량에 달린 것이고, 영화의 수준은 배우나 소재가 아니라 감독의 역량에 달린 것이다.
77) 이와 같은 창작물의 구조나 특징을 이해하는 데에는 사고 실험이 가장 적합하고 필요할 것이다. 왜냐하면 창작물은 결국 사고에 의해서 만들어지고 고쳐질 수도 있기 때문이다.

피티가 유행을 좇는 아이가 아니라 가난해서 등록금이 필요한 친구이고, 나는 등록금을 빌려 주는 대신 피티에게 폴리를 소개시켜 달라고 한다. 이렇게 되면 이 작품의 분위기가 너무나 진지해진다. 억지로 이야기를 꿰맞추어 끝까지 밀어붙일 수는 있겠지만 작품 전체의 질은 떨어질 것이다. 더군다나, 맨 마지막 반전은 너구리 털 코트가 아닌 등록금으로 유도하기가 쉽지 않을 것이다. 폴리는 피티가 가난한 학생이라서 그와 사귄다고 말해야 할까? 이것은 우리가 공유하는 경험과 맞지 않는다. 그렇다면 가난함에도 불구하고 열심히 공부하는 학생이라서 더 그와 사귄다고 말해야 할까? 피티가 그런 성격이라면 등록금 때문에 여자 친구를 넘기는 일 따위를 하지도 않을 것이다. 더군다나 맨 마지막의 '원천봉쇄의 오류'가 나오기 위해서는 피티가 날 배반하고 폴리를 다시 꼬드겨야 하는데, 그러기 위해서는 피티는 다시 변덕스러운 성격이어야 한다.

작품의 중요한 장치를 바꾸는 것이 아니라 사소한 장치를 바꾸어 보자. 폴리는 나의 이상형에 가까우니까 머리는 비었다고 하더라도 좀더 조숙하거나 혹은 고집스러운 성격으로 바꾸는 것은 괜찮지 않을까? 하지만 그런 경우 폴리가 논리적 오류를 배우는 장면들은 별로 재미가 없어지고 지루해진다. 앞에서 예로 든 장면, 즉 폴리에게 논리적 오류를 가르치기 시작하는 장면에는 사소한 흥미의 장치가 있다. 각각의 오류를 처음 볼 때 폴리가 보여 주는 멍청하고 단순한 반응, 하지만 그럼에도 불구하고 말장난 같기도 한 그런 오류들에 대해서 큰 흥미를 보이는 것 등은 조금 희화적이기도 하고 독자들의 감성을 약간은 자극한다. 폴리가 고집스러운 성격이라고 설정을 바꾸면 이러한 분위기의 통일성은 모두 사라질 것이다. 오류를 배우는 장면들은 너무나 진지해질 것이다. 그래서 그러한 폴리의 고집스러움과 그에 따른 진지한 분위기가 유지된다면 맨 마지막의 반전은 너무나 심각해질 것이다.

또 다른 한편으로는 폴리가 고집스럽다면 자신을 다른 남자에게 소개시켜 준 피티에게 매달린다는 것이 조금 어색하게 된다. 폴리와 피티가 서로 감성적이고, 그래서 같은 부류의 사람들이기 때문에 서로에게 이끌린다는 것이 자연스럽다. 이러한 설정은 작품에서 또렷이 부각되어 있지는 않지만 은연중에 드러난다. 이것이 작품 분위기의 통일뿐만 아니라 작품의 다중적인 연관관계의 수준도 함께 높인다.

<모텔 탈출기>에서도 이와 유사한 분석을 할 수 있다. 이 이야기에서의 분위기는 심각하고 엽기적이다. 엽기적인 행위를 뒷받침하는 데에 심각한 분위기가 요구된다. 여기에 희화적인 분위기가 개입된다면 작품은 망가질 수 있다. 예를 들어서 모텔에서 어떻게 탈출할 수 있을까 하는 생각을 하면서 회상하는 여러 장면들 중에서 예전에 잤던 여자와의 관능적인 장면이 떠오른다면, 혹은 친구와 즐겁게 놀던, 혹은 정화랑 함께 사랑을 속삭이던 장면이 작품에서 부각된다면 이 작품의 분위기는 통일성을 잃을 것이다. 작품은 약간 이상하게 될 수 있다.

또 다른 점을 언급하자면, 주인공인 나의 이중인격적인 측면은 이 작품의 분위기의 통일성에 기여한다는 점이다. 나는 작품 속에서 어려움에 처해 있으면서 어머니와 약혼녀 '정화'를 생각하며 힘을 얻고자 한다. 그런

데 나는 결혼을 앞두고 원조교제를 하고 있는 사람이다. 얼마나 이중인격적인가. 이러한 인물에 대해서 독자들이 심정적으로 동정하기는 어려울 것이다. 그래서 반전을 기대한다. 그 반전의 모습도, 비교하자면 <사랑은 오류다>와는 사뭇 대조적이다. 그것은 두 이야기의 전체적인 분위기들이 아주 딴판이기 때문이다. 그런 점에서는 또한 <사랑은 오류다>도 마찬가지이다.

그리고 하나 또 빠뜨릴 수 없는 것은, 독자들이 주인공들에게 갖게 될 만한 반감이 반전에 따른 결과와 적절하게 균형 잡혀 있다는 것이다. <모텔 탈출기>에서는 결혼을 앞두고 원조교제를 하는 내가 여전히 '정화'라는 약혼녀에게 양심의 가책 없이 심적으로 기대는 모습에서 심각한 도덕적 이중성을 보여 주고 결국에는 몰래 카메라를 통해서 엽기적인 행각이 폭로될 것이라는 것이 서로 균형이 맞아 보인다.

한편 <사랑은 오류다>에서 보여 주는 주인공 '나'의 특징은 약삭빠르고 자기 과신적이긴 하지만 심각한 도덕적 결함을 보여 주지는 않는다. 친구 피티에게도, 피티와 폴리가 이미 사귀는지 확인하고 거래를 제안하는 정도이다. 그래서 반전된 결과, 즉 기껏 지성적으로 만들어 놓은 폴리와의 관계에서 자기 함정에 빠진다는 것, 그래서 여자 친구를 잃는 것이 아니고 아직 사귀지도 않은 여자 친구에게서 거절을 당한다는 결과는 이러한 주인공 '나'의 성격에 걸맞는다.

<모텔 탈출기>와 <사랑은 오류다> 두 예만을 집중적으로 분석했다. 이것이 부족해 보일지 모르지만 지금 우리가 분석하고 있는 분위기의 통일

영화 「러브 레터」에서 할아버지가 손녀를 업고 병원을 향해 달리는 장면은 작품의 통일성에 기여한다.

성은 단순한 요소의 문제가 아니라 작품의 전체적인 구조에 대한 문제이고, 또 다소 분명하지 않은 특징에 대한 문제이기 때문에 여러 작품들을 겉핥기식으로 언급하는 것보다는 한두 작품을 집중적으로 분석하는 것이 더 적절할 것이다. 이제는 기타의 작품들에서 몇 가지를 간단히 살펴보겠다.

유명한 일본 영화 「러브 레터」를 보면 주인공이 학창 시절에 같은 이름의 남자애 후지이 이츠키와 도서관에서 도서관리를 할 때, 그 남자애를 좋아하는 어떤 이상한 여자애가 나온다. 그 여자애는 자전거 주차장에서도 주인공과 잠깐의 독백처럼 대화를 나누곤 하는데, 필자는 이 여자애가 작품 전체에서 분위기의 통일성에 별로 도움을 주지 못한다고 생각한다. 하지만 그 외의 요소들, 예를 들면 여자 후지이 이츠키의 할아버지가 손녀를 업고 병원을 향해 눈 속을 달리는 등의 장면들은 묘하게 작품의 통일성에 크게 기여한다고 본다.[78]

분위기의 통일이라는 점에 있어서, 반드시 동질적인 것만이 포함되어야 한다는 것은 아니다. '통일'은 '적절한 다양성'을 포함한다. 그래서 이질적인 것도 적절히 포함되는 것이 바람직하다. 예를 들어서 너무 진지하고 긴

---

78) 어쨌든 이 영화 「러브 레터」는 매우 훌륭한 작품이라고 본다.

이야기 속에는 꼭 희화적이고 경망스러운 조연이 한두 명씩 끼는 것이 보통이다. 스티븐 스필버그의 영화를 보면 이러한 인물들이나 희화적인 장면들을 삽입하여 관객이 지나치게 심각한 분위기에 몰입하여 피로하지 않도록 만든다.「공동경비구역JSA(이하 줄여서 JSA)」에서는 신하균이 맡은 배역이 그렇다고 본다. 즉「JSA」는 상당히 심각한 분위기의 이야기인데, 간혹 삽입되는 장면들이 희화적으로 처리되어서 긴 이야기에 몰입되었을 때의 긴장을 풀어 준다.

위에서 언급한 바와 같이「러브 레터」에서의 이상한 여자애도 그런 역할을 한다고 볼 수 있다. 하지만 필자가 보기에는 그 장면들이 별로 긴장을 풀어 줄 만큼 충분히 희극적이거나 혹은 다른 방식으로라도 적당히 이질적이어서 전체 분위기와 어울리면서 작용한다고 보지는 않는다. 차라리 주인공들 주변 인물들 중 여자 후지이 이츠키를 좋아하는 남자들 가운데 한 명이 경망스럽거나 웃겨서 그런 역할을 했으면 더 좋았을 것 같다는 것이 필자의 생각이다. 여러분들은 이러한 필자의 개인적 생각에 동의하지 않더

영화「공동경비구역JSA」의 신하균은 심각한 분위기를 풀어 주는 희화적 역할을 한다.

라도, 그러한 요소들이 분위기의 통일이라는 입장에서 평가될 수 있고, 그럴 필요도 있다는 점에서는 동의하리라 믿는다.

풍부한 상징성은 분위기 통일과도 관련된다

장치들의 다중적인 연관관계, 조밀한 배열과 분위기의 통일이 이루어지면 추가적으로 따라오는 것이 있다. 풍부한 상징성을 가진 이야기 속의 소재들이다. 이러한 소재들의 풍부한 상징성이 곧 필자가 지금 언급하고자 하는 대목이다. 그런데 이 대목은 좀 애매한 부분이 있다. 왜냐하면 작품 속의 장치들이 갖는 다중적인 연관관계에 의해서 각 소재들의 풍부한 상징성이 유발되는 것일 수도 있기 때문이다. 실제로 많은 부분에서 풍부한 상징성은 다중적인 연관관계와 밀접히 관련이 있다. 하지만 전부 그런 것은 아니다. 그래서 여기서 '풍부한 상징성'을 별도로 논의하는 것이다.

먼저 다중적인 연관관계에 의해서 포섭되지 않지만 풍부한 상징성을 갖는 소재의 예를 드는 것이 좋겠다. 영화 「JSA」에서 초코파이와 김광석의 노래가 갖는 상징성, 영화 「매트릭스 1」의 시작 부분에서 "흰 토끼를 따라가라"는 지시문의 상징성, <모텔 탈출기>에서 '파라다이스'라는 모텔 이름이 갖는 상징성, 영화 「엽기적인 그녀」의 후반부에서 나타나는 기차와 언덕 위의 나무가 갖는 상징성 등이 그것이다. 이러한 소재들은 다중적인 연관관계에 의해서 풍부한 상징성을 갖는 것이 아니다. 따라서 이러한 소재들은 그것이 다른 것으로 대치된다고 하더라도 영화의 전체적인 이야기 전개에서는 거의 무리가 없다.

영화 「엽기적인 그녀」에서 기차가 상징하는 것은 만남과 이별의 운명이다.

    예를 들어서 「매트릭스 1」의 시작 부분에서 해커인 네오(키아누 리브스 분)가 매트릭스의 실체를 아는 사람들, 즉 모피어스의 무리를 만나러 가는 계기는 컴퓨터 화면에 "흰 토끼를 따라가라"는 지시문 때문이다. 그리고 곧 여자와 남자의 무리가 문을 두드리고 춤추러 가자고 제안하는데, 그 중 한 여자의 몸에 흰 토끼 문신이 있는 것을 발견한다. 하지만 이것이 꼭 흰 토끼여야 할 이유는 그 이후의 이야기 전개에서 별로 제시되지 않는다. 그 것은 여우여도 되고, 용이어도 된다. 그러나 여기에서 제시되는 '흰 토끼'는 그런 이야기 전개에서의 상관관계가 아닌 다른 이유 때문에 고정된다. 그것은 「이상한 나라의 앨리스」라는 작품을 연상시키기 때문이다.

    한편 「엽기적인 그녀」의 후반부에서 기차에서 서로 어긋나는 장면이 나오는데, 이때 기차가 상징하는 바는 「매트릭스」의 흰 토끼만큼 분명하지는 않다. 하지만 쉽게 공감할 수 있는 어떤 것이 있다. 그것은 순간적으로 만남과 이별을 결정하는 장치, 그래서 그 만남과 이별의 운명을 시각화하는 장치인 것이다. 아마도 여기에서 그러한 상징성을 느낄 수 있는 주된 까닭은 일반적인 차량은 출발했다가도 금방 설 수 있지만 기차의 경우에는 그렇지 않다는 인식 때문인 것 같다. <모텔 탈출기>에서 '파라다이스'라는 모델명은 역설적인 상징성을 보여 준다. 주인공은 그 모텔에서 탈출하고자 하고 그래서 제목에도 '탈출기'라는 말이 들어 있는데 하필 그 탈출하려는 모델이 곧 '파라다이스'인 것이다.

그렇다면 다중적인 연관관계와 풍부한 상징성의 차이는 무엇일까? 다중적인 연관관계가 이야기 내부에서의 논리적이고 구조적인 연관관계를 뜻한다면, 풍부한 상징성은 이야기 외적인 것과의 감성적이고 상상에 기초한 연관관계를 뜻한다. 그래서 풍부한 상징성은 이렇게 말할 수도 있고 저렇게 받아들일 수도 있다. 그것은 정말 독자나 듣는 이, 혹은 관객이 받아들이기 나름이다. 하지만 다중적인 연관관계는 이보다 더 객관적이다.

소재의 상징성은 분위기의 통일과도 큰 연관성을 갖는다. 이 점은 필자가 정확한 사례들과 적절한 반대 사례들을 통해서 상세히 설명하기는 어렵지만, 대신에 다음과 같은 논거를 들 수 있겠다.

분위기의 통일은 대체로 작품을 표현하는 매체들을 적절히 조작하는 것에 의존한다. 만약 그 작품이 소설이라면 매체는 문장이므로 문장과 그 속의 단어 선택을 적절히 함으로써 분위기를 조절하거나 바꿀 수가 있다. 만약 작품이 영화라면 매체는 영상과 음향이므로 영상 편집, 혹은 카메라의 촬영 각도와 구도, 혹은 배경 음악의 선택 등을 달리함으로써 분위기를 조절하거나 바꿀 수가 있다. 그렇다면 이렇게 작품을 표현하는 매체들을 적절히 조작하는 것은 어떻게 이루어지는가? 그 매체들이 사용하는 소재의 상징성이 중요한 조작의 초점이 아니겠는가. 그렇다면 그만큼 분위기의 통일은 소재의 상징성과 관련된다고 할 수 있을 것이다.

작품 구조에는 어떠한 유형이 있나?

작품에 대한 포괄적 구조 분석을 위한 우리의 세 번째 과제는 작품들이 재미를 구현하는 구조의 유형 분석이다. 이러한 유형 분석은 유형을 분류하는 것으로 끝나는 논의라는 것을 미리 언급해 두겠다. 원래 훌륭한 사고란 분석적이면서 동시에 종합적이고, 그래서 그러한 사고가 적용된 논의는 분석적으로 어떤 관심거리의 여러 측면들을 세분화하고 개념화한 후, 종합적으로 그것들을 조직화하여 하나로 다시 통일하는 과정을 거쳐야 마무리된다고 할 수 있다. 그러므로 여러 주제들에서 접할 수 있듯이, 개념들을 세분화하는 것에만 그친다면 그것은 훌륭한 논의라고 할 수 없고 오히려 말잔치에 그친다고 할 것이다.[79]

하지만 작품 구조의 유형분석론은 유형을 분류하고 분석하는 것에 그칠 것이다. 이것은 작품 구조의 유형 분석에 대한 필자의 개념이 완전하지 못

---

79) 이러한 예를 우리는 웃음의 종류를 나누어 놓은 논의나, 해학 형성의 기법을 분류한 논의에서 찾아보았다. 필자는 그것을 비판한 후 웃음의 종류에 대해서는 다시 종합화하는 논의를 보완하였고, 해학 형성의 기법에 대해서는 근본적으로 다른 개념틀을 제시하고 있다.

한 것임을 보여 주는 단서일지도 모른다. 그렇다면 다른 분들의 추가적인 비판이나 보완을 기대할 수 있을 것이다.

병렬적 · 종속적 이야기 구조

먼저 살펴볼 것은 문학에서도 흔히 논의되는 두 가지의 일반적인 이야기 전개 방식이다. 그것은 병렬적 이야기 구조와 종속적 이야기 구조이다. 앞에서 필자는 이야기의 전개 방식을 크게 병렬전시적인 것과 차별은닉적인 것 두 가지로 대별하였다. 이제 이 두 개념을 좀더 자세히 살펴보자.

병렬전시적 이야기 구조는 두 이야기가 동일하게 독자나 듣는 이의 관심을 끌면서 이어지는 것이다. 이러한 병렬전시적 이야기 구조로는 여러 이야기들을 동시적으로 이끌어 가는 장편소설의 전개 방식, 혹은 아라비안나이트와 같은 액자식 전개 방식, 독립적인 이야기들을 나열하는 옴니버스식 이야기 등을 들 수 있다. 장편소설의 이야기 전개 방식은 단지 두 개의 이야기만 병렬적으로 전개되는 것이 아니라 다수의 이야기들이 병렬적으로 전개된다.

한편 액자식 이야기 전개 방식은 한 이야기 속에서 다른 이야기가 속하게 된다. 이러한 액자식 이야기 구조는 한 이야기가 다른 이야기 속에 포함된다는 점에서 안에 있는 이야기가 바깥에 있는 이야기에 종속되는 성격이 생겨난다. 그래서 다소 차등적인 이야기 구조와 유사하게 발전할 수도 있다. 하지만 안팎의 두 이야기가 모두 독자나 듣는 이의 관심을 동일하게 끈다는 점에서 그것은 은닉적이지는 않다. 이에 반해 옴니버스식 이야기는 가장 분명하고 단순한 병렬전시적 이야기 방식이라 할 수 있을 것이다.

한편 차별은닉적 이야기 구조는 그 이야기의 여러 측면에서 하나의 이야기만을 다루는 것 같은 성격의 구조를 갖는다. 그 안에는 두 개의 이야기, 혹은 그 이상의 다수의 이야기가 있을 수 있지만, 그 중 일부는 의도적으로 숨겨진다. 그것이 복선이다. 이러한 이야기 전개 방식에서는 이야기는 의도적으로 차별화되고, 어떤 이야기는 직접적으로 제시될 것이며, 어떤 이야기는 그 뒤에 숨겨질 것인지가 분명하다는 점에서 차별은닉적 구조라고 부를 수 있다.

앞에서 본 <할머니의 3행시> 이야기는 차별은닉적 구조이다. 이야기의 후반부, 즉 할머니가 동네 노인들에게 3행시를 지어 보이겠다고 말할 때까지는 이 이야기가 병렬전시적 구조의 이야기처럼 보인다. 하지만 할머니가 '원두막' 대신에 '원숭이'를 운으로 택하면서 이 이야기는 차별은닉적 구조를 드러낸다. 한편 <한석봉전>은 전형적인 병렬전시적 구조의 이야기이다. 앞에서도 설명했지만, 이 이야기는 반복에 의해서 긴장을 축적하는 효과가 있지만, 앞부분의 이야기가 뒷부분의 이야기와 구성상에 있어서 연관되지는 않는다. 그래서 <한석봉전>은 어떤 부분들의 순서를 바꾸어도 큰 무리가 없다. 하지만 <할머니의 3행시>에서는 전반부 이야기와 후반부 이야기가 바뀔 수 없는 것이다.

어떤 이야기가 병렬전시적 구조인지 아니면 차별은닉적 구조인지를 구분할 수 있는 기준을 한번 언급할 필요가 있겠다. 왜냐하면 액자식 전개 방식과 같은 이야기 구조를 병렬전시적 구조에 포함시키는 것이 타당한지에 대해서 묻는 사람들이 많기 때문이다. 병렬전시적 구조의 이야기와 차별은닉적 구조의 이야기를 구분하는 가장 중요한 특징은, 큰 이야기를 이루는 각 부분 이야기들이 다른 이야기로 쉽게 대체될 수 있는가 없는가 하는 것에 있다.

예를 들어서 가장 대표적인 액자식 구성 방식인 『아라비안나이트』를 보자. 『아라비안나이트』는, 바그다드의 술탄 샤리야르가 나라의 처녀들과 결혼해서 하룻밤을 보내고는 죽이는 일을 계속하자 셰헤라자드가 신부가 되어 1,001일 동안 밤마다 교훈적이거나 감동적이고 재미있는 이야기를 들려 준다는 이야기이다. 이 이야기가 '바깥의 이야기'라고 하고 셰헤라자드가 들려 주는 이야기들이 '안쪽의 이야기'라고 하자. 이때 '안쪽의 이야기'들이 『아라비안나이트』의 많은 부분을 구성한다.

그런데 우리는 이런 구조를 검토함에 있어서 바깥의 이야기와 안쪽의 이야기들을 바꿔 봄으로써 이야기 구조에 대한 사고 실험을 해 볼 수가 있다. 만약 셰헤라자드가 왕비가 되어서 살아남기 위해서 왕에게 이야기를 해 주는 것이 아니라, 어떤 부자에게 돈을 빌리기 위해서, 혹은 재미있는 이야기로 갚을 수 없는 빚을 갚기 위해서 이야기를 한다고 하더라도 우리는 『아라비안나이트』의 안쪽 이야기들을 크게 변형하지 않고 사용할 수 있을 것이다. 또한 반대로, 그 안쪽에 있는 이야기들 중에 「알라딘의 요술 램프」이야기가 들어 있는데, 이 이야기를 다른 얘기(예를 들어 「나무꾼과 선녀」이야기)로 바꾼다고 하더라도 그 구조에 있어서 크게 문제가 될 것은 없다. 하지만 차별은닉적 구조의 이야기에서는 이러한 대체가 불가능하다고 보아야 한다.

3국면 형식의 「올드 보이」

지금까지 우리는 재미의 논리적인 구조를 뫼비우스 띠 모형으로 이해했다. 그런데 이 모형을 짧은 서사적 작품에 적용하기에는 크게 무리가 없지만, 더 긴 서사적 작품에 적용하는 데에는 조금의 보완이 더 필요하다. 왜냐하면 긴 이야기가 비교적 단순하게 구성될 수 있기 때문이다. 뫼비우스 띠 모형에 따른 이야기 구성은 쉽게 생각했을 때 두 개의 국면으로 전개될 것이다. 첫째 국면은 긴장의 축적과 고조가 될 것이고, 둘째 국면은 숨은 이야기의 등장과 그에 따른 반전이 될 것이다. 하지만 예를 들어서 두 시간 가량을 진행하는 장편영화를 생각할 때, 그 긴 이야기가 그러한 두 개의 국면으로 나뉜다고 생각하면 의외로 단순할 것이다. 그리고 실제로 재미있게 구성된 작품들은 그렇게 두 개의 국면으로 나누기에는 적당하지 못하다. 따라서 더 구체적인 형식에서 보완된 구조의 틀이 필요하다. 그리고 그것은 세 개의 국면으로 이루어진다.

우선 복잡한 내용을 담은 긴 이야기가 세 개의 국면으로 이루어진다고 할 때, 이 형식적 틀은 무엇에 관한 것인지를 분명히 할 필요가 있다. 왜냐하면 우리는 재미에 대한 논리적인 구조를 뫼비우스 띠 구조로 이해했기 때문이다. 그렇다면 지금 살펴보려는 형식적 틀은 재미에 대한 논리적 구조를 설명하는 것이 아니라 재미를 구현하는 작품 구성의 틀이다. 이 작품

개념	다양성	추상적인 정도
재미있는 작품	매우 다양한 작품들	낮음
재미를 구현하는 흔한 방식	3국면 형식(다른 방식도 가능)	중간
재미의 보편 형식	뫼비우스 띠 구조(유일함)	높음

구성의 틀은 위의 표에서 설명하듯이, 재미의 논리적인 형식을 서사적 작품 속에 구현하는 더 구체적인 틀이다. 이 틀의 이름을 '3국면 형식'이라고 부르겠다.

이 3국면 형식의 내용을 정리하면 다음과 같다.

첫째 국면 : 사소한 흥밋거리로 이야기를 시작하고 맨 마지막 반전을 위한 숨은 이야기를 생성한다. 이 첫째 국면에서 반전을 위한 모든 장치들이 반드시 다 제시되어야 하는 것은 아니다. 하지만 그렇게 될 수 있다면 짜임새의 조밀성을 높일 수 있고 작품의 구성미가 탄탄해진다.

둘째 국면 : 첫째 국면에서 파생되지만 첫째 국면과는 전혀 다른 이야기가 전개된다. 그리고 이 둘째 국면부터 본격적인 긴장의 생성과 축적이 이루어진다. 이 단계에서 첫째 국면은 둘째 국면을 위한 도입의 장치로만 보인다. 그래서 이야기 구성에 있어서는 첫째 국면이 없어도 그만인 것으로 보일 수 있다.

셋째 국면 : 둘째 국면의 반전으로 생겨난다. 그리고 이 셋째 국면에서 긴

장은 가장 고조되고 축적된다. 즉 절정 국면이 생겨난다. 그 축적된 긴장이 해소되는 것이 셋째 국면의 끝이다. 이 셋째 국면에서 생성된 숨은 이야기가 드러나고 그것은 첫째 국면과 연관되어 있다. 그래서 최종적으로 긴장이 해소된다. 즉 최종적으로 작품도 완결된다.

이러한 국면 구분에 있어서 제일 중요한 기준은 바로 이야기 속 갈등관계의 전환이다. 즉 각 국면에서 제시되는 이야기에서 드러난 이야기의 갈등관계가 모두 달라진다는 것이다.

몇 가지의 예를 가지고 설명하는 것이 이해하기 쉽겠다. 영화 「러브 레터」와 「올드 보이」를 가지고 생각해 보자. 이야기의 초반부에 제시되는 갈등구조에 반전을 위한 모든 장치들이 숨어 있는 것이 두 영화의 공통점이다. 「러브 레터」에서는 사랑하는 사람(후지이 이츠키)을 잃은 여자가 그 사람의 옛 주소로 편지를 썼는데 답장이 온다. 그리고 그렇게 편지 교환이 시작되는 것이 「러브 레터」의 첫째 국면이다. 한편 「올드 보이」에서는 오대수(최민식 분)라는 사람이 15년 동안 영문도 모른 채 방 안에 감금되어 있다가 풀려난 뒤, 자신을 감금한 사람들을 찾아내고 복수하고자 하는 것이 첫째 국면이다.

그런데 이 첫째 국면은 굉장히 이질적인 이야기로 전환되면서 둘째 국면으로 접어든다. 「러브 레터」에서는 곧 답장을 한 사람이 후지이 이츠키와 같은 반이었던 동명이인이었음이 서로에게 알려진다. 그러고는 이야기는 같은 이름을 가진 남녀 학생의 어린 시절 이야기로 초점이 옮아간다.

영화 「올드 보이」에서는 잊고 지냈던 과거의 이야기, 그리고 충격적인 근친상간의 사실이 드러나면서 이야기의 모든 장치들이 하나로 꿰맞추어진다.

「올드 보이」에서는 자신을 감금한 주모자 우진(유지태 분)을 오대수가 찾아낸 후, 우진의 제안에 따라서 불가피하게 우진이 오대수를 감금한 이유를 찾아내는 갈등으로 이야기의 초점이 옮아간다. 여기서 두 영화 모두 첫째 국면과 둘째 국면의 이야기의 초점이 달라진다는 것이 공통된다.

셋째 국면은 둘째 국면에 의해서 유발되는데, 전체 이야기의 중요한 반전이 된다. 「러브 레터」에서는 몰랐던 사랑의 이야기가, 「올드 보이」에서는 잊고 지냈던 과거의 이야기, 그리고 충격적인 근친상간의 사실이 드러나면서 이야기의 모든 장치들이 하나로 꿰맞추어진다.

「러브 레터」가 만약 죽은 사람에게서 답장이 오는 이야기에서, 그 의문이 풀리면서 단지 동명이인이었다는 것을 확인하고 이야기가 끝난다면 이 이야기는 구태의연하고 지루하며 매우 짧은 영화에나 적당한 이야기가 될 것이다.「올드 보이」역시 마찬가지이다. 만약 영문도 모르는 감금에서 풀려난 뒤 복수를 시작하다가 과거의 기억을 찾아내고 자신이 감금되었던 이유를 찾아내는 것에서 끝난다면 역시 구태의연하고 새로울 것이 없는 영화가 될 것이다. 역시 짧은 영화로 적당한 이야기가 된다.

이런 경우에, 특히 첫째 국면과 둘째 국면에 포함된 많은 장치들이 불필요한 것이 되고, 결국 작품의 질을 높이기 위해 조밀한 배열을 한다면 이야기는 더욱 짧아질 것이 틀림없다. 즉 충분히 복잡한 이야기 구조를 위해서는 두 개 국면으로는 불충분하다. 그러므로 3국면 형식이 그보다 단순한 형식의 작품보다 재미의 정도를 강화한다는 것이 매우 명확해 보인다.

그런데 여기서 세 개 국면의 형식으로 언급하는 것은, 작품 속에서 제시되는(현실적 사실이든 허구적 사실이든) 사실의 구조 자체가 아니라는 것을 필자는 강조할 필요가 있다고 본다. 세 개 국면의 형식이 적용되는 대상은 사실의 구조 자체가 아니라 어떤 (현실적 혹은 허구적) 사실을 제시하는 방식의 형식인 것이다. 이 개념이 조금 혼돈스러울 수 있으므로「러브 레터」와「올드 보이」의 예를 가지고 계속 설명해 보겠다.

「러브 레터」에서 이야기되는 사실을 영화 속에서 순서대로 한번 살펴보자. 즉 처음에 같은 이름을 가진 한 여자애와 남자애가 같은 반이 된다는 것에서부터 시작할 것이다. 그러고는 그 때문에 겪는 여러 가지 일들이 있고 그 속에서 남자애와 여자애는 서로 사랑을 하게 된다. 특히 남자애는 여자애를 속으로 좋아했다. 그런데 남자애는 전학을 가고 그 후에도 여자애를 좋아하는 마음이 강하게 남아 있어서 그 여자애와 닮은 여자에게 먼저 프러포즈를 했는데, 그 후 그 남자는 죽었고 그 남자의 연인은 그 남자를 여전히 잊지 못해서 죽은 사람에게 편지도 했다. 그런데 답장이 왔다……. 이러한 이야기에서 우리는 확연히 구분되는 국면들을 세 개로 구분해 낼 수 있을까? 시간적으로 구분한다면 어느 정도 가능할지 모른다. 즉 학교에서 겪는 일들과 전학 후에 닮은 여자에게 사랑을 고백하는 일, 그리고 죽은 후의 이야기 등.

하지만 그렇게 구분되는 국면에서는 영화에서 제시되는 이야기의 구조처럼 한 이야기에서 전혀 다른 맥락의 이야기로 초점이 전환되지 않는다. 즉 영화「러브 레터」의 첫째 국면에서는 이야기의 초점이 죽은 사람에게서 답장이 오는 신기한 일에 모아지고 있고, 둘째 국면에서는 어린 시절에 있었던 동명이인의 남녀 학생 사이에서 생기는 일들에 모아지는 것이다. 두 국면에서 동명이인인 두 남녀 학생 사이의 연정은 하나로 이어지지 않는다. 달리 말한다면, 영화에서 표현된 이야기는 각 국면에서 주된 갈등관계가 달라진다. 그렇기 때문에 두 개의 국면들이 확연히 구분되는 것이다.

하지만 시간 순으로 배열되는, 사실 자체를 구분한 국면에는 여전히 하나의 이야기로 이어진다. 즉 한 남자애가 어떤 여자애를 좋아한다는 이야기로 줄곧 이어지는 것이다. 영화 속 사실 자체의 구조는 하나의 일관된 갈등관계를 가지고 있다. 그런 점에서 국면이 구분되는 정도가 약하다. 그리고 그만큼 단순해서 재미가 없어진다.

「올드 보이」역시 마찬가지이다. 만약 영화 속의 사실을 시간 순서대로 나열한다면 거기에서 세 개의 국면을 확연하게 구분하기 힘들게 될 것이다. 즉 오대수가 어린 시절에 어떤 사실을 목격하고 친구에게 발설하는데 그 때문에 한 사람이 죽는다. 그러고는 그에 대해서 원한을 품은 사람이 오대수를 15년 동안 감금했다가 갑자기 풀어 준다. 그 이유는 역시 앙갚음을 위한 것이다……

이 경우에도 사실적으로 나열되는 사건은 여전히 하나의 주된 갈등구조로 이어진다. 그래서 각 국면들을 구분하려면 애매해진다. 하지만 영화에서 표현된 이야기는 확연한 국면의 구분을 가지고 있다. 즉 각 국면에서 갈등관계가 확연히 달라지는 것이다. 처음에는 감금자에 대한 복수로, 그 다음에는 감금에 대한 이유를 찾는 것으로, 그리고 마지막에는 또 다른 복수의 구조가 드러나면서 말이다. 그리고 그 때문에 작품이 재미있어지는 것이다.

영화 「올드 보이」에서 표현된 이야기는 국면의 구분이 확연하다.

어떤 사람은 작품 속 사실의 배열에서 어떤 국면이 확연히 구분되는지 어떤지는 보는 이의 관점에 따라서 달라지는 것이 아니냐고 되물을지 모르겠다. 그런 질문에 대한 필자의 대답은 이렇다. 바로 그 점을 필자 역시 지적하고 있다는 것이다. 즉 앞에서도 강조했듯이 3국면 형식은 이야기를 제시하는 방식의 형식, 즉 표현의 형식이다. 재미는 표현의 특징이다. 그리고 그러한 표현의 형식은 관점에 크게 의존한다.

영화 「태극기 휘날리며」는 각 국면의 드러난 이야기에서 갈등관계가 그렇게 많이 달라지는 것 같지는 않다.

한편, 두 개 국면의 구성으로 긴 이야기를 재미있게 만들기는 어려울 것이다. 그렇다면 거꾸로 짧은 이야기 속에서 세 개 국면의 형식을 구현하는 것은 어떨까? 필자는 이것도 상당히 어려울 것이라고 생각하지만 그러한 사례는 찾을 수 있다. 앞에서 본 <사랑은 오류다>라는 단편소설에서도 나타난다. 이 소설의 세 개 국면은 다음과 같다. 맨 처음에 피티를 소개한 후 그와 너구리 털 코트로 거래를 제안하고 폴리를 소개받는 것이 첫째 국면이다. 그리고 그 다음에 폴리에게 논리학을 가르쳐서 폴리를 똑똑한 여자애로 만드는 것이 둘째 국면이다. 마지막으로 프러포즈를 하다가 논리의 벽에 막혀서 갈등이 고조되고 반전되는 것이 셋째 국면이다. 물론 이 소설은 작품 속의 사실을 시간 순으로 표현했고, 그러면서 세 개 국면을 분명하게 구분해서 이야기를 전개하고 있다.

이야기에서 국면의 수가 갖는 의미는 무엇일까? 그것은 작품이 전개되면서 그 속에서 흥미를 지속적으로 생산해 낸다는 것에 그 의미가 있다고 필자는 본다. 즉 국면의 개수가 줄어들면 하나의 갈등구조가 지속되고, 그럴 때 그 지속이 길어지면 독자나 관객은 인지적으로 피로해진다. 즉 지루해지는 것이다. 예를 들어 「올드 보이」의 시작에서 오대수가 우진을 찾아 탐문하는 내용으로 이어진다고 생각해 보라. 이 때문에 새로운 갈등구조로 이야기의 초점이 옮겨갈 필요가 있다. 그렇게 되면 듣는 이나 관객은 새로운 인지적 자극을 받고 흥미를 다시 느낄 수 있다.

그렇다면 이러한 3국면 형식을 다른 작품들에서도 일반적으로 찾아낼 수 있을까? 특히 성공적으로 재미있는 모든 작품들에서 3국면을 찾아낼 수 있을까? 이에 대해서는 애매하고 상반된 두 가지 대답을 할 수 있다. 하나는 거의 모든 작품들에서 세 개 국면을 찾아낼 수 있다는 것이고, 다른 하나의 대답은 작품 속 사실의 갈등구조가 원래 흥미진진한 경우에는 세 개 국면이 애매할 수 있다는 것이다. 이 두 번째 대답을 만약 다음과 같이 바꾸어서 말한다면 그 의미가 더 분명할지 모른다. 즉, 작품 속 사실 자체가 밋밋할수록 성공적인 작품의 표현 구조는 세 개 국면이 확연하게 된다고 말이다.

첫 번째 대답을 논의해 보자. 예를 들어서 「태극기 휘날리며」를 보자. 이 영화에서도 세 개 국면을 구분해 낼 수 있다. 첫째 국면은 전쟁 전의 화목한 가정과 그 속에서 진태와 진석의 형제애 등이 부각되는 장면이다. 둘째 국면은 전쟁이 발발하고 진석을 보호하기 위해서 진태가 전쟁에서 용감하게 싸우며 전쟁 영웅이 되어가는 장면이다. 셋째 국면은 영신이 죽는 사건에서 형제는 헤어지게 되고 진태와 진석이 남북으로 갈리어 갈등하고 만나는 장면이다. 하지만 이러한 국면 구분은 필자 자신이 제시한 원래의 국면 구분 기준에 따라서 다소 애매하다. 즉 국면의 구분 기준은 드러난 이야기에서의 갈등관계가 다르다는 것인데, 「태극기 휘날리며」의 경우에 각 국면의 드러난 이야기에서 갈등관계가 그렇게 많이 달라지는 것 같지는 않기 때문이다. 특히 첫째 국면에서는 특별한 갈등관계가 전면에 부각되지도 않고, 세 번째 국면의 전개와 복합적으로 잘 짜여진 구조를 갖고 있지도 않다.

그럼에도 「태극기 휘날리며」는 재미있는 영화이다. 이에 대해서 필자는 두 번째 대답으로 응답하고자 한다. 즉 이것은 작품 속의 현실 자체의 갈등구조가 너무나 분명하고 관객의 감정이입을 쉽게 유도할 수 있어서 작품 표현의 기교를 부릴 필요가 적었기 때문이라고 말이다. 달리 말하자면 굳이 작품 표현에 있어서 국면의 전환을 의도하지 않아도 사실 자체가 국면의 전환을 뚜렷이 가지고 있다. 이 점을 「러브 레터」와 같은 작품과 비교했을 때의 차이는 다음과 같다. 「태극기 휘날리며」의 작품 속 사실 자체의 갈등관계는 그 자체로서 일관성이 있으면서도 동시에 달라진다. 하지만 「러브 레터」의 경우에는 사실 자체의 갈등관계가 일관성이 있는 대신,

영화에서 표현된 방식보다 훨씬 밋밋하다. 그래서 작품에서 표현되는 방식은 달라진다. 즉 그 작품 속 사실 자체의 밋밋함을 새로운 관점으로 재포장하는 것이다. 「올드 보이」 역시 마찬가지이다.

이상의 논의를 통해서 무엇을 얻을 수 있는가? 필자가 제시하는 3국면 형식이 어떤 것을 의미하는지 분명히 이해할 수 있을 것이다. 그리고 더불어서 그것의 기능과 효과가 무엇인지도 탐구할 수 있었다. 그렇다면 그 이상의 복잡한 구조, 즉 4국면이나 5국면 형식은 어떨까 하는 생각을 할 수 있다. 이제 이에 대해서 생각해 보자.

세 개 국면 이상에 대한 불가능성 계산

앞에서 필자가 논의한 내용들을 돌이켜 볼 때, 우리는 잘 짜여진 이야기의 국면의 개수가 증가할 때 그에 따라서 작품의 길이와 복잡성이 단순히 산술적으로 증가하지 않는다는 것을 알 수 있다. 그렇다면 좀더 정확하게 얼마만큼씩 증가한다고 추측할 수 있을까?

이것을 뒤집어서 생각하면 다음과 같다. 즉, 이야기가 두 개의 국면으로 단순할 때와 세 개의 국면으로 복잡할 때를 비교하면, 세 개의 국면으로 이야기가 복잡할 때 이야기의 길이는 단순히 1.5배 늘어나는 것이 아니다. 그리고 또한 잘 짜여진 두 개의 국면으로 구성된 이야기가 잘 짜여진 세 개의 국면으로 구성된 이야기보다 1.5배 복잡해지는 것도 아니다. 그 복잡성은 두 배 이상이며 그 길이도 두 배 이상일 것이다. 그리고 그러한 구성으로 이야기를 전개하기 위한 작가의 역량과 노력은 또 그 이상이다. 즉 서너 배 이상일 것이라고 필자는 추측한다.

그렇다면 국면의 수는 산술적인 증가수를 의미하는 것이 아니라 기하급수적인 증가수를 의미하는 것에 가깝다. 즉 국면의 수는 어떤 작품의 길이나 복잡성을 나타나는 단위수에 곱해지는 것이 아니라 제곱수가 되는 것은 아닐까 생각할 수 있다. 예를 들어서 작품의 길이나 복잡성의 단위 크기를 a라고 한다면 두 개 국면을 가진 작품의 길이와 복잡성은 2a가 아니라 a^2이 되고, 세 개 국면을 가진 작품의 길이와 복잡성은 3a가 아니라 $(a^2)^2=a^4$이 되는 것이다. 이것을 일반화해서 추측한 공식을 제시하자면 다음과 같이 된다.

a를 길이나 단위의 복잡성이라고 하고, 어떤 잘 짜여진 작품이 n개의 국면을 포함한다고 한다면, 그 작품의 전체 길이나 복잡성 C는 다음과 같다.

$$C = a^{2^{n-1}} (a \neq 1)$$

물론 작품의 길이와 복잡성 등을 이러한 단순한 수식으로 측정하는 것은 불가능하겠지만, 계량화된 개념을 사용함으로써 우리는 국면이 하나 혹은 두 개 더 첨가되면서 잘 짜여진 이야기를 제시하는 작품의 길이와 복잡성에 대해서 훨씬 더 가늠하기 쉬울 것이다. 그런 점에서 계량적인 사고는 도움이 될 수 있다.

그렇다면 만약 이러한 계산을 조금 더 확장한다면 어떻게 될까? 국면이 네 개나 다섯 개 정도 되면서 잘 짜여진 구조를 가진 이야기는 매우 길고 복잡할 것이다. 예를 들어 영화에 대해서 생각하자면, 10분을 단위 길이로 가정하고 한 국면을 표현하는 데 20분이 든다고 가정한다면 한 개 국면에 2단위가 포함될 것이다. 그러면 두 개 국면으로 짜여진 이야기의 영화는

$$a^{2^{2-1}}=a^{2}=2^{2}=4$$

이므로, 40분 정도가 소요되며, 세 개 국면으로 짜여진 이야기의 영화는

$$a^{2^{3-1}}=a^{2^2}=a^4=16$$

이므로 160분 정도가 소요된다는 계산이 나온다. 이상의 결과는 대체로 우리의 경험과 크게 어긋나지 않는다. 그렇다면 네 개 국면으로 잘 짜여진 이야기는

$$2^{2^3}=2^8=256$$

이 되므로 2,560분 정도의 시간을 요하는 영화가 된다. 이것은 42시간 40분을 요하는 시간이다. 즉 엄청나게 긴 영화가 될 것이다. 게다가 그 영화의 줄거리 역시 세 개 국면을 가진 영화보다 엄청나게 복잡해진다. 예를 들어서 16MHz 속도의 CPU를 가진 컴퓨터로 세 개 국면의 이야기를 처리할 수 있다면, 네 개 국면의 이야기의 복잡성을 처리하기 위해서는 256MHz 속도의 CPU를 가진 컴퓨터가 필요하다는 계산이다.

이렇게 된다면 어떤 작품이 네 개 이상의 국면을 가진 잘 짜여진 이야기를 보여 준다고 할 때, 그것은 이해하기에 너무나 복잡하고 또 표현하기에 너무나 많은 시간이 필요할 것이라는 결론이 나온다. 결국 그런 영화는 만들지도 않을 것이고 관객이 잘 보지도 않을 것이다. 이것이 의미하는 바는

무엇인가? 이상에서 필자가 제시한 계량화의 방법이 어느 정도 적절하다면 세 개 국면 이상으로 잘 짜여진 작품은 창작자에게나 그것을 감상하는 사람들에게나 모두 너무 부담이 크다는 것이며 결국에는 잘 생산되지 않을 것이라는 사실이다.

그렇다면 위의 계산 방식에 따를 때 두 시간 정도 이상의 긴 이야기를 가진 영화는 잘 짜여질 수 없는가 하는 의문이 생길 것이다. 이런 의문에 대한 필자의 대답은 다음과 같다. 첫째는 단위 시간과 복잡성을 늘인다는 것이다. 즉 위에서 필자가 제시한 방정식에서 a의 크기를 증가시키면 된다. 그렇게 된다면 국면의 수를 증가시킴으로써 기하급수적으로 증가하는 각 길이와 복잡성의 양들 사이에 있는 적절한 양을 얻을 수가 있다. 두 번째 방식의 대답은 어떻게 이 단위 크기를 증가시키는가 하는 것이다.

지금까지 필자는 국면의 수를 계산할 때 항상 '잘 짜여진 이야기'라는 단서를 붙였다. 그리고 그 이전에, 3국면 형식에 대한 논의를 시작할 때부터 이 논의가 뫼비우스 띠 구조의 이야기를 표현하는 방법에 대한 것임을 언급했다. 이것은 각 국면의 이야기들이 병렬전시적이 아니라 차별은닉적으로 조직화된다는 뜻이다. 만약 그렇다면 각 국면의 이야기들을 적당히 연결해서 나열하는 것만으로 충분할 것이므로 작품의 길이와 복잡성은 기하급수적으로 증가하지 않고 어떤 의미에서 산술적으로만 증가할 것이다. 그러므로 거꾸로, 단위 길이와 복잡성을 산술적으로 증가시키고자 한다면 우리는 각 단위 국면을 구성하는 이야기를 병렬전시적으로 복잡하게 만들면 된다는 결론을 얻을 수 있다.

제7장
재미와 작가 사이에 있는 것

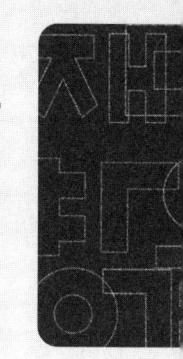

1 재미와 관련된 그 밖의 주제들

이제 끝으로 재미에 관련된 그 밖의 몇 가지 주제들을 살펴보고 이 책을 마무리하겠다. 여기서 논의할 주제들은 구체성, 세계상, 그리고 전문지식의 세 개념으로 대표할 수 있다. 이 세 개념은 재미있는 작품을 만들 때 작가가 갖추어야 하는 능력의 관점에서 필요한 기본 요소들을 가리킨다.

지금까지의 뫼비우스 띠 모형으로 필자가 설명한 것은 재미있는 작품이 그 안에 갖추어야 하는 이야기의 구조였다. 그것은 작가가 어떤 사람이든 상관없이, 작품이 갖추어야 하는 조건을 설명한 것이다. 달리 말하자면 그것은 목표에 대한 설명일 뿐이다. 이제 설명하려는 것은 그러한 구조를 작품 안에 구현하기 위해서 작가가 어떻게 해야 하는가에 관련된다. 즉 목표에 어떻게 도달하는가, 도달할 수 있기 위해서 무엇이 꼭 필요한가 하는 설명이다.

각각의 주제들의 맥락을 좀더 구체적으로 진술하면 다음과 같다.

구체성 : 재미를 만들어 내기 위해서는 작품의 많은 부분들이 어떤 의미에서든 매우 구체적일 필요가 있다.

세계상 : 구체성의 토대가 되는 것은 세계나 특정 분야에 대한 정확한 상(像)이다. 특정 분야를 일종의 작은 세계라고 보겠다.

전문지식 : 작품을 제작할 때 뚜렷한 세계상을 토대로 할 수 있기 위해서는 전문지식이 필요하다.

이 세 주제들은 연결되어 있다. 즉 먼저 구체성이 필요하고, 이 구체성을 위하여 세계상이 필요하며, 이것을 위하여 전문지식이 필요하다는 것이다. 그리고 구체성은 작품의 특징에 매우 가깝고 전문지식은 작가의 능력이다. 그래서 이 배열 순서대로 작품에서 작가에로 이어진다. 이제 이상의 개별 주제에 대해서 좀더 상세히 예를 들면서 설명해 보자.

2 재미는 소재의 구체성에 의존한다

자, 이제 어떤 작품이 재미있기 위해서 갖추어야 할 조건들에 대해서 다시 한번 되돌아보자. 뫼비우스 띠 구조가 구현되어야 한다. 이것이 복합적으로 잘 구현되기 위해서는 다중적인 연관관계, 조밀한 배열, 분위기의 통일, 풍부한 상징성이 갖추어져야 한다. 이 전체 제작 과정이 이루어지기 위해서 꼭 필요한 것은 작가의 독특한 '창의성'일 것이다. 하지만 적어도 현재로서는 이 '창의성'을 어떻게 발전시킬 수 있는가에 대해서는 체계적으로 설명하기 어렵다. 일단 이 부분은 작가의 개인적 역량에 맡기자. 그럼 창의성 이외에 또 어떤 것이 필요한지에 대해서 묻게 된다. 필자는 여기에 대해서 작품 표현에 있어서의 '구체성'을 언급하고자 한다.

다중적인 연관관계, 조밀한 배열, 분위기의 통일……. 그리고 그 안에 갖추어진 뫼비우스 띠 구조를 만족시키기 위해서는 작품에서 제시되는 소재의 구체성에 크게 의존하게 된다. 그 중 가장 핵심 요소인 뫼비우스 띠를 먼저 살펴보자. 뫼비우스 띠 구조가 작품에서 어떻게 구성되는가? 드러난 이야기와 숨은 이야기가 함께 구성되고 거기에서 숨은 이야기가 효과적으로 숨겨질 수 있기 위해서는 사물의 구체성이 부각되어야 한다. 예를 들어서 앞에서 본 <모텔 탈출기>에서 203호라는 방 번호, 그리고 원조교제하는 여자애의 외모에 대한 구체적인 언급 등은 이러한 구체성을 통해서 복선들을 자연스럽게 마련하는 방법이다.

<사랑은 오류다> 역시 마찬가지이다. 친구 피티 벨로우에 대해 변덕스럽고 감성적인 유형이라고 설명함으로써 피티가 코트와 여자 친구를 바꾸는 행위, 그리고 결국에는 피티가 주인공을 배반하는 행위 등이 설명된다. 이렇게 뫼비우스 띠 구조를 만들기 위해서 구체적인 소재가 필요한 까닭은 구체적인 것은 모두 다면적이기 때문이다. 구체적인 것의 다면성은 공유경험에 의해서 확보된다. 따라서 재미를 만들어 내고자 한다면 공유경험 속에서 확인되는 구체적 소재의 다면성을 활용해야만 한다.

구체성이 재미를 위해서 필요한 또 다른 까닭은 현실감 때문이다. 작품이 구체적인 세계를 묘사할 때 사람들은 작품 속에 몰입할 수 있다. 특히 작품이 묘사하는 세계에 친숙하지 않은 사람들이 작품 속 세계에 몰입하기 위해서는 구체성이 매우 중요하다. 이러한 구체성은 사실성이다. 그래서 그 생생한 사실감 속으로 쉽게 작품 감상자를 몰입시킨다. 다음을 보자.

학기 초에 이런 애들 꼭 있다

1. 쌈 잘하는 척하려고 괜히 시비 걸다 맞는 아이들.

그리고 1년 내내 애들한테 당한다.

2. 공부 열심히 하는 척하다 조금만 지나면 열심히 자는 아이들.

3. 여선생님(or 남선생님)한테 잘 보이려는 애들.

4. 선생님 수업 방식 무시하고 혼자서 자기 공부하는 아이들.

(그런 애들 백 퍼센트 망한다.)

5. 옆 반 가서 자기 출석 안 불러 준다고 화내는 애들.

여자가 컴퓨터와 같은 여섯 가지 이유

6위 : 하나 소유하자마자 곧 주위엔 더 나은 것들이 보인다.

5위 : 단지 만든 사람만 내부 구조를 이해한다.

4위 : 현재의 극미한 실수도 그 즉시 메모리에 입력되어 미래에 반드시 악영향을 초래한다.

3위 : 실제로 마지막으로 이해되는 하드웨어 랭귀지(기계어)는 이용자가 이해하기 힘들다.

2위 : "bad command or File name"은 결국 "내가 왜 화가 났는지 모른다면 나는 그 이유를 말해 주지 않을 거야." 와 같은 뜻이다.

대망의 1위.

1위 : 신제품 구입을 약속하는 순간부터 사용자는 평생을 각종 고지서와 제품에 따르는 액세서리들을 추가로 구입하느라 시달린다.

이 이야기들을 흥미있게 만드는 요소는 뚜렷한 2중구조가 아니다(다소 희미하게 2중구조가 들어 있을 뿐이다). 두 번째 이야기에서는 2중구조를 어느 정도 발견할 수 있지만, 첫 번째 이야기에서는 2중구조가 없기 때문에 어떤 종류의 재미는 없다. 즉 반전에서 오는 인지적이고 재치 있는 구성의 재미는 없다. 이것은 구체성에 전적으로 의존하는('재미'라고 할 수 있다면) 재미이다. 이러한 구체성에 의한 몰입의 재미는 2중구조를 가진 작품들에 있어서도, 작품 속에 감상자들을 몰입시킴으로써 긴장의 축적이나 반전을 강하게 하는 기능을 한다.

원작을 읽어 보면 느낄 수 있는 것이지만, <모텔 탈출기>에서 그 작품 속에 독자를 몰입시키는 강력한 장치들은 바로 의대생이 직접 쓴 것으로 착각하게끔 만드는 시체 분해 방법과 그와 관련된 다양한 해부학적 지식들이다. 「올드 보이」에서는 오대수가 딸에게 주려고 준비한 선물(천사의 날개)도 반전의 장치는 아니지만, 관객에게 강한 인상을 주는 소재이다. 구체성이 작품에서 어떤 역할을 하는가 하는 또 다른 훌륭한 예는 유명한 만화 『슬램덩크』에서 확인할 수 있다. 『슬램덩크』를 보면, 어떤 경우에는 한 경기의 이야기를 표현하는 데 한 권의 만화책으로도 모자라는 경우를 보게 된다. 그리고 또한 『슬램덩크』의 이야기를 끌어가는 많은 소재는 농구에 대한 구체

만화 『슬램덩크』에서는 농구에 대한 구체적인 지식이 작품에 잘 결합되어 있다.

재미는 소재의 구체성에 의존한다

적인 지식으로 이루어진다.

    영화 「쥐라기 공원」과 「매트릭스」는 이러한 구체성에 의한 현실감이 아주 돋보이는 영화라고 할 수 있다. 「쥐라기 공원」의 원작소설보다 영화가 돋보이는 점은 컴퓨터 그래픽에 의한, 마치 살아 있는 듯한 공룡의 영상을 만들어 냄으로써 실재하는 쥐라기 공원을 배경으로 영화를 찍은 듯한 현실감을 제공한다. 「매트릭스」 역시 마찬가지이다. 「매트릭스」의 주된 주제는 매우 철학적이다. 그래서 상당히 따분한 영화가 되기 쉽다. 하지만 뛰어난 컴퓨터 그래픽 작업으로 인간을 전원으로 사용하는 기계 세계의 장면을 현실감 있게 표현해 내었다. 그리고 관객들이 영화 속의 갈등구조로 쉽게 빠져들 수 있는 것은 그와 같은 구체적인 장면 때문이다.

    하지만 어떤 작품들에 있어서는 지나친 구체성이 작품을 재미없게 만들기도 한다. 이것은 작품이 지나치게 구체적이기 때문이라기보다는 그로 인해서 조밀한 배열이 망가지기 때문이다. 즉 이야기 구성에 불필요한 어떤 소재에 대해서 자세히 설명하는 것이 그러한 실수이다. 그러므로 구체성과 조밀한 배열의 결합이 중요하다. 이것이 말하는 바는 불필요한 구체적인 사항을 나열하지 않는다는 것이다. <모텔 탈출기>를 보면 해부학에 대한 지식을 가져야 쓸 수 있는 장면이 슬쩍슬쩍 보이지만 해부학적 지식에 대해서 시시콜콜 언급하는 경우는 매우 적다. 마찬가지로 영화 「실미도」가 만약에 실미도 부대의 훈련 과정이 얼마나 힘들었는가를 상세히 보여 주었다면 그것은 재미없는 다큐멘터리 영화로 전락했을지도 모른다. 「실미도」에서는 훈련 과정에 대한 상세한 장면들을 나열하기보다는 조 중사(허준호 분)가 부대원들을 위해서 사탕을 사 오는 장면이 오히려 중요한 장면으로 삽입된다.

그러므로 구체성을 잘 살려서 만들어진 작품은 그 작품의 소재에 대한 구체성이 직접 강조되지 않는다. 오히려 본의 아니게 드러나듯 슬쩍슬쩍 나타난다.

영화 「실미도」에서는 훈련 과정보다는 조 중사가 부대원을 위해 사탕을 사 오는 장면이 오히려 중요한 장면으로 삽입된다.

이것은 마치 그 소재에 대해서 잘 아는 사람이 다른 의도로 이야기를 하면서 흘리듯이 말하는 것과 같다. 어떤 작품에서 지나치게 불필요한 구체성이 드러나는 경우는 이와 반대이다. 즉 작가가 작품 속의 소재들에 대해서 충분히 깊이 알지 못해서 구체적인 표현들이 흘리듯이 언급되지 않고, 따라서 자연스럽게 배어 나오지 않는다. 그렇기 때문에 오히려 작품의 색채를 뚜렷이 하기 위해서 구체성을 부각시키려는 악순환이 시작되고, 결국에는 조밀한 배열을 해치는 구체성을 만들려고 한다. 예를 들어서 소설이 처음 시작할 때, 두 장에 걸쳐서 풍경이 묘사된다고 생각해 보자. 이런 소설이 재미있을까? 가끔씩, 고전적인 세계문학 작품들 중에서 그런 경우들을 볼 수 있을 것이다. 물론 그럼에도 불구하고 그 작품들은 훌륭하겠지만, 적어도 오늘날 우리의 시각에서 볼 때 지루할 정도의 상세한 묘사로 인해서 재미가 줄어든다는 점은 분명하다고 본다.

3 세계상은 구체성의 토대가 된다

어떤 작품이 충분히 구체적이라는 것, 그러면서 지나치게 구체적인 장면 묘사에 매몰되지 않고 자연스럽게 갈등구조를 가진 이야기 전개에 초점을 맞출 수 있다는 것은 매우 어렵다. 이 어려운 작업이 가능한 것은 작가가 작품 속에 제시될 구체적인 세계상을 머릿속에 가지고 있기 때문이다. 즉 구체적인 작품 속 세계를 설정하고 또 사람들이 빠져들도록 구체적으로 표현할 수 있기 위해서는 작가가 작품을 구성하기 전에 완벽한 세계상을 확립할 필요가 있다.

이러한 세계상 확립은 쉽지 않다. 그렇기 때문에 독특한 작품이 흔하지 않은 것이다. 세계상 확립이 어려운 것과 독특한 작품이 흔하지 않은 것 간에는 어떤 상관관계가 있는가? 그 상관관계는 훌륭한 작품의 독특성은 긴장구조보다는 세계상의 독특성에 있다는 점에 있다.

재미있는 영화나 소설 등을 살펴보면, 그 속의 긴장구조, 즉 갈등과 그 해소의 과정은 매우 평범한 경우가 많다는 것을 알 수 있다. 예를 들어서 가장 흔한 것은 목숨을 담보로 한 위험이나 위협 속에서 주인공이 쫓고 쫓기는 모험을 거쳐서 간신히, 혹은 극적인 반전을 통해서 다행스럽게, 위험에서 벗어난다는 것이다. 혹은 어떤 주인공이 불리한 입장의 착한 사람이었지만 갖가지 어려움을 극복하고 힘이 센 악한 집단을 이긴다는 것, 아니면 불륜이나 삼각관계 등의 애정관계에서 오는 갈등이 생겨났다가 해소되는 과정 등이다. 어떤 작품이든 그 기본적인 줄거리를, 갈등구조를 중심으로 요약하면 매우 평범하게 되기 쉽다. 즉 대부분의 훌륭한 작품의 독특성은 갈등구조의 특이성에 있지 않다.

그보다는 그 갈등구조가 전개되는 세계상의 특이성에 있다. 즉 「쥬라기 공원」에서는 목숨을 담보로 한 위험이 공룡과의 관계에서 이루어지고, 「실미도」에서는 그 갈등이 북파 공작원 부대를 필요에 따라서 만들었다가 불필요하게 되자 제거하려는 정보기관, 혹은 정부에 의해서 생성된다. 영화 「스캔들」의 갈등구조는 남녀간의 애정행각이겠지만, 그것을 특이하게 만드는 것은 조선시대를 배경으로 가정한 영화 속의 세계상이다.

이러한 세계상의 핵심은 구체성과 규칙이다. 즉 어떤 세계상을 확립한다는 것은 그 세계 속의 여러 요소들에 대해서 매우 구체적인 모습들을 그려 낸다는 것이고, 또한 그것이 일종의 질서 속에서 살아 움직이는 것을 그려 내는 것이다. 그렇기 때문에 역사소설과 같이 이미 실재했던 과거를 배경으로 하는 작품의 세계상을 확립하는 것도 결코 쉽지 않다. 왜냐하면 우리는 역사 속의 과거에 대해 단지 어떤 방식으로 실재했을 것이라고, 추

영화 「스캔들」의 갈등구조를 특이하게 만드는 것은 조선시대라는 영화 속 세계상이다.

상적으로만 알기 때문이다. 그 과거 속의 사람들이 구체적으로 어떻게 숨쉬고 어떻게 걷고 어떻게 옷을 입고 어떻게 화장을 하면서 살았는지를 안다는 것은 그에 대한 전문적인 연구 없이 어렵다. 「스캔들」을 특별하게 하는 것은, 그 속의 인물들이 옷을 입고 화장하고 선물을 주고받고 음식을 먹고 그림을 그리는 장면들이지, 그 속의 인물들이 결국 무엇을 원하고 무엇 때문에 사랑하고 무엇 때문에 죽었는가가 아니다. 사극 「대장금」을 특별하게 하는 것 역시, 구체적인 조선시대 궁중 내 하층민의 문화와 궁녀들의 생활, 궁중요리를 중심으로 한 전통요리나 조선시대 의학상식 등을 배경으로 하는 그 세계의 모습이지, 흔하디흔한 원한관계나 출생의 비밀 같은 것이 아니다. 그리고 바로 그것이 매우 어렵다.

그렇기 때문에 새로운 세계상을 창조한다는 것 자체가 하나의 작품에서는 매우 힘든 일이고, 때때로 그것만으로도 인정받는 작품들이 존재한다. 판타지소설의 원조라고 일컬어지는 소설『반지의 제왕』도 그러한 이유에서 의미가 있다. 판타지소설은 현실과 동떨어진 환상의 세계를 독특한 형식으로 풀어 낸 소설이다. 판타지 장르는 북유럽의 민족 설화에 바탕을 두었던 것이, 1950년대 톨킨(John R.R.Tolkien)의『반지의 제왕』이 나오면서 일정한 틀이 만들어졌다. 왕국과 부족이 싸우고 마법과 변신술이 등장하는 것이 판타지소설의 기본 구도가 됐다.

우리가 구체성이 어떻게 작품 속 이야기의 2중구조에 영향을 미치는지를 생각한다면, 우리는 또한 왜 세계상에서 단지 구체성만이 아니라 규칙이 중요해지는지를 이해할 수 있게 된다. 즉 작품 속의 세계상은 이야기가 진행됨에 따라서 공유경험을 형성하고 이것은 곧 이야기에 관련되는 소재들의 구체성을 통해서 2중구조를 형성하는 것이다. 그리고 이것이 복선이 되어서 반전의 계기를 형성한다. 그렇기 때문에 살아 움직이는 구체성이 세계상의 핵심이며, 이 살아 움직인다는 것의 추상적인 성격이 곧 '규칙'이다. 판

톨킨의 동명소설을 영화화한 영화「반지의 제왕」의 한 장면.

타지 세계에서는 마법과 변신술 같은 것이 세계의 규칙 속에 포함된다. 그렇기 때문에 그 세계가 다른 세계가 된다. 단지 모습이 다른 세계인 것이 아니라 다르게 움직이는 세계가 되는 것이다.

그러면 어떻게 질서 있는 규칙을 가지고 살아 움직이는 구체적인 세계상을 만들어 낼 수 있는가? 단지 상상력만을 가지고 이것을 시도한다는 것은 매우 힘들다. 그것이 불가능하다고 말하는 것은 아니다. 아주 예외적인 천재에게만 그런 것이 가능하다고 인정하는 것이 적절하다는 말이다. 왜 어려운가? 구체적인 세계상은 다중적인 연관관계를 갖게 될 것이다. 그런데 그 다중적인 연관관계가 어떤 변화 속에서 일정하게 유지되거나 혹은 가지런히 들어맞아야 그것이 질서 있는 규칙을 가진 세계라고 할 수 있다. 이러한 세계상을 창조하려면 매우 논리 정연한 사고가 필요하다. 하지만 사고력만으로는 불충분하다. 구체성을 충족시키기 위해서는 강력한 상상력을 필요로 할 것이다.

하지만 두뇌활동의 성격상 논리 정연한 사고와 상상력은 서로 대립적인 성격이 강하다. 왜냐하면 논리적으로 사고할 때에는 제약된 틀 내에서 벗어나지 않는 사고를 하는 반면, 상상력은 이러한 틀을 벗어나서 생각하기 때문이다. 즉 논리적 사고와 상상력은 서로 양립하기 어렵다. 그렇다면 이러한 어려움을 어떻게 극복할 수 있을까? 가장 현실적이면서 강력한 대안은 전문지식을 축적하고 이를 활용하는 것이다.

4 뚜렷한 세계상을 위해 전문지식이 필요하다

 우리가 전문지식을 활용해서 새로운 세계상을 창조한다면 다음과 같은 이점을 얻을 수 있다. 첫째, 그 새로운 세계의 구체성과 규칙이 우리가 쉽게 동감하고 이해할 수 있는 것이 된다. 둘째, 그것들은 쉽게 조직화될 수 있으며, 특히 이해할 수 없는 부분에 대해서도 그 책임을 '현실'에 떠넘길 수가 있다. 결국 설득력이 있는 것이다.
 예를 들어서 생각해 보자.「쥐라기 공원」을 보면, 공룡이 인공적으로 부활한다. 어떻게 그럴 수 있는가? 전문지식에 의존하지 않는다면, 어떤 공룡과 유사한 동물, 예를 들어서 개구리나 도마뱀 같은 것이 우연히 핵 방사선을 쬐어서 유전자 변이를 일으킨다든지 해서 공룡이 될 것이다. 혹은 영화「고질라」에서 보듯이 핵실험에 의해서 이구아나가 돌연변이를 일으켜서 거대한 공룡 같은 괴물이 생겨난다. 그러나 이와 같은 설정은 너무나 큰 우연에 의존한다. 그래서 사람들은 영화 속의 구체적인 영상에 조금 몰

영화 「고질라」의 이구아나가 돌연변이를 일으키는 설정은 너무나 우연적이다.

입할지는 모르지만 설득력은 약하다. 이와 달리 「쥬라기 공원」에서는 전문지식에 의해서 이야기가 짜여진다. 즉 쥬라기시대의 모기가 그대로 보존되어 있는 '호박'이라는 보석에서 그 모기가 피를 뽑아 먹고 살았을 공룡의 유전자를 검출해 낸다. 그러고는 그 유전자를 오늘날의 유전자 복제 기술과 합성 기술로 재생해 내는 것이다. 그 부족한 부분은 공룡과 유전자 구조가 비슷한 개구리 등과 같은 양서류 동물의 유전자로 보완한다.

필자는 이 소설을 읽고 영화를 보면서 호박 속에 선사시대 생물들의 화석이 보존되어 있는 경우가 있다는 것을 처음 알았다. 그만큼 그것은 누구나 아는 상식이 아니고 동시에 틀린 지식도 아니다. 다소간에 전문적인 지식인 것이다. 그렇기 때문에 오늘날 사람들 사이에서는 '실제로' 쥬라기 공원과 같은 것을 만들 수 있는가 궁금해 하기도 한다. 소설이나 영화 속의 이야기가 매우 그럴듯해서 긴가민가할 정도인 것이다. 이에 반해서 이구아나가 핵실험에 의한 방사선을 쬐어서 공룡으로 돌연변이를 일으킬 수 있는가를 궁금해 하는 사람은 훨씬 적을 것이다. 즉 전문지식에 의한 설득력 있는 이야기 구성으로 현실감은 매우 커지는 것이다.

이야기의 시작에서만 이러한 전문지식이 활용되는 것은 아니다. 「쥬라기 공원」에서 쥐라기 공원은, 그 만든 사람들이 걱정할 것 없다고 호언장담함에도 불구하고, 사람들의 통제를 벗어나고 쥐라기 공원은 위험한 선사시대의 공룡들이 지배하는 한 공간이 된다. 어떻게 그런 반전이 일어나는가? 영화 「마지막 방위」를 보면 필리핀에서 납치된 한국 근로자를 구하기 위해서 특수요원 다섯 명이 차출되어야 하는데, 어느 해커의 장난으로 어처구니없게도 방위들 다섯 명이 파견되면서 이야기는 시작된다. 이것 역시 너무나 큰 우연에 의존하면서 이야기의 현실성을 떨어뜨린다.

이와 달리 「쥐라기 공원」에서는 공룡들이 쥐라기 공원 관리자의 통제를 벗어나는 이유에 대해서 두 가지 이유가 제시된다. 하나는 양서류의 유전자이다. 즉 공룡을 통제하기 위해서 쥐라기 공원은 모든 공룡들에 인식표를 붙이고 추적한다. 그러고는 공룡들끼리 새끼를 낳아서 그 새끼들이 통제를 벗어나지 못하도록 모두 수컷들만을 공원 안에 풀어 놓는 것이다. 그럴듯하다. 그런데 양서류는 생태계 안에 수컷이나 암컷들만 있을 경우에는 일부가 자연적으로 성전환이 이루어져 번식을 한다. 양서류의 유전자로 보완되어 탄생한 공룡들 역시 이러한 형질을 가지고 있게 되고 결국 일부가 성전환을 하여 새끼들을 낳는 것이다. 그리고, 이것뿐만이 아닌, 일반적인 사태에서 인간이 의도한 것과는 달리

영화 「마지막 방위」에서 특수요원으로 방위들이 차출되는 것은 이야기의 현실성을 떨어뜨린다.

통제할 수 없는 영역이 생겨난다는 카오스 이론으로 전체 이야기에 또다시 전문적인 색채가 주어진다. 이러한 이야기의 전개가 가능한 것 역시 생물학이나 카오스 이론에 대한 전문적인 지식이다. 그래서 이 점에서 이야기는 매우 '탄탄한 구성'을 갖는다.

사람들은 결코 왜 양서류는 생태계 안에서 수컷이나 암컷들만 있을 경우에 성전환이 일어나는가에 대해서 작품에게 묻지 않는다. 그것은 현실에서 실제로 그러하기 때문이다. 즉 전문지식이 이야기 전개의 토대가 됨에 따라서 이해할 수 없는 부분(양서류의 성전환)은 결국 현실에 그 책임이 떠넘겨진다. 이것이 전문지식을 이용하여 세계상을 구성할 때의 두 번째 장점인 것이다. 즉 전문지식 속의 규칙이나 질서에 의해서 이야기가 쉽게 조직화될 수 있고, 거기에서 이해할 수 없는 부분은 현실에 책임이 떠넘겨지는 것이다.

이렇게「쥐라기 공원」의 예만을 가지고 살펴본다면, 어떤 사람들은 현실에 대한 전문지식만이 영화에서 활용 가능하고, 그래서 작품 속에서 완전히 새로운 세계를 창조하는 것에는 전문지식이 별로 유용하지 않다고 느낄 수도 있을 것이다. 예를 들어서 법률적 지식은 영화나 소설을 쓰는데 직접 도움이 되겠지만, 철학이나 수학에 대한 지식은 별로 도움이 안된다고 생각하는 경향이 큰 것이다. 이런 생각이 큰 오해일 수 있다는 것을 보이기 위해서「매트릭스」의 예를 들어 보겠다.

「매트릭스」에서 인상적인 것은 거의 순수하게 컴퓨터 그래픽에 의존하지만 화려한 액션과 어울린 가상적 미래 세계의 영상이다. 하지만 그 안에

영화 「타임머신」은 아인슈타인의 상대성 이론이라는 전문적 지식을 바탕으로 하고 있다.

서 정작 중요하게 숨쉬고 있는 것은 이 책의 전반부에서도 언급했듯이 다양한 철학적 주제들이다. 장자(莊子)의 호접몽(胡蝶夢)을 떠올리게 하는 매트릭스의 생생한 현실감과 척박한 매트릭스 바깥의 현실, 그리고 그것이 매트릭스 안에서 일어나는 일이기 때문에 가능한 일체유심조(一切唯心造)의 세계 규칙들 말이다. 그렇기 때문에 「매트릭스」는 그 안에 주된 갈등구조를 형성하면서 전제된 철학적 사유의 세계, 혹은 철학적 주제들을 배제하면 화려한 그래픽으로 무장했지만 재미없는 영화들과 똑같아진다. 다시 말하면 철학적인 지식들을 활용한 이야기 구조와 그 이야기의 배경이 되는 세계상이 없으면 영화 「매트릭스」는 죽는 것이다. 이러한 세계상은 역시 철학에 대한 전문적인 지식이 있어야만 한다.

또 다른 예를 우리는 타임머신을 소재로 한 이야기들이나 영화에서 찾아볼 수 있다. 영화 「타임머신」을 보면 시작 부분에 타임머신을 만든 주인공이 아인슈타인과 편지를 주고받았다는 대화가 나온다. 즉 아인슈타인의 상대성 이론에 영감을 얻어서 타임머신이라는 기계를 상상해 낸 것이다. 그러한 전문적인 지식을 고려하지 않고 시간 여행을 하는 것을 우리는 상상할 수 있다. 예를 들어서 착한 일을 하고 만난 산신령이 도술을 부려서 시간 여행을 시켜 준다는 이야기를 상상하기는 어렵지 않다. 하지만 그러한 이야기는 아주 훌륭한 영상이나 치밀한 상황 묘사로 꾸민다고 하더라도 재미가 떨어질 것이다. 역시 전문지식이 없는 소박한 세계상을 바탕으로 하기 때문이다.

물론 「슈렉」과 같은 영화 속 세계를 상상하기 위해서 필요한 전문지식은 상대적으로 적거나 없을 거라고 생각할지 모른다. 그런 점에서 「슈렉」은 특이한 영화이다. 그럼에도 불구하고 「슈렉」 역시 우리들이 친숙한 여러 동화들에 대한 지식을 토대로 만들어진 이야기이다. 그 지식은 전문지식은 아니지만, 일종의 지식이라는 특징은 여전히 가지고 있다.

하지만 그와 비슷해 보이는 「반지의 제왕」의 세계상은 또 다르다. 우리는 「반지의 제왕」 원작소설을 쓴 톨킨이라는 사람이 소설 『반지의 제왕』을 쓰기 전에 『호빗』을 썼고, 그 이전

영화 「슈렉」은 여러 동화에 대한 지식을 토대로 만들어졌다.

에 1925년부터 북유럽의 신화연대기인 『잃어버린 이야기들(The book of Lost Tales)』을 썼다는 것을 알아야 한다. 즉 톨킨이 『반지의 제왕』 속의 세계상을 구축할 수 있었던 것은 북유럽의 신화에 대한 전문적인 지식이 있었기 때문이다. 이런 전문지식이 없다면 결국에는 작가 개인의 경험 세계에 의존하고 그에 몰입할 수밖에 없다. 그런데 개인의 경험이란 것에서 무엇이 특별히 재미있겠는가? 결국에는 너무 뻔한 이야기를 쓸 수밖에 없을 것이다. 거기에서 벗어나고자 한다면 남들이 하지 않는 일탈이나 불륜에 대한 경험담에 가까운 소설, 혹은 중년 여성이나 혹은 특정 계층의 심리를 잘 묘사했다는 평을 듣는 소설 등을 쓰는 것이 대안일 수밖에 없다. 결코 『반지의 제왕』이나 베르베르(Bernard Werber)의 베스트셀러 『개미』와 같은 소설은 쓸 수 없다. 왜냐하면 『개미』는 개미 하나에 대한 전문적인 지식에 크게 의존하고 있기 때문이다.

영화 「반지의 제왕」은 원저작자 톨킨의 북유럽 신화에 대한 전문적인 지식이 없었다면 세상에 나올 수 없었을 것이다.

그렇다면 세계상을 구축하기 위해서는 전문지식에 의존하는 경우가 많다는 사실이 무엇을 의미하는가? 그것은 작품을 만드는 작가들이 공부를 해야 한다는 것을 의미한다. 단순히 기발한 상상력이나 감각적인 표현력만 가지고 작품 활동을 하는 것에는 한계가 있다. 그런 경우에는 한두 번의 단편적인 작품에서 호평을 받을 수 있을지는 모르지만 장대한 규모의 큰 작품을 만든다거나 혹은 꾸준히 계속되는 작품 활동 속에서 지속적으로 호평받는다는 것은 매우 힘들다. 전문지식을 활용해서 작품 활동을 한다는 것, 그렇게 새로운 세계상을 구체적으로 형성할 수 있다는 것은 자기 경험의 한계를 벗어난다는 것을 의미한다. 그렇지 못하다면 작가는 자신의 경험에 충실해서만 표현할 수밖에 없다. 상상력도 결국에는 경험에서 우러나오는 경우가 대부분이기 때문이다. 작품의 재미도 결국에는 그 이상을 넘어서지 못할 것이다.

정리하며

지금까지 필자는 재미에 대해서 나름대로 논의할 수 있는 다양한 측면들을 살펴보았다. 독자들에 따라서 어떤 부분의 내용은 이해하기 쉽고 어떤 부분은 어려웠을지도 모른다. 필자는 많은 부분의 예를 일반 독자들이 친숙할 만한 유명한 영화들을 통해서 제시했다. 그런 영화들은 성공적으로 관객몰이를 하였기 때문에 본 사람들이 많을 것이고, 그래서 그만큼 이 책의 내용을 이해하기가 더 쉬웠을 것이라고 생각한다. 하지만 그래도 어떤 부분에 있어서는 어려웠을지도 모른다. 그래서 어떤 사람은 이렇게 불평할지도 모른다. "재미있는 것은 그냥 재미있게 즐기면 되지, 무슨 이렇게 어려운 얘기들을 할 필요가 있는가?"라고 말이다.

앞에서 이런 질문에 분명히 답했지만, 그럼에도 불구하고 이 책의 내용에서 다소 어려운 점을 발견했던 사람들은 여전히 그러한 불만을 잊기 어려울 것이므로 다시 한 번 답하도록 하겠다. "재미있는 작품, 재미있는 소설이나 영화를 즐기는 것은 단순하지만, 실제로 어떤 작품을 그렇게 재미있게 만드는 것은 아주 어렵다."라고 말이다. 또, "그런 어려운 작업을 조금이라도 쉽게 하기 위한 탐구를 하다 보면 좀 어려운 이론이 나올 수도 있지 않겠느냐?"라고 말이다. 재미있는 작품을 어떻게 만들지 몰라서 거대한 자본을 투자하고도 거저 성공한 작품의 지엽 말단적인 특징만을 따라하다가 망하는 것보다, 차라리 머리가 좀 아프더라도 제대로 된 재미에 대한 이론을 이해해서 그 실패 위험을 줄이는 것이 훨씬 나을 것이다.

필자는 이 책에서 여러 주제들의 구체적인 내용들을 정확하게 언급하기 위해서 노력했다. 그러다 보니, 때때로 필자의 생각을 충분히 좇아오지 못하는 사람들은, 왜 이런 이야기를 시시콜콜하게 늘어놓는지를 이해하기 어려운 부분이 있었을지도 모르겠다.

하지만 거기에는 이유가 있다. 즉 재미나 웃음, 혹은 더 나아가서 여러 분야의 예술에서 논의되는 내용들은 사실, 코에 걸면 코걸이, 귀에 걸면 귀걸이식의 말장난들이 많다고 느꼈다. 그래서 한 가지 원칙을 유지하면서 지금까지의 긴 논의를 이끌어 왔던 것이다. 그것은 훌륭한 이론이라는 것은 문젯거리를 적절하고 날카롭게 나누는 분석 작업(혹은 분류 작업)과, 그것들이 다시 통일적으로 결합하는 종합 작업이 균형 있게 갖추어진 이론이라는 원칙이다. 그러다 보니 논의의 여기저기에서 논의 자체의 성격이나 방향을 언급하는, 메타이론(metatheory, 이론 그 자체에 관한 이론)적인 논의가 이루어졌다. 하지만 그것들이 독자들이 방향을 잃을 만큼 심각한 것은 아니었으리라고 믿는다.

이 책이 짧지 않은 원고로 씌어졌음에도 불구하고, 재미의 여러 측면들 중 언급되지 않았지만 연구하고 이론을 발전시켜 나가야 할 부분들이 여전히 있다. 재미와 교육과의 관련성, 매체에 대한 주제들 등이 그런 항목들이 될 것이다. 이러한 추가적인 주제들에 대한 논의는 또다시 생각을 발전시키고 정리한 후에나 쓸 수 있을 것이다.

필자는 재미에 대한 지금까지의 논의가 앞으로 여러 분야에서 응용될 수 있으리라고 생각한다. 문화상품, 문화산업의 중요성이 커진다면, 그럴수록 그것에 대한 계획이나 관련 활동이 주먹구구식이어서는 안 된다. 그리고 문화상품의 주된 경쟁력의 하나가 재미라면 그것 역시 주먹구구식으로 추구되어서는 안 된다. 필자의 이 논의가 이러한 문제를 해결하는 데에 조금이라도 도움이 되기를 기대한다.